“八五”普法图解系列
总主编　李　安

青少年法律知识图解

QINGSHAONIAN
FALUZHISHI
TUJIE

主　编　李　安
副主编　张　挺
沈颖尹
徐　可

法律出版社 LAW PRESS · CHINA
北京

图书在版编目(CIP)数据

青少年法律知识图解 / 李安主编 ; 张挺, 沈颖尹, 徐可副主编. -- 北京 : 法律出版社, 2023
("八五"普法图解系列)
ISBN 978-7-5197-6257-5

Ⅰ. ①青… Ⅱ. ①李… ②张… ③沈… ④徐… Ⅲ. ①法律-中国-青少年读物 Ⅳ. ①D920.4

中国版本图书馆 CIP 数据核字(2021)第 256987 号

青少年法律知识图解
QINGSHAONIAN FALÜ ZHISHI TUJIE

李 安 主 编
张 挺 沈颖尹 徐 可 副主编

策划编辑 似 玉
责任编辑 似 玉
装帧设计 汪奇峰

出版发行 法律出版社
编辑统筹 法律应用出版分社
责任校对 裴 黎 王语童
责任印制 刘晓伟
经 销 新华书店

开本 A5
印张 9.375 字数 226 千
版本 2023 年 3 月第 1 版
印次 2023 年 3 月第 1 次印刷
印刷 三河市兴达印务有限公司

地址:北京市丰台区莲花池西里 7 号(100073)
网址:www.lawpress.com.cn
投稿邮箱:info@lawpress.com.cn
举报盗版邮箱:jbwq@lawpress.com.cn

销售电话:010-83938349
客服电话:010-83938350
咨询电话:010-63939796

书号:ISBN 978-7-5197-6257-5
定价:48.00 元

凡购买本社图书,如有印装错误,我社负责退换。电话:010-83938349

《青少年法律知识图解》编委会

主　　编　李　安

副主编　张　挺　沈颖尹　徐　可

撰稿人（以撰写章节先后顺序）

刘练军　王占明　金龙鑫

林丹红　魏小军　梅瑞琦

陈雅丽　汪红飞　邓毅丞

邵　劭　项雪平

总序

法律的权威源自人民的内心拥护和真诚信仰，这需要持续普及法律知识、提升公民法治素养。自“一五”普法以来，我国已连续实施完成了七个五年普法规划。持续三十多年的全民普法工作，在提升全社会法治观念方面发挥了重要作用，为推进全面依法治国奠定了良好基础。

2021年，《中央宣传部、司法部关于开展法治宣传教育的第八个五年规划（2021－2025年）》对“八五”普法作了全面部署，明确了主要目标：到2025年，公民法治素养和社会治理法治化水平显著提升，全民普法工作体系更加健全。公民对法律法规的知晓度、法治精神的认同度、法治实践的参与度显著提高，全社会尊法学法守法用法的自觉性和主动性显著增强。这意味着，全民普法的目标从“普及法律常识”向“提高全民族法律意识和法律素养”转变，从“增强全民法治观念”向“提高全民族法治素养”跃升。党的二十大报告提出，弘扬社会主义法治精神，传承中华优秀传统法律文化，引导全体人民做社会主义法治的忠实崇尚者、自觉遵守者、坚定捍卫者。随着中国开启全面建设社会主义现代化国家新征程、进入新发展阶段，迫切要求进一步提升公民法治素养，推动全社会尊法学法守法用法。

为适应机关、团体、社区、乡村、学校、企业、事业等各类单位及其工作人员以及广大人民群众深入学习贯彻习近平法治思想、学法用法的需求，我们精心编写了这套“八五”普法图解系列丛书，帮助加强公民法治思维和依法办事能力，推动公民法治素养提升。丛书聚焦法律普及的基本场景、市场热点专题领域，结合“八五”普法整体要求和普法“六进”活动部署，围绕基本法律规定的内容、常见法律纠纷问题、典型案例，传递法治理念，为社会大众的生产、工作、生活等提供基本的法律知识指南，为实现中国式现代化，增强社会法治水平提供支撑。

本套丛书作为普法读物，既注重内容的理论准确性，又注重阅读的趣味性，切实提高法治宣传教育的针对性和实效性。读者能从书中获得最基本、常见和重要的法律法规知识，“按图索骥”查找有效信息，便于参照。本书避开深奥、晦涩的“法言法语”，尽力用通俗、简洁、明快的符合法治精神的群众语言去书写表达，配上新颖、生动的漫画图解，帮助读者上手入门，一窥堂奥。

在编写过程中，我们参考了有关专家、学者的研究成果，恕不逐一标明，谨致谢忱。由于时间关系及编写水平有限，难免有不足之处，欢迎读者批评指正。

李　安

2023 年 2 月 10 日

浙江杭州

编写说明

本书是适应我国青少年法治教育发展需要而编写的法学通识读物。本书的编写注重可读性与实用性,以青少年所处成人话语的规范世界为背景,关切青少年的成长需求,在详细、准确地介绍法学的一般知识和基本原理的同时,注意择选有利于发展青少年法治素养的内容,用青少年易于理解和接受的平实语言,以及青少年喜闻乐见的勾勒图形式,普及青少年法律知识,以期达到具有针对性和实效性的普法效果。

本书由来自几所高等院校的教授、博士组成的作者群体集体完成,他们活跃在教学和科研一线,既了解当今中国的法律与国情,又熟悉教学规律,掌握青少年的心理发展特点。全书共分四篇,在符合中国国情前提下,对章节和内容的安排力求突出重点,体现实效性,但在兼顾法律体系方面难免有所不周。作者撰写分工具体如下(按章节排序):

刘练军:第一篇

王占明:第二篇　第一章

金龙鑫:第二篇　第二章 第一节 第二节第一部分

林丹红:第二篇　第二章 第二节第二部分

魏小军:第二篇　第三章

陈雅丽:第三篇　第一章至第二章

汪红飞:第三篇　第三章

邓毅丞:第三篇　第四章

邵　劭:第三篇　第五章

项雪平:第四篇

作者群的扩大,将给本书带来更丰富的观点和信息,展示更多不同的风格和风采,反映各校的学术特色,但也必然会存在分歧和不同见解。这一点务请读者谅解!

本书由李安担任主编,确定编写大纲,提出编写思路和要求,由张挺、沈颖尹、徐可担任副主编,与主编共同对全书进行统稿定稿。成书仓促,本书定会存在一些疏漏和不足,敬请读者提出批评意见。

李　安

2023 年 3 月

目录

第一篇　为什么需要国家与法律

第二篇　为什么需要守信

第三篇　为什么需要遵守秩序

第一篇

01

为什么需要国家与法律

第一章　为什么需要国家

第一节　揭开“国家”的面纱

近代政治学理论奠基者霍布斯在《利维坦》中用形象的比喻细化了国家的各个部分：“主权是国家的灵魂，官员是它的关节；奖惩是它的神经，财富是它的实利；安全是它的事业，顾问是它的记忆；公平法律是它的智慧，和平是它的健康；动乱是它的疾病，内战是它的死亡。”可见，国家是一个灵动的会运转的“有机生命体”，而不是僵死的机器或利维坦般吞噬人们的巨大海怪。国家与人民同呼吸共命运，是不可分割的共同体。

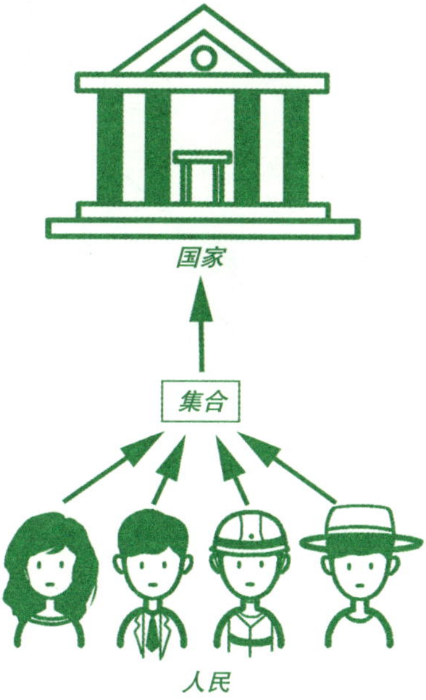

“国家”就像一棵枝繁叶茂的大树，生长在人民的土壤中，根植于人民的观念中。国家是由无数小分子的个人组成的大组织，人民是组成国家的基础和根基，人是一个个元素，元素通过一定的规则组合，形成一个集合。

那么，国家到底是什么？20

世纪社会学家马克斯·韦伯曾给“国家”下过定义：所谓国家，就是一个合法垄断暴力的实体机构。也就是说，国家垄断了暴力，去惩罚违法的人，并维护一切有利于稳定的秩序，使人民生活在一个长久和平的环境中。简单地理解，国家其实就是一个大的群体。很久以前，人们还生活在氏族或者是部落里，这是原始社会基本的、最初始的社会组织形式，但还不是国家。随着社会组织逐渐成熟，人们为了更好地抵御各种外部的风险，以国家的形式聚集在一起，一个个小元素最终形成拥有共同的语言、文化、种族、血统、领土、政府或历史的社会群体。

国家作为一个以维护生存为第一要义的共同体，有哪些必备要素呢？在国际法中，国家必须拥有自己的居民、领土、政府以及主权。

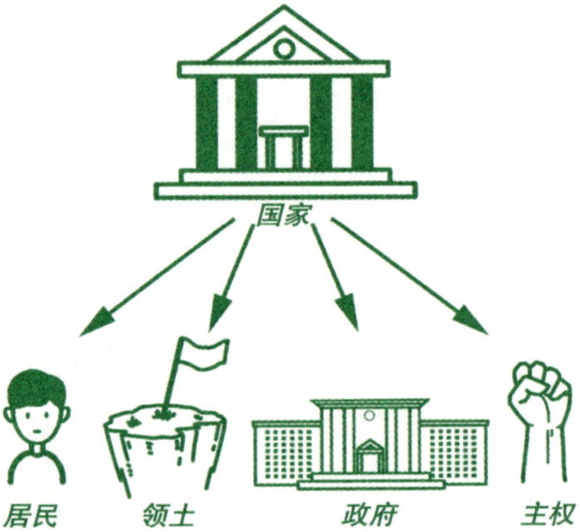

旋转地球仪不难发现，全世界有近200个国家，每个国家，即使是世界上最小的国家梵蒂冈，都有属于自己的领土。领土不仅包括领陆，还包括领水和领空。世界上多数战争的爆发都是为了争夺领土或自然资源；应该说，没有领土就无从谈论国家，领土是国家的物质基础和象征。生活在领土上的我们就是国家的居民，是国家不可或缺的细胞。但个人力量往往过于单薄，不具备调整内部关系与抵御外在侵害的能力，此时，人民交出一部分自由与权利给国家，国家设立代替人民管理各项事务的政府机构。对内，政府依法管理人民，公正处理各项冲突，解决各种问题；对外，政府代表国家和人民进行国际交往，维护国家和人民的利益。如果说，法律规则是国家运行时流淌的血液，并以此确保人民的安全和有序，那么主权就是国家的意志。主权是一个国家最重要的属性，也是国家独立处理对内对外事务的最高权力。一个独立的国家意味着它不是任何国家的附属品或傀儡，每一个独立的国家都必须拥有自主决定各项事务的权力，不受任何非法干预。

每个人在不同的环境中都会形成独一无二的性格特征，国家亦是如此。在不同的历史传统或历史文化的背景下，每个国家都拥有不同的性质，也称作国体，即国家在政治、经济和文化等方面的基本特征，它反映了国家社会制度的根本属性。社会经济基础是国家性质的根本决定因素，社会各阶级在国家政治生活中的地位则直接决定了国家性质。我国《宪法》第 1 条第 1 款规定："中华人民共和国是工人阶级领导的、以工农联盟为基础的人民民主专政的社会主义国家。"由此可见，人民民主专政是我国的国家性质。

毛泽东在纪念中国共产党成立 28 年时写就的《论人民民主专政》，奠定了中国人民民主专政国家政权的理论基础和一定发展阶段上的政策基础。文中明确，人民民主专政是我国国情和政治理想下的必然选择。人民民主专政最大的特点是，它和剥削阶级掌握国家政权不同，对占人口绝大多数的人民实行民主，对极少数敌对和破坏社会主义事业的敌人实行专政。人民民主专政其实就是人民自己当家作主，国家的一切权力属于人民，强调人民才是国家和社会的主人，坚持以人民为中心是一切工作的出发点和落脚点。

第二节　解读国家起源与发展密码

从距今 1.2 万年前的旧石器时代开始，人类祖先已经遍布东亚、印度尼西亚、澳大利亚、美洲的广阔天地。在不断进化并与自然斗争的过程中，人类已经积累了足够的经验，生存已经不是第一主题。经历了 6000 年新石器时代的发展，人类在产生农业经济的基础上，开始了权力与利益分配斗争的新主题。公元前 4000 年的美索不达米亚地区，苏美尔人以自己的智慧建立起最早的文明和城市，同时意味着人与人之间的斗争正式拉开帷幕。同一时期，中国、埃及、印度也逐步从农耕生活向小型国家过渡。总而言之，国家的形成经历了一个漫长而又复杂的过程。在不同的时期，人们对此也有不同的看法。

一、国家建立的理论根据

国家是怎样形成的？为什么要形成国家？这些问题始终困扰着人们。起初，西方国家有观点认为，国家是根据神的意志建立的，国家的权力源于神，君主的行为被定义为替天行道，依照神意治国。西方的这种观点类似于中国古代的君权天授。古代的人们认为，皇帝是天的儿子，是奉行天意统治人间，因此百姓必须绝对服从皇帝所有的决定和命令。这样的思想在古代社会可以帮助统治者维护他们的统治，无论其统治是英明还是残暴的。实际上，这种观点在如今看来极为荒谬，是不科学和不可信的。

后来，关于国家的起源，西方国家又出现了新的理论——社会契约论。这种观点认为，人生下来本是绝对自由的状态，但在现实生活中，人们慢慢地发现，依靠个人力量难以解决所有问题，此时人类的智慧促使人与人之间形成了一种互相帮助的关系，人们也逐渐组成一个个共同体，即国家。这就好比生活在深山里的人们为解决出行不便的问题，决定挖掘一条山路，此时，出于提高工程效率的考虑，村民们交出一部分决定的权利，让集体组织全面部署。显然，在这一过程中，个体与组织之间形成一种契约关系——人们出于信任让渡自由与权利，赋予组织一定的权力，组织也应遵循契约精神为人们谋取最大福利。国家和组织是一个抽象的概念，为了更好地行使权力，就需要专业的机构实施运作，这个机构就是政府。社会契约论揭示的人权和权利、权力和人权的关系是其最为宝贵的精神内核。但由于历史的局限，这种理论仍缺乏足够的科学和事实依据，是一种唯心主义观点。

根据马克思主义的观点，国家是在历史中产生的，是人类历史发展到一定阶段的产物，国家是社会矛盾不可调和的产物和表现。实质上国家就是经济上占有统治地位的阶级，为了维护和实现自己阶级的利益，进行阶级统治的工具。

人类在原始社会阶段，没有私有制、没有阶级，也没有国家。那时候，社会组织都是通过血缘关系相联结的氏族和部落，首领主要依靠个人威信、部落习惯或者传统力量维持秩序。后来，随着农业经济的迅速发展，生产力的不断提升，每名成员或多或少拥有了只属于自己的财产，私有制逐渐形成。安定的生活导致人口急剧增多，生活物资也出现了大量富余的情况。这些剩余物品如何进行合理分配呢？此时人本性中贪婪的一面开始逐渐暴露，原本部落中的显贵依靠自己的威信，越来越多地霸占财物、土地，甚至把战争中的俘虏和贫困破产的氏族成员变为自己的奴隶。这样一来，部落显贵与部落氏族成员、奴隶之间便产生了一条难以跨越的沟壑，最终形成了阶级屏障。不同的阶级之间存在对立的立场，奴隶主和奴隶之间不断发生冲突，直至达到不可调和的地步。为了维护自己的利益，奴隶主便设立以暴力为手段，维系自身利益的机构，这个机构就是政府的雏形。国家依靠专门的官吏和武装部队树立威信，进行阶级压迫和社会管理。这就是人类历史上首次出现的国家——奴隶主阶级专政国家。

二、中国的起源和发展

让我们展开中国千百年的历史图卷，追寻国家兴衰更迭的密码吧！当然在这一过程中，随着生产力的不断发展，中国的社会性质也在不断发生变化。

公元前21世纪，我国历史上第一个国家——夏朝诞生，它是原始公社向奴隶制国家的过渡时期。公元前770年至公元前476年的春秋时期，铁器和牛耕开始使用和出现，青铜冶炼和铸造的水平已经很高，生产力进一步提高，以奴隶制国有土地为基础的井田制度逐步瓦解，私田增多，奴隶制随之崩溃。公元前221年，秦国一统天下，建立秦朝，自此走向封建社会。在这一时期，各个民族之间的联系紧密，生产得到发展，科学文化也出现“百家争鸣”的繁荣局面。从220年曹丕建魏到1368年元朝灭亡，是中国封建社会的繁荣时期，文化和经济融合发展，不少领域已经达到世界领先的水平。

明清时期，中国封建制度已经在不断衰落。1840年英国用坚船利炮将中国的国门打开，中国不幸沦为各国争夺的“盘中餐”，丧失了部分领土和主权。1901年，八国联军侵华，中国战败，彻底成为半殖民地半封建社会。

1912年，辛亥革命成功，意味着清廷的统治和两千多年的君主制度被推翻，资产阶级民主共和国得以建立。1949年，中华大地展开新的篇章，新民主主义革命取得胜利，国内的主要矛盾也转为工人阶级和资产阶级之间、社会主义道路和资本主义道路之间的矛盾。为了把生产资料私有制转变为社会主义公有制，使中国从新民主主义社会跨入社会主义社会，1953年起，我国开始对农业、手工业、资本主义工商业进行社会主义改造。

目前，我国仍处于社会主义初级阶段。根据国家构建的蓝图，到2035年基本实现社会主义现代化，到21世纪中叶把我国建成富强民主文明和谐美丽的社会主义现代化强国。

第三节　国家主权的组成

既然国家拥有独立主权，不受其他国家的干扰，那么如何真正发挥国家的作用？在国际法上，国家又有哪些基本权利？

第一，独立权。独立权是一个国家的生命和灵魂，国家有权按照自己的意志处理国内外事务，不受任何其他国家或外来势力的控制和干涉。国家的独立权在一定意义上就是主权，国家依据独立权，对内独立自主地选择社会制度、政治制度、经济制度，制定法律法规体系，建立本国的国防体系；对外不受他国干涉，自由参与国际关系，处理国际事务，如与外国建交、缔约，参加国际会议和国际组织等。

第二，平等权。自联合国成立以来，外交礼仪上也讲究“平等”和“对等”。例如，为进行国事访问的国家元首举行的欢迎仪式往往包括鸣放礼炮、军乐团奏两国国歌、检阅陆海空三军仪仗队等。国家在国际法上享有平等的地位，国家无论大小、强弱，无论政治、经济、社会制度和发展程度，在交往过程中都有受到平等对待的权利，法律关系也处于平等地位。平等权主要包括5个方面的内容：(1)在国际组织和国际会议中，每个参与国都享有同等的代表权和投票权，且具有同等效力；(2)每个国家在外交文件上有权使用本国文字，在签订条约的文本上本国文字与其他缔约国的文字具有同等效力；(3)国家享有平等的尊荣权，国家元首不受诽谤或诬蔑，国旗和国徽应受到尊重等；(4)一国派出的外交代表或有特殊身份的外交人员享有司法豁免权，免受驻在国司法管辖；(5)国家平等地承担国际义务和国际责任。

第三，自卫权。2013年我国国防部宣布，划设中华人民共和国东海防空识别区，目的是捍卫国家主权和领土领空安全，维护空中飞行秩序，这是我国有效行使自卫权的必要措施。国家在遭受外来武力攻击时，有权采取相应的武力措施进行反击，保护本国安全和利益。国家有权动用一切力量，对他国的侵袭进行防卫，当受到侵略时，有权进行武力反抗。与此同时，《联合国宪章》也对自卫权进行了限制。国家自卫权必须是正在遭受外来武力侵犯时才能行使，而且自卫中不得首先使用核武器。自卫权的行使必须遵守国际基本原则，不得滥用。

第四，管辖权。2010年中国渔政船“310”宣示中国对东海诸岛的主权，这就是我国在行使主权国家的管辖权。根据国际法的相关规定，每个国家都有对其领域内的一切人、物和所发生的事件，以及对在其领域外的本国人行使管辖的权力。所有主权独立的国家，对其领土范围内的所有人和事及在其范围内的所有案件，包括民事案件和刑事案件，应拥有管辖权，这是国家主权的基本属性。

海明威在《丧钟为谁而鸣》中写道："如果说整个欧洲是一个整体，那么当海浪冲掉一块礁石，欧洲就失去了一块土地，所以，不要问丧钟为谁而鸣，它为你敲响。"人类与人类社会、国家与国家之间是作为一个整体存在的，如果侵略、种族歧视等恣意横生，显然有损人类的利益与尊严。

第四节　国家肩负的责任与使命

国家机关在管理社会过程中有哪些职责和功能呢？我国的国家职能分为两部分，即对内职能和对外职能。

一、对内职能：政治、经济、文化和社会公共服务等

2014 年发生了骇人听闻的"昆明火车站暴力恐怖事件"，分裂分子持刀杀人，导致 29 人死亡，数百人受伤。当晚，4 名分裂分子被警方当场击毙，其余罪犯被依法处置。这是国家依照法律打击犯罪活动、维护社会治安的手段，也是国家行使政治职能的体现。何为政治职能？简言之，就是国家依法打击极少数敌对势力的破坏活动，维护国家政治统治和政治稳定的职能。此外，国家的政治职能还包括以下 7 个方面：(1)严厉打击各种违法犯罪行为；(2)致力于民主政治建设，维护人民的民主权利；(3)不断健全人民代表大会制度，使人民代表大会真正成为为人民服务的国家权力机关；(4)加强各级领导机关中的民主集中制和集体领导制，反对和纠正个人专断现象；(5)改

革党和国家的领导制度，充分发挥政权机关的作用；(6)保障少数民族的民族自治权利，维护各民族的团结统一；(7)坚持人民当家作主、党的领导和依法治国三者有机统一。2020年5月，第十三届全国人民代表大会第三次会议通过《民法典》。整部法典内容全面，是“社会生活的百科全书”，这是国家履行政治职能的典型例子。

2020年，全国因为受到新冠肺炎疫情影响，经济方面受到重创，国家通过减税等手段鼓励各行各业积极投入恢复生产中，维护了经济秩序的正常运行。近些年，政府不再片面追求GDP，而是坚持以人为本的发展理念，对经济的管理更加理性和科学。没有经济基础作为支撑，政治统治犹如空中楼阁，因此，正确发挥国家管理经济的职能尤为重要。我国《宪法》序言中规定：“国家的根本任务是，沿着中国特色社会主义道路，集中力量进行社会主义现代化建设。”国家经济职能主要体现在4个方面：(1)宏观调控经济，通过制定落实财政税收政策和货币政策，实现对国民经济间接、有效的调控；(2)依法对市场进行监督和管理，确保市场运行畅通，保证公平竞争和公平交易，维护企业和消费者的合法权益；(3)进行社会管理，国家通过制定社会政策和法规，依法管理和规范社会组织、社会事务，维持社会的公平和稳定；(4)提供公共产品和服务，如加强城乡公共基础设施建设，保障就业、发展教育、发布公共信息，为公民参与社会经济活动创造条件等。

政治与经济的发展离不开先进的文化，随着网络的发展，我们的文化生活日趋丰富，在良莠不齐的文化市场中，国家有关部门制定严格标准，为人民提供良好的文化环境，保障文化生活欣欣向荣，这是国家履行文化职能的体现。随着生产力的发展，人们对文化生活的需求也在日益增长。政府有依法对文化事业实施规范管理、加强社会主义精神文明建设、促进经济与社会协调发展的职能。文化传播方面，政府通过公益讲座、文艺活动等多元化方式增加百姓接触文化艺术的机会，在全社会弘扬民族精神；教育方面，政府投入大量资金和人才，大力发展先进文化，实施科教兴国战略，不断促进社会精神文明的发展。

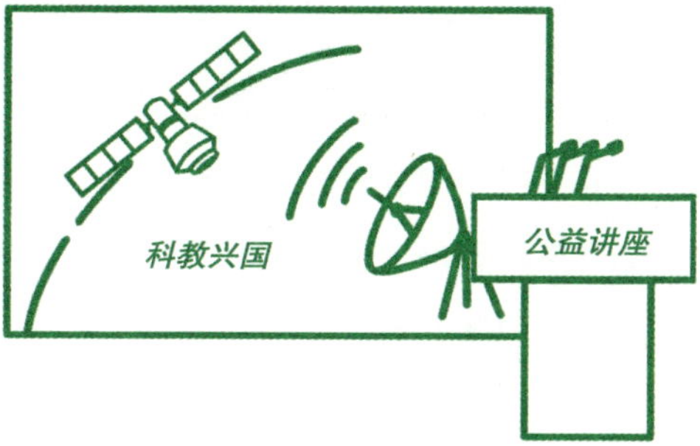

在生活中，我们能深刻感受到各种公共基础设施带来的便利，比如公交、地铁等交通工具使出行极为便利。短短几十年，我国政府在各方面不懈努力，使人们的生活质量得到了极大的提升。国家的发展需要良好的社会环境和自然环境，那么这就需要国家履行社会公共服务职能。社会公共服务职能对我们的生活有着极为重要的意义，涉及多个层面，包括：维护社会安定团结和社会治安，保护公共财物；建立和健全社会保障制度；建设基础工程，完善公共设施；保护公共环境，保持生态平衡；等等。国家的社会公共服务职能像毛细血管一样渗透在我们的生活中，维持着日常生活有序运行。无论是在基础教育、公共安全服务、环境保护，还是公办医疗、公共卫生等方面，国家都秉持坚持为人民服务的宗旨，投入大量的人力、物力和财力，保障人民的生存和生活的基本权利，提高人民的生活水平。

社会公共服务

二、对外职能：保卫、合作、促发展等

为了防御外部敌人的侵犯，国家有捍卫主权和领土完整的职能。自中华人民共和国成立以来，我国发展迅速，各个领域都取得了傲人的成绩。但无论是钓鱼岛事件，还是南海问题，无一不在表明中国领土和主权安全依旧面临威胁和挑战。虽然我国有强大的中国人民解放军队伍的保护，但仍有某些推行霸权主义和强权政治的国家挑衅我国，我们坚持不惹事，也不怕事，主权问题上绝不让步。在处理主权争端的过程中，我国坚持和平方式和双边谈判，不接受任何非法诉诸第三方的争端解决方式，抵制非法的外部干预。同时我国不断加强国防建设，提升海陆空军的战斗力，始终捍卫国家主权，守护好每一寸土地。

2013 年，我国提出了建立“丝绸之路经济带”和“21 世纪海上丝绸之路”的倡议。自“一带一路”倡议启动以来，我国就肩负起“联结中外、沟通世界”的使命，呈现蓬勃发展的生机与活力。通过签署“一带一路”政府间合作协议，我国与多国携手开展了一系列合作项目，已经产生了可观的经济和社会效益。我国还与沿线国家展开教育、文化、医疗、卫生、科技等方面的合作，惠及我国与相关国家的人民。通过这些合作，我国与“一带一路”沿线国家真正实现了和平、友好、互利和共赢，为共建世界命运共同体、责任共同体和利益共同体打下良好基础。事实上，任何国家的发展都离不开与世界的交流合作，创造有利于国家发展的国际环境更是国家义不容辞的职责。随着全球化进程的不断加深，各国各民族在经济、政治、文化、科技、军事、生活方式、价值观念等方面相互影响，密不可分，中国作为重要成员之一，必然要与其他国家和机构加强合作，共同筹划面向世界和未来的战略规划。

国家在国际社会中还具有维护世界和平、促进共同发展的职能。和平与发展是当今时代的主题。虽然国际形势总体稳定，但局部依然动荡，霸权主义和强权政治仍然是实现世界和平与发展的主要障碍；民族宗教、边界领土争端不断，导致局部冲突频发，国际恐怖活动猖獗；国家之间存在巨大的贫富差距，南北发展不平衡；国际经济秩序不公正、不合理。解决和平与发展问题，关键是要建立新的国际秩序。中国作为国际社会的重要成员，具有积极行使维护和平、促进共同发展的职能。因此，我国奉行独立自主的和平外交政策，以维护国家主权、安全和发展利益，促进世界和平与发展为基本目标，以和平共处五项原则为对外关系的基本准则，坚决贯彻落实互相尊重主权和领土完整、互不侵犯、互不干涉内政、平等互利、和平共处的原则。作为联合国安全理事会常任理事国，我国为世界和平发展事业做出了杰出贡献。

第二章　为什么需要法律

第一节　“法”从何处来

从小我们便被教导做一名遵纪守法的好公民,那到底什么是法,如何界定法的概念呢?对此,哲学家与法学家争论了数千年,至今仍未得出统一答案。唯一确定的是,法如同空气一样,始终萦绕在我们身边,与我们的生活息息相关、密不可分。

“法”字古体写作“灋”。东汉文字学家许慎在《说文解字》中写道:“灋,刑也,平之如水,从水;廌,所以触不直者去之,从去。”这句话的意思是,法和刑是相通的,都有刑戮、罚罪的意思。灋的偏旁是水,法律如同水面一样平坦,含有公平公正的意义。灋的右侧上方是廌,下方是去。廌是传说中古代的一种独角兽,生性正直,遇到不正直不公正的人就会用角去顶,这表明法能够明断是非。

中国历代对法的称谓不一,有法、律、令、典、敕、格、式、科、比、例等。直到清代末年,受到日本法的影响,“法”逐渐被“法律”一词代替。

我国现在对法的概念一般从狭义和广义两方面理解。广义的法是指国家制定和认可,并以国家强制力保证实施的行为规范的总和,包括全国人民代表大会及其常委会制定的法、国务院制定的行政法规、各地国家机关制定的地方性法规等。狭义的法仅指全国人民代表大会及其常委会制定的法。

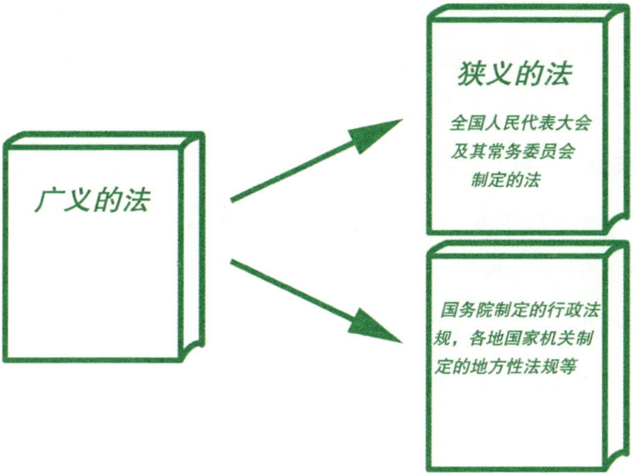

第二节 “法”从何时来

法的产生经历了一个长期的演变过程。原始社会时期，既没有国家，也没有法律。当时，社会生产力水平低下，生产工具极其简陋，人们主要以采集和渔猎为生。当个人力量不足以抵抗大自然带来的风险时，相互有血缘关系的人们便聚集在一起，形成氏族。在氏族里，人们主要通过遵守习惯、道德和宗教维持秩序。但随着人类智慧的进步，生产工具的不断改进，生产力得到了极大发展，出现了剩余价值，软性的道德宗教已无法压制人们出于本能的占有欲，人与人之间甚至出现相互杀戮和攻击，原有的秩序被破坏。渐渐地，原本氏族中的首领、贵族为了合理占有剩余资产，镇压反抗的普通氏族成员，便出现了官吏、警察、军队等暴力组织。与此同时，不平等的分配制度对维持社会秩序的规范提出了更高要求，习惯、道德和宗教便逐渐演变成了具有强制力的法。

法的形成经历了从习惯到习惯法，再到成文法的漫长过程。最初形成的法是习惯法，它大多数是从原始习惯演变而来。国家建立以后，为了满足社会治理的需要，国家对原始习惯进行了挑选和确认，赋予其更高的约束力，也就是将习惯变成习惯法。随着社会的不断发展，掌握一定权力的国家机构越来越成熟与稳定。在积累了相当的立法经验后，国家开始尝试记载、整理和汇编习惯法，甚至形成了较为系统的立法程序，并以条文的形式颁布法律，由此便完成了向成文法的过渡。根据资料记载，人类史上迄今所知最早的成文法典是《乌尔纳姆法典》，约于公元前22世纪末颁布。

法的历史类型一般与国家的历史类型和社会形态相匹配。迄今为止，人类经历了4个不同历史类型的法，即奴隶制法、封建制法、资本主义法以及社会主义法。在中国，战国时期魏国人李悝制定的《法经》是历史上第一部比较系统、完整的封建成文法典，也是我国历代法典的蓝本。

人类经历了4个不同历史类型的法

第三节　独一无二的“法”

法如何与道德、宗教等其他社会规范进行区别？其自身又有哪些独特的地方和标志？

首先，法是调整人的行为的社会规范。不同于道德通过人们的内心信念、习俗和社会舆论约束人们的行为，法律则是以国家强制力为后盾，强有力地维护秩序。比如，一个孩子由于没有足够的钱，便偷拿了商店里的游戏机，被发现后，老师告诉他，偷东西是不对的，会受到良心和道德的谴责，你不应该这么做；警察则会告诉他，盗窃已经触犯了法律，是法律明令禁止的，你会受到法律处罚。道德告诉我们何为好，何为坏；法律告诉我们什么可为，什么不可为，以及什么应该为。

其次，法是由国家机关专门制定、认可和解释的社会规范，具有国家意志性和权威性。法的制定是指法定的国家机关依照法定职权和程序创制、认可、修改、废止法律和规范性法律文件的活动。法的认可是指有立法权的国家机关，在法律规定的职权范围内，依照法定程序，对已存的社会规范如习惯、宗教、习俗等进行认可，赋予其法律地位的一项专门性活动。当然在必要时,具有解释资格的主体还需根据法定权限和程序,按照一定的标准和原则,对法律的含义以及法律所使用的概念、术语进行进一步解释说明。

再次,法是以权利义务为内容的社会规范。法规定了人们的权利和义务,以权利义务为机制,影响人们的行为动机,从而达到指引人们的行为、调整社会关系的目的。有了权利,人们就可以选择做什么或者不做什么。权利使我们获得利益和自由,如我们享有受教育的权利,根据这项权利,我们有权获得文化科学知识教育,不断提升思想觉悟和道德水平。同时,受教育权也是一项法律义务,要求我们都有接受文化、科学、品德、体育等方面的教育训练的义务。

最后,法是由国家强制力保障实施的社会规范。国家强制力是指国家的军队、警察、法庭、监狱等有组织的国家暴力。法律的实施为什么需要国家强制力作为保障?设想,如果没有国家强制力做后盾,违反法律的行为将得不到惩罚,那么法律也就如同一纸空文。如警察当场抓获了一名正在实施抢劫的男子,公安机关在查明案件事实的前提下,依法进行逮捕,并由检察院提起公诉,经法院开庭依法审判,最后如判决为徒刑,则交由监狱执行。整个过程,都离不开国家赋予公职机关的强制力。

第四节　为何需要“法”

社会需要法律是因为法律具有调整社会关系的功能,对人们的生产生活以及社会的发展都有着重要意义。从法本身所具有的特点出发,法具有调整人们行为的规范功能。从法的本质出发,法具有维护经济基础和发展生产力的社会功能。

一、法的规范功能

法的规范功能可以分成 5 个方面，分别是指引功能、预测功能、教育功能、评价功能和强制功能。

法的指引功能是一种规范性指引，这种规范性指引没有特定的对象，法律面前人人平等，每个公民都应当遵守。就像马路上的红绿灯指引，每个司机都要遵守交通规则。法是通过什么指引我们的行为呢？其实就是法律所规定的权利义务，告诉人们国家鼓励或要求做什么，反对做什么，来调整我们的内在驱动力，从而实现指引行为的目的。

“凡事预则立，不预则废。”人们都希望自己能够预测到将来会发生什么，以便提前做好准备，优化自己的行为，从而趋利避害。法律的预测作用就是凭借法律的存在，预先估计到人们相互之间会如何行为以及行为结果。伯尔曼说过，“法律必须被信仰，否则它将形同虚设”。如何让法律成为人们的信仰，至关重要的一点便是法律规则不能随意变动和打破，应当具有稳定性和可预测性。

什么是法的教育功能？法律在实施过程中对社会产生了深刻的影响。报纸、杂志、电视等媒介都是我们获得教育的渠道——令人瞠目结舌的杀人犯最后被判处无期徒刑，网络上一片口诛笔伐；火场救人英雄获得政府授予的荣誉称号，电视节目中赞扬声一片……这些都在无形中对我们产生教育的作用，影响我们的认知和行为，让我们从内心对法律产生敬畏,在日常生活中时刻以法律为准绳。

生活在错综复杂的社会关系中,接受评价是我们日常不可避免的一部分。积极的评价能够增强我们的自信心,如老师的表扬、家长的肯定。因此,我们的行为在很大程度上受到他人评价的影响。作为特殊的社会规范的法律,更是具有对行为的合法性或违法性进行评价的功能。与其他主观评价相比,法律评价标准不受情感左右,更具有客观性和公正性。

此外,法还具有强制作用。法的强制力也是法得以实施的基石与后盾。当有人蔑视法律权威,跨越法律底线时,国家强制力就会发挥作用,国家司法机关会依据法律,对罪犯进行法律上的非难和谴责。最重要的是,法的强制作用能够增强法律权威,维护社会稳定。

二、法的社会功能

法的社会功能主要分为两个方面:一是社会统治功能;二是社会公共职能。

法律的社会统治功能也就是法在维护阶级统治方面的功能。在阶级社会中,基本的社会关系就是对立阶级的关系。要想调整好这一社会关系,必须运用法律有效控制潜在的冲突和斗争,实现国家的长治久安。法的社会统治功能主要分为 3 个方面:第一,调整统治阶级和被统治阶级之间的关系;第二,调整统治阶级和其同盟者之间的关系;第三,调整统治者内部的关系。

当然,在全面推进法治国家、法治政府、法治社会建设的当前,法更多地体现为执行社会公共事务方面的功能。社会公共事务是指在客观上对全社会的一切成员均有利,属于社会公益性质的事务。社会公共事务方面的功能具体体现在 5 个方面:第一,维护人类社会的基本生活条件,包括维护社会治安,保障公民人身安全、食品安全、生态平衡、交通安全等；第二，维护生产和交换条件，通过立法和实施法律管理生产、保障基本劳动条件等；第三，促进公共设施建设，组织社会化大生产，如兴修水利、修筑道路、桥梁等；第四，确认和执行技术规范，如对易燃易爆的高度危险品和危险作业进行控制和管理，对消费者权益进行保护等；第五，促进教育、科学和文化事业发展，如政府兴办图书馆、博物馆、文化馆等文化设施。

第五节　中国的法律部门有哪些

了解法的重要性只是为我们打开了法的大门，那么我国的“法律”到底包括哪些部门呢？分别调整哪种法律关系？

一、当代中国法的渊源

法的渊源指的是法的来源。换句话说，法的渊源是一些具备法的约束力或者法律说服力，并能够依此作出法律决定的规范或准则的来源。当代中国法的渊源主要为以宪法为核心的各种制定法，包括宪法、法律、行政法规、地方性法规、自制条例和单行条例、规章、国际条约和国际惯例等。

1. 宪法

宪法是国家的根本大法，它规定了国家的基本制度、国家机构和组织、公民的基本权利和义务等根本性内容。宪法在我国法律体系中具有至高无上的法律地位，是全国人民的根本活动准则，是一切立法的根本依据，具有最高的法的效力。任何法律法规或规章制度均不得与宪法相抵触。

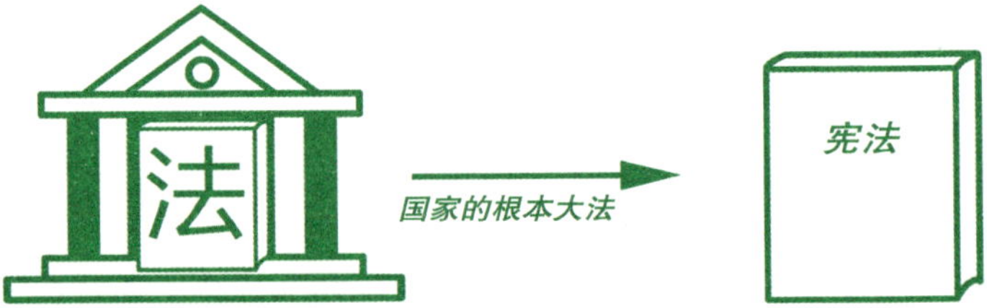

2. 法律

法律包括基本法律和一般法律。法律是全国人民代表大会及其常务委员会根据宪法或依据职权制定的规范性法律文件。基本法律涉及社会关系的一个或多个方面的基本问题，是由国家最高权力机关——全国人民代表大会——制定通过的，如刑法、民法、行政法等都是基本法律，其法律效力仅次于宪法。一般法律的调整对象只涉及社会关系一个方面的问题，是由全国人民代表大会常务委员会通过的，如森林法、水法、矿产资源法、食品安全法、专利法、消费者权益保护法等。全国人民代表大会常务委员会制定的条例、发布的决议以及其他规范性文件都属于一般法律。

3. 行政法规

法规包括行政法规与地方性法规。行政法规是由国家最高行政机关，即国务院，根据宪法和法律制定的有关政治、经济、教育、科技、文化、外事等各类法规的总称，对政府依法决策和依法行政具有重要意义。行政法规作为一种法律渊源,更集中地规定和表现了行政法规的内容,比如《交通安全法实施条例》就是对具体行政管理活动的直接规范。

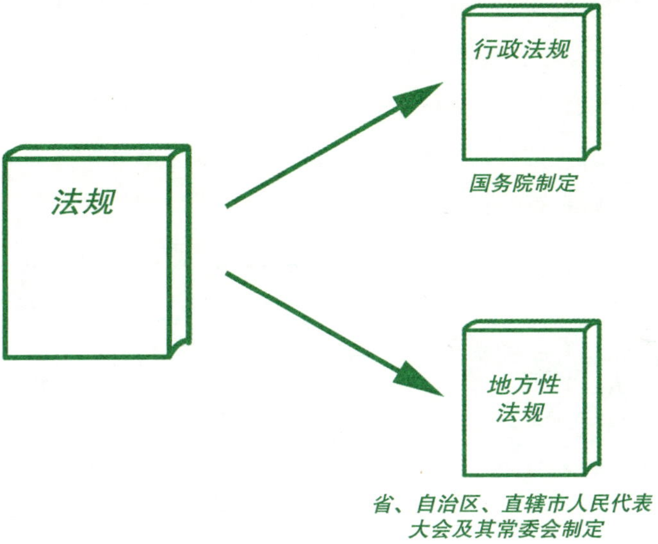

4. 地方性法规

地方性法规是由具有立法权的地方人民代表大会及其常委会制定的规范性法律文件,只能在本行政区域内发生法律效力,不能及于全国。地方性法规不能与宪法、法律、行政法规相抵触。

5. 自治条例和单行条例

自治条例是指民族自治地方的人民代表大会，即自治区、自治州、自治县的人民代表大会，依照当地民族的政治、经济和文化特点，经过一定的法律程序制定的用以全面调整本自治地方事务的综合性规范性文件。单行条例是指民族自治地方的人民代表大会，即自治区、自治州、自治县的人民代表大会，依照当地民族的政治、经济和文化特点，经过一定的法律程序制定的用以调整本自治地方某一方面事务的单项性规范性文件。

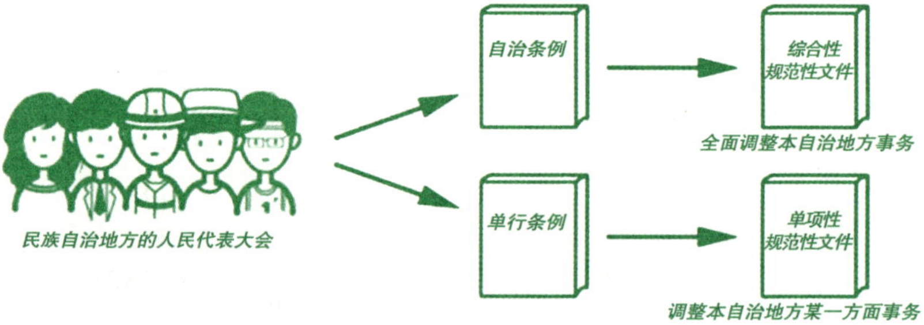

6. 规章

规章是国家行政机关依照行政职权制定、发布的针对某一类事件或某一类人的一般性规定。规章可以分为两类：一类是部门规章，它由国务院各部、委员会、中国人民银行、审计署和具有行政管理职能的直属机构制定；另一类是地方政府规章，依据《立法法》规定，由省、自治区、直辖市和设区的市、自治州的人民政府制定。规章的效力低于宪法、法律、行政法规和地方性法规。政府在制定规章时要注意科学性和可行性。规章的名称一般称“规定”“办法”，不得称“条例”。

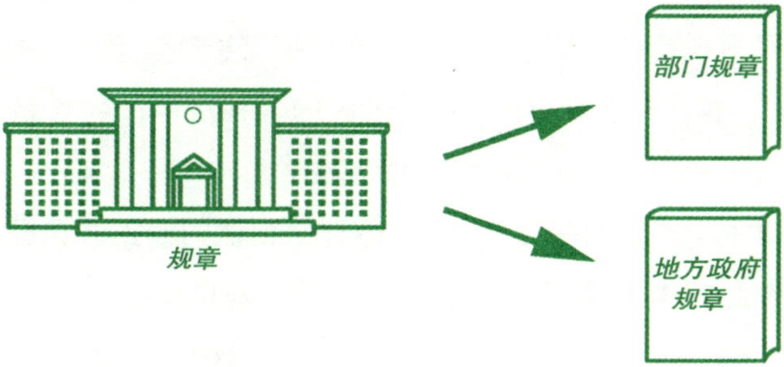

7. 国际条约和国际惯例

除以上制定法外，国际条约和国际惯例也是我国法的渊源。国际条约是指我国作为国际法主体同外国缔结的双边、多边协议和其他具有条约、协定性质的文件。国际惯例是指以国际法院等各种国际裁决机构的判例所体现或确认的国际法规则和国际交往中形成的共同遵守的不成文的习惯。

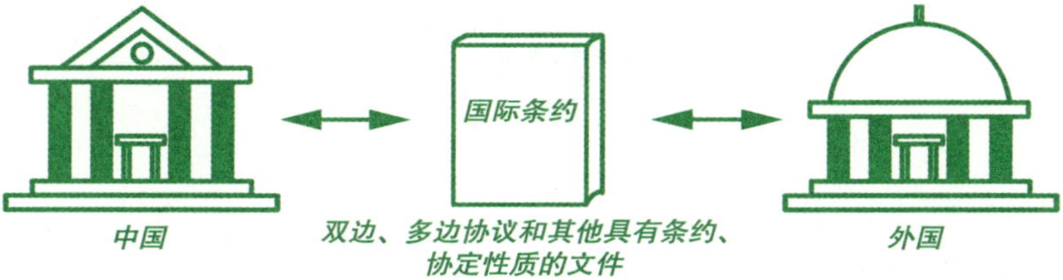

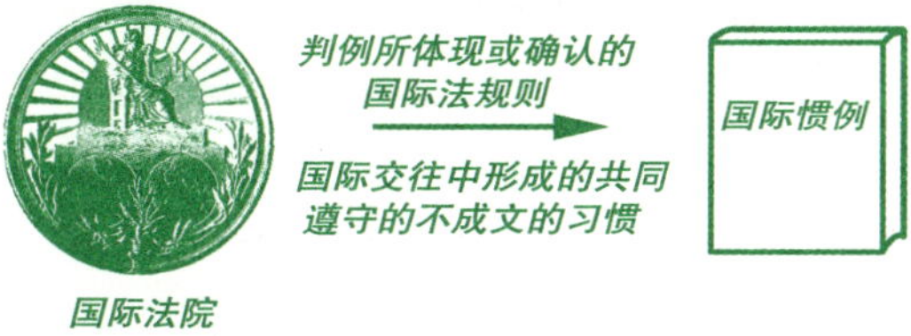

8. 其他的法的正式渊源

除以上的正式渊源外，在我国还有一些特殊形式的法的正式渊源，具体包括：(1)中央军事委员会制定的军事法规和军内有关方面制定的军事规章；(2)国家监察委员会根据宪法和法律制定的监察法规；(3)“一国两制”条件下特别行政区的各种法律；(4)经济特区根据全国人大专门授权制定的规范性文件。

除以上正式法的渊源外，其实还有一些法的非正式渊源也发挥了法的渊源的作用，如习惯、判例以及政策等。

二、当代中国的法律体系

各项法律有不同的调整对象，按照不同的调整对象，可以划分出不同的法律部门。我国的法律部门可以分为宪法、行政法、民商法、经济法、社会法、刑法、诉讼与非诉讼程序法，这些法律部门共同构成了当代中国的法律体系。

宪法包括宪法和与宪法相关的法。宪法相关法是与宪法相配套，保障宪法实施和国家政权运作的法律规范的总和，主要包括国家机构的产生、组织、职权和基本工作制度方面的法律，维护国家主权、领土完整、国家安全、国家标志等方面的法律。如《全国人民代表大会组织法》《民族区域自治法》《国旗法》等。

行政法是指有关调整国家行政管理活动中形成的社会关系的法律规范的总和。行政法调整的主体双方地位是不平等的，它的本质在于规范和控制行政权。由于国家行政管理的多样性、复杂性和广泛性，行政法规目前没有一部核心的法典。它既包括有关行政管理的法律，也包括有关行政管理的行政法规、地方性法规、规章以及自治条例和单行条例中的行政管理规范。

民商法是调解平等主体间的财产关系、人身关系和商事关系的法律规范的总和。民商法可以分为民法和商法。民法主要包括物权、债权、知识产权、婚姻家庭、收养、继承等方面的法律规范；商法主要包括公司、破产、证券、期货、保险、票据、海商等方面的法律规范。

经济法是调整因国家从社会整体利益出发而对经济活动实行干预、管理或调控所产生的社会经济关系的法律规范的总和。经济法部门由大量的单行的法律组合而成，如财政方面有《预算法》《会计法》，税务方面有《个人所得税法》，金融方面有《中国人民银行法》，能源方面有《电力法》《煤炭法》等。

社会法是在国家管理社会生活过程中发展起来的法律部门。它主要调整劳动关系、社会保障、社会福利和特殊群体利益保障等方面的法律关系。社会法的主旨在于保护公民的社会权利，尤其是保护弱势群体的利益，保障劳动者、失业者、丧失劳动能力的人和其他需要扶助的人的权益。社会法主要包括劳动用工、工资福利、社会保险、社会救济、特殊保障等方面的法律，如《劳动法》《劳动合同法》《未成年人保护法》《老年人权益保障法》《残疾人保障法》《红十字会法》等。

刑法是指有关犯罪和刑罚的法律规范的总和。我国目前已经形成了以《刑法》为轴心的刑法部门。刑法具有惩治犯罪行为、维护社会安全和稳定的功能。

诉讼和非诉讼程序法调整因诉讼活动和非诉讼活动而产生的法律关系，是人们权利实现的重要保障，其目的在于保证实体法的公正实施。我国的诉讼程序法包括《刑事诉讼法》《民事诉讼法》《行政诉讼法》,非诉讼程序法包括《仲裁法》《人民调解法》等。

第六节　为什么要坚持全面依法治国

依法治国就是依照宪法和法律治理国家,是中国共产党领导人民治理国家的基本方略,是发展社会主义市场经济的客观需要,是解决我们事业发展中面临的一系列重大问题的根本途径,也是社会文明进步的显著标志。依法治国具有以下三个方面的意义:

首先,依法治国战略的提出,是对新中国历史经验进行深刻总结的结果。1949 年,中华人民共和国成立,中国的法制建设不断发展。但由于"左"倾思想的错误引导,酿成了十年"文化大革命"的历史悲剧,其间,民主法制建设遭到严重破坏。1978 年后,中国共产党人开始探索治国理政的新方法,提出必须加强法制建设,做到有法可依、有法必依、执法必严、违法必究,这为依法治国方略的提出奠定了基础。1997 年,党的十五大正式提出依法治国方略,这正是中央对长期探索治国方略和对历史经验深刻认识的总结和成果。1999 年,第九届全国人民代表大会第二次会议上正式将依法治国确立为宪法的基本原则,使依法治国的基本方略有了制度保障。党的十八大提出"科学立法、严格执法、公正司法、全民守法"新的 16 字方针,表明我国社会主义法治建设进入了新阶段。2014 年,党的十八届四中全会通过了《关于全面推进依法治国若干重大问题的决定》,对全面推进依法治国做出了总体布局,开启了中国法治新时代。2020 年 11 月16 ~ 17 日,中央全面依法治国工作会议在北京召开。中共中央总书记、国家主席、中央军委主席习近平出席会议并发表重要讲话,强调推进全面依法治国要全面贯彻落实党的十九大和十九届二中、三中、四中、五中全会精神,从把握新发展阶段、贯彻新发展理念、构建新发展格局的实际出发，围绕建设中国特色社会主义法治体系、建设社会主义法治国家的总目标，坚持党的领导、人民当家作主、依法治国的有机统一，以解决法治领域突出问题为着力点，坚定不移走中国特色社会主义法治道路，在法治轨道上推进国家治理体系和治理能力现代化，为全面建设社会主义现代化国家、实现中华民族伟大复兴的中国梦提供有力法治保障。

其次，依法治国是保障和推进社会经济持续健康发展的客观需求。发展是硬道理，经济发展成为当今社会首要的任务。依法治国应该满足社会经济和生产力发展的需求，同时，法治能对经济和生产力发展产生巨大的反作用。法治有利于确认、保护、规范和调整社会关系，对经济发展起到引导和推动作用，可有效维护市场交易的正常运行和经济秩序的和谐稳定，为经济发展夯实了制度基础，提供了持久动力。

最后，依法治国是促进社会和谐稳定，维护社会公平正义的必然要求。随着现代化建设的不断发展，社会结构发生了转变，社会群体阶层、利益关系、社会关系都愈加复杂多样，社会矛盾层出不穷，社会治理面临着新的难题和挑战。为此，要求我们运用法治的权利义务机制和权力责任机制合理有效地缓和社会矛盾、科学合理地调整和规范各种社会关系，把党的领导贯彻落实到依法治国全过程和各方面，不断增强我们党运用法律手段领导和治理国家的能力，坚定不移走中国特色社会主义法治道路。

可见，依法治国意义重大，是中国走向繁荣富强的必然选择，是中国特色社会主义的本质要求和重要保障。

依法治国的主体是中国共产党领导下的人民群众；依法治国的本质是崇尚宪法和法律在国家政治、经济和社会生活中的权威，确立法大于人、法高于权的原则，使社会主义民主制度和法律不受个人意志的影响；实施依法治国的根本目的是保证人民充分行使当家作主的权利，维护人民当家作主的地位。全面推进依法治国是一项庞大的系统工程，必须统筹兼顾、把握重点、整体谋划，着力推进科学立法、严格执法、公正司法、全民守法。

依法治国必须立法先行，完善以宪法为核心的中国特色社会主义法律体系：(1)要求立法机关不断推进科学立法、民主立法，提高立法质量，制定出完善合理的法律；(2)各级政府及其工作人员必须严格依法行使权力，依法处理国家事务，真正做到将权力关进“笼子”里；(3)公平公正是法治的灵魂，司法作为维护社会公平正义的最后一道防线，要求完善司法管理体制和司法权力运行机制，保障审判权、检察权依法独立行使；(4)不断增强全民法治观念，深入推进法治宣传教育工作，健全依法维权和化解纠纷机制，完善法律服务体系，改善社会法治环境，鼓励大家做尊法、信法、守法、用法、护法的社会主义法治的自觉遵守者和坚定捍卫者。

第二篇

02

为什么需要守信

第一章　民事法律行为

第一节　民事是什么"事"

我们常常听到"民事纠纷""民事争议"等类似的表达。那么，"民事"是什么"事"呢？通俗地理解，我们大体上可以把"民事"理解为平等主体之间的关系，"民间""坊间"等也基本上是这个含义。"民事"就是平等主体的自然人、法人和非法人组织之间的人身关系和财产关系的总称。在法学上，一般称调整民事关系的法律为私法，与之相对应的则是公法。

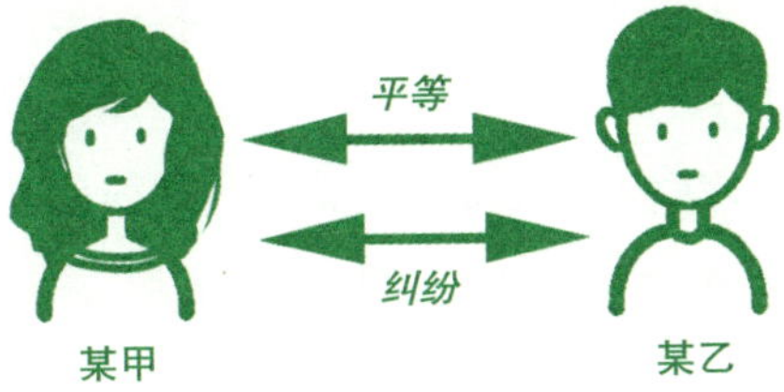

一、公法与私法

政府往往会有一定的政策目标，实施政策目标的主要依据就是法律。关于法律的分类虽然存在一定争论，但最常见的分类就是把法律分为公法与私法。

国家重视公法，由立法机关制定法律，倘若有人违反刑法，公安机关将会对其进行调查、取证，构成犯罪的移送检察院，检察院审查起诉，法院再作出判决，可能会判处罪犯罚金、有期徒刑、死刑等刑罚，最后再由司法执行机关执行判决。这种情形下，国家掌握着绝对的主动权。公法适用了有别于私法的原理、原则和规则，旨在规范和约束公权力的运作。

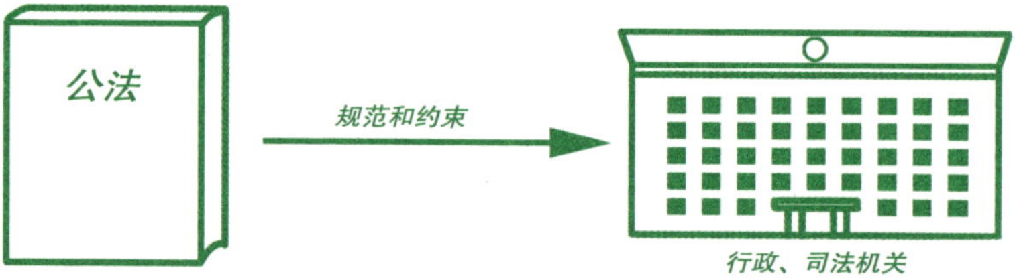

与国家机关在刑法、行政法领域发挥主导作用不同的是，在民法等私法领域，国家机关介入调整的态度相对消极，更加尊重当事人的意思自治。所以就算有人违反了民法，警察也不会立即行动。只有当事人向法院提起诉讼，法院作出判决，当事人请求执行判决时，国家才会采取行动。这种情况下，国家是较为被动的，不同于执行刑法时国家的强主动性。

宪法是国家的根本大法，具有最高的法律效力。因此，制定一切法律——当然包括私法——必须以宪法为依据，不得与宪法相抵触。此外，我国宪法条文不能作为司法审判的依据。因此，宪法的“最高性”体现在它的价值宣示和秩序统一。

二、民法的主要内容

（一）民法的“地图”

民法究竟包括哪些内容呢？想想社会生活需要哪些规则就知道了。首先，要防止人与人之间的暴力侵害，侵权责任法就被制定出来了;其次,要明确财产的归属和利用规则以定分止争,物权法或称财产法就被制定出来了;再次,在人身和财产安全的基础上,还要鼓励合作关系的开展,于是合同法被制定出来了;最后,关于人自身的资格和差异、关于以两性和血缘关系为基础的家庭共同生活形态、关于人死后财产的分配和处理等调整需求又催生了婚姻家庭法、继承法等。

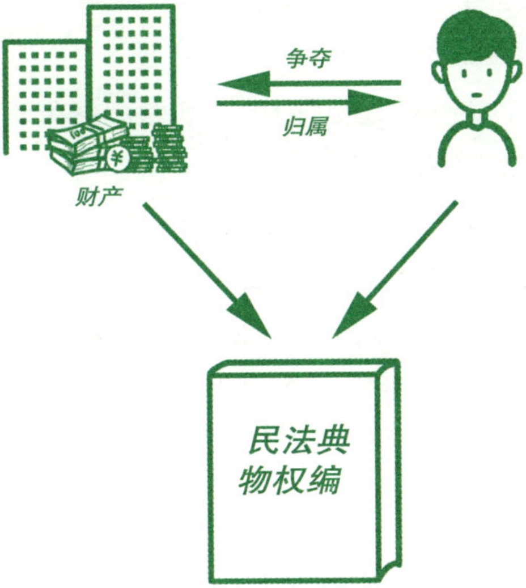

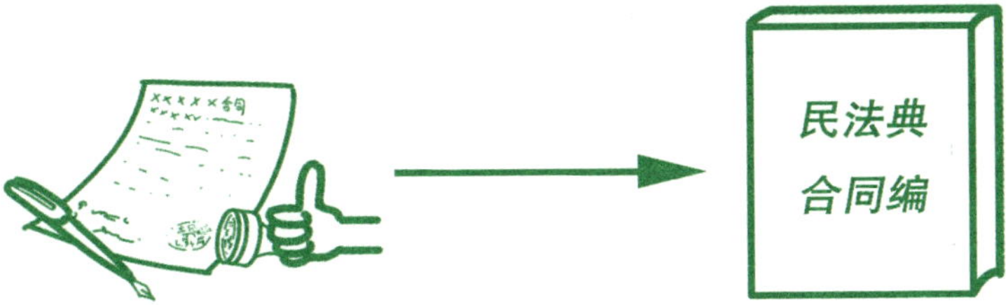

(二)民法的特点

1. 民法的客观性

民法调整的基本上都是与人民的日常生活息息相关的事情,它所体现的就是“勿伤害”“安其财”“守其诺”这些人群共处的基本原则。民法的规则不是被任意地规定出来的，而是面向社会生活被提炼出来的。有的学者甚至认为，法律是不能被制定的，它只能是一国历史文化发展的自然产物。因此，立法的过程就像自然科学研究一样，是对各种社会关系的客观运作规律的发现和揭示。从这个意义上，不难理解为什么在英文中，“法律”与“规律”是同一个词，即“law”。

2. 民法的权利性

民法不仅是裁判法，还是行为法。民法不仅在平等主体间发生纠纷时为司法者提供裁判规范，它更重要的作用在于为人们的日常生活提供行为准则——“民法是人民生活的教科书”。人类并非在孤岛中生存，并非与世隔绝。人们既然在社会条件下生活，就要遵从共同的社会规则。法律一经公布，法律规则就从混沌的社会规范中脱颖而出，具备明确性的特征。人们因此获得具备可操作性的“群己界分标准”，这一标准可期待、可依赖，秩序、自由、福祉等都由此而产生。民法的功能通过它所设定的权利及其对应的业务得以实现。由此不难理解，为什么在德文中，“权利”与“法律”是同一个词“Recht”。法谚称，“权利是主观的法律，法律是客观的权利”。

3. 民法的逻辑性

既然民法是贴身实用的，拒绝“高大上”，讲究具体而全面，当然就不能只停留在上面几条相对粗疏的原则层面，而必须加以细化、展开。这样，英美等普通法系国家的民法就走上了一条主要通过“遵循先例”和“区分原则”相结合发展法律的方式，法律呈现为“合同法”“侵权法”“财产法”等与社会生活关系基本对应的法律部门划分，而法律的具体表现形态则为在个案事实中的“判决理由”（ratio）。法德日等大陆法系国家的民法，由于实践中没有形成与王权相抗衡的司法传统，在“理性主义”的激励下，在“大革命”与“民族主义”的感召下，满怀自信地走上了“法典化”的发展道路。受大陆法系影响，我国制定了体系完整的《民法典》。

4. 民法的抽象性

民法虽然被视为生活的教科书，但仍然具有抽象性。法典的高度技术化导致其“看山不是山，见水绝非水”。例如，法典中的“人”并不等同于现实生活中的人，“法人”的概念填充进来，相应地，“个人”改称为“自然人”，并且要区分于“生物人”，其与“人格”的对应关系，更要把罗马的一套术语体系引进来才能说明白。又如，法典中的“法律行为”，和现实生活中的“人的行为”差异更是十万八千里，前者不仅已经承载了价值理念、蕴含了法律评价，而且是一个具有极度包容性的总称，合同、允诺、处分、结婚、离婚、收养、遗嘱等都可以被其指称。

第二节　民法上的人

一、民法为谁而设

民法虽然要符合社会生活的一般规律，但作为人的理性的造物有其边界。一方面，民法没有能力为人以外的其他族群、物种立法；另一方面，民法也没有必要为外在世界立法，外在世界自有其运作规律。在法律领域，人类只需要规范人与人相互之间的行为就够了。因为人与人共同组成了社会，形成了社会生活关系，而人的行为决定所形成社会关系的内容，所以行为及支配行为的意思在民法中就极为重要。理想的情形是，立法指向的意思和支配行为的意思之间存在闭合的良性循环。总而言之，民法调整的范围是平等主体的自然人、法人和非法人之间的人身关系和财产关系。

二、自然人

民法以平等主体间的人身关系和财产关系为调整对象。平等主体之间形成的各种社会生活关系，经由民法调整，就称为“民事法律关系”。因为民法是人们生活关系规律的总结，所以民法的全部目的就是通过法律的明确化、规范化、民主化，使人民生活得更幸福。为了贯彻这样的理念，民法把被民法调整之前的社会称为“自然状态”，把民法调整之后的社会称为“市民社会”。在自然状态中，人与人之间的关系是混乱无序的——他们彼此争斗，永不安定。在长期的博弈和两败俱伤之后，人们决定结束这样的状态。他们通过缔结契约的方式，使大家由野蛮步入文明，进入到一个组织化的社会之中——市民社会诞生了。市民社会产生的全部原因和存在的唯一正当性就在于改善了人民的生活状态，让人民生活得更幸福。社会契约不能减损人的地位和价值，因此民法把人称作“自然人”，用来指示每个人在自然状态下与生俱来的自由本质和作为终极目的而存在的特质，“在民法慈母般的眼神中，每个人都是全部世界”。民法也因此得名“民法”。

自然人的概念，包含了很多积极的意义。它使人的尊严和价值得到凸显，这与以往屈从在神的旨意之下、作为秩序服从者的人的角色相比显然具有更大的能动性；它去除具体的人的差别，宣扬抽象、平等的人格理念，不仅使劳动力和资本获得自由，更营造和推动了文明、民主、和谐的人际关系；它间接划定了“政治国家—市民社会”的各自场域，使人民生活与公权力及其主宰的实质价值判断谨慎地保持距离。因而，我国《民法典》规定自然人的民事权利能力一律平等。也就是说，自然人作为个体虽然存在诸多差异，但是在民法上都是平等的法律上的人。

三、法人

民法普遍地赋予自然人以民事主体的地位，这是一系列资产阶级革命在立法上作用的结果，为了维护资产阶级的利益和意志，立法首先要去除的障碍，就是封建专制体制下劳动力的不自由。这与封建制维护以等级制为基础的具有依附性的租佃关系，和奴隶制维护领主对奴隶人身和财产自由的完全剥夺，并无实质的不同。掩盖在资产阶级温情脉脉的人格平等的法律“外衣”之下的，仍然是赤裸裸的经济欲求。只不过假借上帝之口继而是革命的激情，使劳动者感受到，他们真的受到重视了。很快，资本主义不满足于自由劳动力的获得，他们需要借助新的经济组织形式，刺激投资并规避责任——法人制度诞生了。在这种制度安排中，自然人出资人（股东）在法人盈利时，通过分配股息获得利润，在法人亏损时，则只以其投入法人的资本为限，承担有限责任。这种“赚钱不封顶，赔钱有保底”的制度设计（最为典型的就是公司制度），极大地刺激了人们投资的积极性，直接推动了经济的繁荣。在自由竞争的资本主义发展到垄断阶段时，国家已经不能简单地“坐享其成”，享有市场垄断地位的大厂商，通过垄断扭曲了市场信号，破坏了市场自生自发的秩序，与国家的宏观经济利益形成对峙。与此同时，解决劳工权利问题、消费者保护问题、残障人和其他弱势群体的社会保障问题，不仅是回应相关阶层权利运动吁求的需要，更是国家宏观经济结构调整和平衡微观利益诉求的需要。因此，当出现这些现象时，国家也会对民事法律领域进行必要的干预。

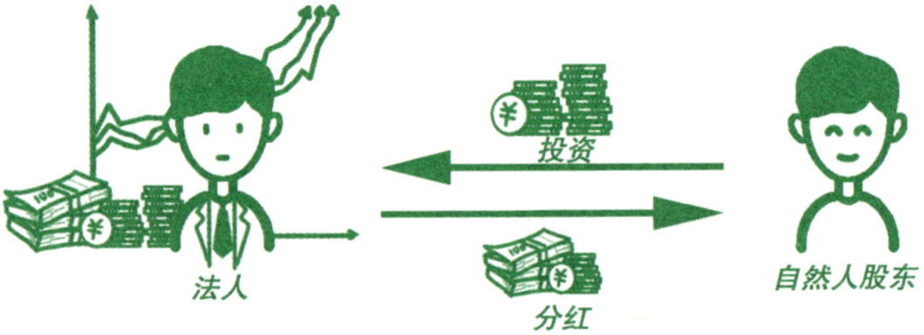

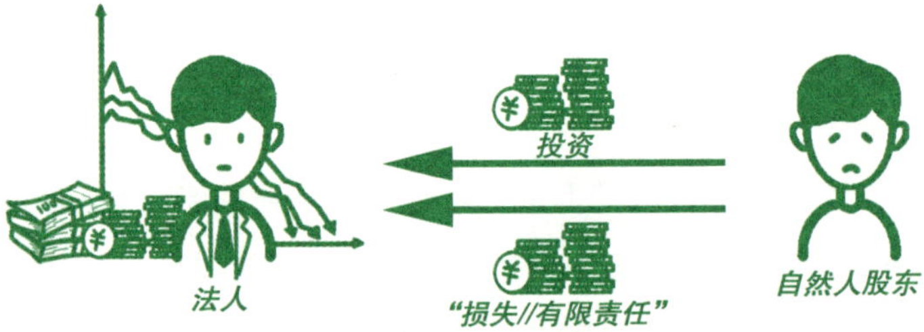

第三节　民事法律行为

民法的发展，见证了民事主体的范围不断扩大的历程。从自然人、法人到非法人组织，民法的利益主体不断多元化，民法的价值取向也日趋复杂，出现许多内在的紧张和冲突。但是民法的基本理念也仍然是私法自治。所谓私法自治，就是在市民社会的领域内，由民事主体按照自己的意志，独立地作出决策，形成自己的社会生活。换句话说，私法的法秩序，不是由国家权力强制界定的，而是由民事主体的行为自主形成的。因为民事主体的行为，有为自己的私生活立法的效力，因此又称民事法律行为。

一、意思表示

民事主体的行为，为什么会发生法律约束力呢？我们要再一次回到自然人的出发点。按照自然法学派的观点，自然人是理性的拥有者，自然人的行为不是无意义的反应，而是在自由意志支配下的举动，每一个民事行为，都可以分解为内在意思的形成、内在意思的客观表达和内在意思的效果实现三个步骤。由于内在意思的不可察知，民法尊重自然人的主体地位，就是要尊重其通过行为所表达的内在意思，并实现其追求的效果。反过来说，民法之所以要确认和保护民事行为的法律效力，就是因为行为不过是自由意志的客观化和具体化。在这个意义上，法律行为和意思表示是互为表里的。对于这个问题，必须强调以下两点：

其一，在民法上，只有民事行为才是法律行为，凡是法律行为必是民事行为。只有民事行为，才会一经作出，就犹如法律约束全体人民一样对行为当事人产生约束力。公法上的行政行为不仅不具有这样的特征，而且没有法律依据的行政行为原则上不合法，进而不能对人民产生约束力。换句话说，二者的预设状态是不同的，对民事行为而言，法无明文规定即自由；而对行政行为而言，法无明文规定即禁止。

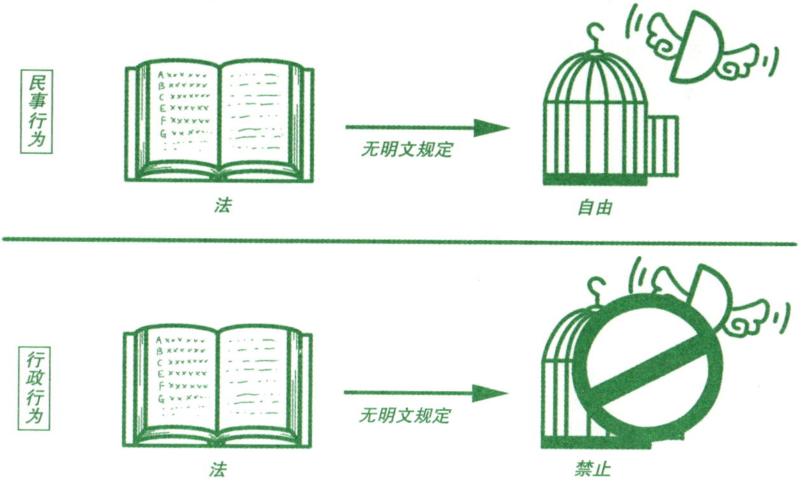

其二，只有民事主体才有意思表示，凡是意思表示必是由民事主体作出的。意思表示概念的功能，就在于使自由意志与法律行为之间发生关联，只有民事主体的意思，才是法律应予当然尊重的。意思表示中的“意思”，不仅是一个技术装置，而且蕴含价值判断。“意思”的内涵，虽然贯彻私法自治，仍然以不逾越公法的边界为限。对于像房屋、土地等财产权利，意思自由被限缩在法律给定的几种权利种类中进行选择。因此，意思表示指的是将想要发生法律效果的意思表示于外的行为。行政行为只需根据其职权、授权或委托关系，确认其行为归属的行政主体，没有必要借助意思表示理论说明其过程和关系。

二、自然人的行为能力

自然人作为民事主体，可以享有各种民事权利，自然人能够享有民事权利的这种资格，又被称为民事权利能力。近代资产阶级革命以来，自然人的民事权利一般是平等的。由于古典民法认为，民法的主要任务就是保障自然人在市民社会中固有的自然权利不受侵犯，因此，民法中的权利与义务是不对称的，民法是权利本位的。由此来看，其被称为民事权利能力，而不是民事权利义务能力，也就不难理解了。

民法是权利本位（权利与义务是不对称的）

自然人享有民事权利能力，只表明自然人有取得民事权利的可能性，由可能性转化为现实性，还需要有法律事实的介入。这个法律事实可能是与人力无关的“自然事实”，例如，因被继承人的死亡，继承人取得被继承人的财产所有权,也有可能虽然是人的行为,但其法律效果的发生,既不需要追寻内在意思,更不需要外在表达,只要有自然人的行为这一事实就足够构成“事实行为”。又如,生产某种产品,无论是种一盆花,还是制作一件手工艺品,即使生产者在行为时对产品的所有权归属完全没有考虑,当然也无须告诉任何人,他仍然会因为生产行为而取得对该产品的所有权。但是,最主要的法律事实还是民事法律行为,即当事人通过某种有目的的行为,追求特定私法上的效果。

享有民事权利能力的自然人,通过法律行为变动民事权利,是一件与当事人利害攸关的事情,同时并不是一件容易做到的事情,需要特定的能力。儿童总是容易很慷慨地把身边的财物赠与他人,而并不了解其中的含义;懵懂中的青少年总是容易一见钟情,信誓旦旦托付终身,却全然不了解婚姻的责任。从事法律行为,需要一定的智力、知识和经验,这种能力与自然人能够享有民事权利能力相区别,被称为民事行为能力。法律行为是以自由意志为前提的,而是否具有自由意志,只能在从事法律行为的过程中进行检验。私法秩序是由一个个的法律行为共同构成的,法律行为不仅会影响行为人自己,也会影响其他民事法律关系当事人的利益状况。为了保护意思表示相对人的正当信赖和合理期待,维护私法秩序的稳定,同时出于司法经济便利的考虑,我国民法根据生活常识,规定年满 18 周岁的自然人为完全民事行为能力人,不满 8 周岁的自然人为无民事行为能力人，中间的为限制民事行为能力人。同时规定不能辨认自己行为的成年人是无民事行为能力人，不能完全辨认自己行为的成年人是限制民事行为能力人。对此应该注意以下三点：

其一，年龄和辨认能力，不是并列关系，而是递进关系。其中年龄是形式要件，辨认能力是实质要件，满足年龄要件之后，还要进行实质要件的判断；不满足年龄要件的，无须进一步考察其实质要件。自然人是否具有行为能力，应按照年龄、辨认能力的顺序逐次判断。

其二，有无行为能力，是一个事实问题，而不是法律问题。既然已经使用了“有无辨别能力”这样描述性的判断标准作为兜底，行为能力就不再是以“成年”“精神健康”等典型情况进行推断的法律判断。因此，对于无民事行为能力或限制民事行为能力的成年人，就存在“成年人监护”。我国《民法典》第 33 条被广泛评价为引入了成年人监护制度，但它其实只是完全民事行为能力人事先的意定监护而已。对于不能完全辨认自己行为的限制民事行为能力人，其在具体从事法律行为时是否具有相应的行为能力，更需要结合当时的实际情况，对行为人的具体意思能力作出事实判断。

其三，尽管行为能力是一个事实问题，行为能力与自然人从事法律行为时的具体意思能力仍然存在差别。行为能力是一项民事主体制度，是基于特定属性对自然人的类型判定，它主要是一个判断交易效力的工具。基于维持交易安全的信赖保护原理，自然人在从事法律行为时欠缺具体意思能力的，无论行为人对欠缺的形成有无过错，也无论意思欠缺的程度如何，该意思能力欠缺均不影响行为人的主体资质。该意思能力欠缺只能在下面要提到的“意思表示瑕疵”部分有限地得到考量。

完全民事行为能力人原则上能够独立实施任何民事法律行为。由于人口政策，结婚行为在我国民法上设定了更高的年龄要求——

男满22周岁,女满20周岁。限制民事行为能力人能够独立实施纯获利益的行为或与其年龄、智力相适应的行为。16周岁以上的未成年人以自己的劳动收入为主要生活来源的,已经基本上自给自足,没有必要再对其行为能力作出限制,视为完全民事行为能力人。为防止用工单位招录童工,保护未成年人利益,我国《民法典》规定16周岁为最低劳动用工年龄。限制民事行为能力人不能独立实施的行为,以及无民事行为能力人不能实施的行为,民法上为其设立监护人,由其监护人作为法定代理人代为实施。无民事行为能力人、限制民事行为能力人造成他人损害的,由监护人承担侵权责任。监护人不履行监护职责,或侵害被监护人合法权益的,应当承担法律责任。自然人具有相应行为能力而实施的法律行为有效。限制民事行为能力人实施不能独立实施的法律行为的,经法定代理人同意或追认后有效;已经实施但未经追认的,为鼓励交易达成,民法不认为无效,而将其认定为效力待定。

三、法人的行为能力

自然人因其具有自由意志而成为民事主体,因其行为能力而可以作出意思表示、法律行为,实现私法效果。法人并不具有这样的伦理正当性。法人是法律创设的民事权利主体。创设法人的最初目的是为满足工商业发展的需要,随后被广泛运用到各种共同目的的组织中。法人制度从一开始就带有某种公共性,与古典意义的私法自治呈现不同特征。

民法在规定法人制度之初,还是习惯性地依赖有关自然人的逻辑路径。自然人的正当性在于其自由意志,法人的正当性在于其设立宗旨。自然人能够作出意思表示,法人应该也能。自然人先形成内在意思,再作出表示,并审慎衡量;法人则通过其权力机关形成决策，再通过其执行机关予以实施，并通过其监督机关进行监督。法人区别于自然人，无非在于它是一个非自然生成的组织体。但是，运用技术手段观察，以法人的机关比照自然人的器官，法人的机关之于法人，犹如自然人的口舌、手足之于自然人，二者便没有什么逻辑上的差异。相应地，自然人存在行为能力和代理问题，而法人作为组织体不能亲自实施法律行为，除非是法定代表人和其他法人机关以法人名义对外实施的行为，依代表关系归属于法人行为，其他法人工作人员实施的行为，均为代理行为。自然人法定代理人存在滥用监护权，承担法律责任的问题，法人工作人员实施行为存在超越职权和责任负担的问题。

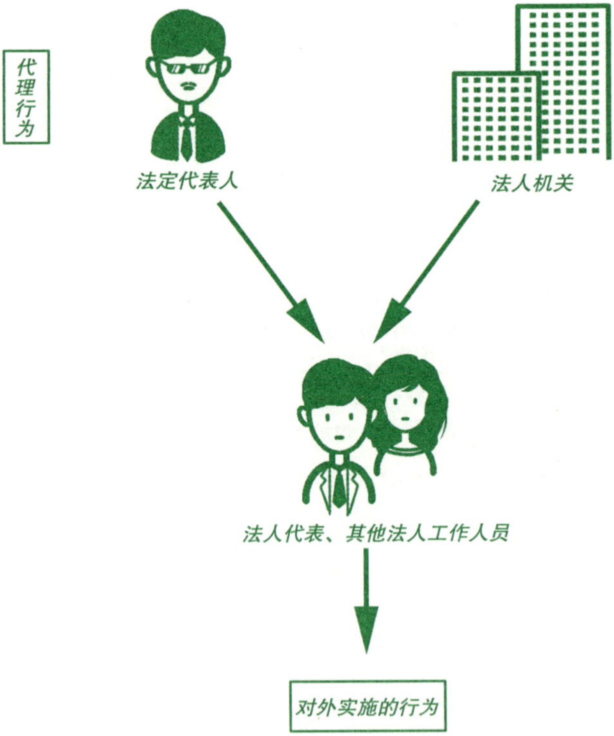

由于以上的构造逻辑，民法学起初认为法人的本质就是一种“拟制的人”。随着法人在社会生活中的不断发展，越来越多的人认为法人就是一种“社会实在”，即使不认为它是一种“社会有机体”，至少应认可它作为“社会组织体”的实然地位。我国《民法典》对法人制度进行了大刀阔斧的再造，不仅保留了传统的以公司为典型的营利法人，还把事业单位、社会团体和各种以公益为目的的捐助法人规定为非营利法人，甚至把机关法人、农村集体经济组织法人、各种合作经济组织法人、基层群众性自治组织法人规定为特别法人。

第二章 民事权利

民事权利，或者说民法上的权利，主要分为两大类，即人身权和财产权。人身权指的是与人这一法律主体有关的人格和身份上的权利；财产权指的是作为人这一法律主体，其所能拥有的有形的、无形的财产的权利。

第一节 人 身 权

所谓人身权，指的是人们依法享有的、与其自身不可分离和转让的、没有直接财产内容的民事权利，包括人格权和身份权。比如我们常常听到的生命权、健康权就属于人格权，而配偶权就属于身份权。

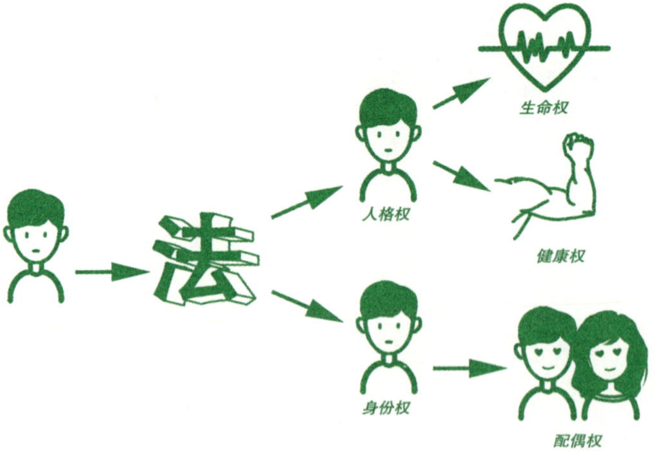

一、生命诚可贵，身体不能碰

（一）生命权

每个人，不管贫穷富裕、不论种族性别，生命都只有一次。现代文明国家的民法，都把人的生命作为最高的保护对象，任何威胁生命权的行为，除非极少数的特定法律允许（如有的国家允许安乐死）的情况，均被视为最恶劣的侵权行为。对侵害他人生命的人或团体，国家法律规定了非常严厉的赔偿和惩罚措施，其目的就是保护自然人生命的安全，让所有人都能安全、快乐地生活在我们这个社会中。试想一下人人自危、弱肉强食的野蛮社会，就可以立刻理解生命权之于文明社会的重要意义。

一旦出现了侵害生命权的行为，后果是非常严重且无法弥补的，故而法律多偏重预防侵犯生命权的行为。比如禁止酒驾，主要目的就是预防因酒驾而导致的他人生命权被侵害。

生命权是每个人都享有的，只要是我们社会意义上的人类，不论其国籍、民族、地区、性别、肤色和宗教信仰等，每个人的生命权都是受到平等保护的。在现代文明国家，对生命权的保护绝对不限于本国国民——任何人都不得肆意侵犯他人的生命权。

诚然，作为普通人，不可避免地会犯错，但有些错误可以原谅，有些错误则无法获得原谅，且必须要进行赔偿和处罚。对他人生命权的侵害，作为最恶劣的侵权行为，法律并未设置原谅的条款，不管是有意的还是无意的，行为人都必须对自己的行为负责。比如如果因酒驾致使他人生命权遭受侵害，则行为人在支付巨额赔偿款后，还需要承担刑事责任。

所以，尊重他人生命，是现代社会对于所有社会成员最基本、最重要的要求，也是作为一个合格的人应该具备的基本素养。

（二）身体权与健康权

1. 身体权

身体权，是指自然人保持其身体组织完整，支配其肢体、器官和其他身体组织，并保护自己的身体不受他人违法侵犯的权利。

身体是生命的物质载体，是生命得以产生和延续的最基本条件，由此也决定了身体权对自然人是至关重要的。身体权与生命权、健康权密切相关，侵害自然人的身体往往导致对自然人健康的损害。生命权以保护自然人生命的延续为内容，而身体权所保护的是自然人身体组织的完整及其对身体组织的支配。

哪些行为属于对身体权的侵害呢？按照我国法律的规定，主要有以下行为可以被认定为对身体权的侵害：

（1）非法搜查自然人身体，也就是我们通常所说的非法搜身。除了具有特定授权的依法搜查比如警察在执行公务时的搜身之外，其他“搜身”行为都是不允许的。

生活中，如超市保安、小区物业工作人员等，都不具有合法的搜身资格，学校教职工自然也不具备这个资格。若确有搜身的必要，必须由公安机关经过法定程序，才能进行。非法搜查公民身体，故意、过失均可构成，一般以故意居多。非法搜查公民身体，情节严重的，可以构成刑事犯罪。

(2)非法侵扰自然人身体。非法侵扰身体，是行为人对自然人(公民)身体以外力进行非法干扰，是对公民维护自己身体安全以及支配权的侵害。此时，行为人行为往往有威胁、恐吓的内容，但并未对身体造成实际伤害。例如，往他人身上吐痰等。这种行为往往和侮辱行为联系在一起。另外，不考虑当事人的自身意愿，没有经过法定程序，也没有医疗上的必要，对当事人强行进行所谓的冲洗、消毒等行为，也属于该类违法行为。

(3)对身体组织进行不疼痛的破坏。法律保护自然人身体的完整性不受破坏和侵害。任何侵害他人身体，使其身体组织遭受破坏的行为，都是违法行为。例如，强行剃除他人毛发，尽管不会造成肉体上的疼痛，也不影响健康，但对个人身体外观所造成的影响，以及对个人心理方面的不良影响，都是十分严重的。另外，对有痛觉神经的身体组织进行破坏，即使不造成严重的肉体上的疼痛、不破坏健康，也视为对身体权的侵害。例如，强行抽取他人适量的血液等，也是对身体权的侵害。

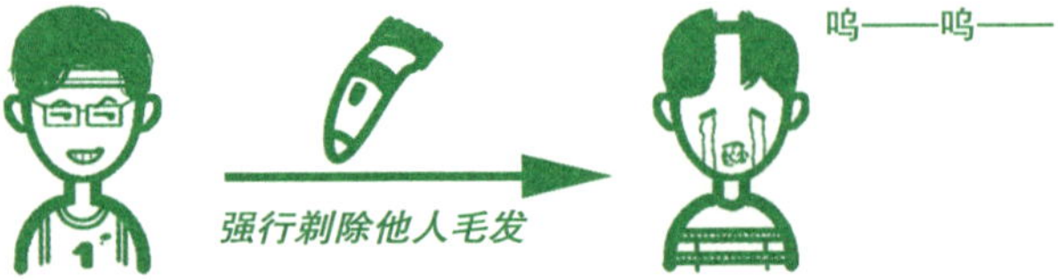

对于固定于身体成为组成部分而不能自由卸取的人工装置部分，如对假牙、假肢造成损害的，应认为是对身体组织的不疼痛破坏，为侵害身体权的行为。但若是对已经取下（离开人体）的人工装置部分进行破坏，则属于对他人财产的侵害。

（4）不破坏身体组织的殴打。殴打既是侵害身体权的行为，也是侵害健康权的行为。对此，我们一般以行为的结果加以区别，即是否破坏了身体组织功能的完善。当殴打致受害人的身体组织不能发挥其功能的时候，侵害的是健康权；而当殴打未造成破坏身体组织后果的时候，侵害的是身体权。

（5）其他侵害身体权的行为。比如理发师未征得顾客同意而任意改变其发型，还美其名曰“艺术”；医生（包括非法行医）不当切除患者身体脏器等，虽可能并未引起不健康的后果，但侵害身体权的行为是必然存在的。

2. 健康权

健康权，是指自然人保持身体机能正常和维护健康利益的权利。

健康权和身体权、生命权，只能自然人享有，法人、非法人组织不能享有这三项权利。

健康权主要表现为自然人享有保持生理机能正常及其健康状态不受侵犯的权利。一般说来，健康权主要包括健康维护权，劳动能力保有、利用和发展权，以及健康利益支配权这三项基本的内容。

（1）健康维护权。当今社会将健康视为基本人权，在世界范围内均认为公民身体和心理的健康是现代文明社会的一项重要标志，故对健康的维护也成了一项权利。

健康维护权首先体现为自然人保持自己健康的权利。比如进行体育活动、心理调适，使自己的身心健康状况保持完好的状态的权利（但不能以维护自己的健康为借口妨碍他人的权利，如某些地方广场舞扰民，就属于健康权的不当行使）；当生理、心理出现不正常时，及时请求医治，使健康状况恢复的权利。

健康维护权还表现为当自身的健康权受到不法侵害时，可以请求国家进行保护的权利。任何人，都负有不得侵害他人健康权的法定义务。凡是非法损害他人健康的，受害人均有权请求司法救济。

（2）劳动能力保有、利用和发展权。一般认为，劳动能力是指自然人从事创造物质财富和精神财富活动的脑力和体力的总和。劳动能力作为一项生存的基本能力，必须受到法律的保护。自然人的劳动能力受到不法侵害时，受害人当然可以请求司法保护。比如许多人用手从事工作，若手受到侵害，将会导致相应劳动能力的缺位或丧失。对于这种侵害行为，作为侵害人，必须承担恢复受害人劳动能力的所有费用，或者赔偿受害人因劳动能力受损而遭受的损失。

（3）健康利益支配权。该项权利，仅存在于特殊场合。例如，见义勇为行为，可能会导致行为人自身健康的受损，这种甘愿冒险并导致健康受损的权利是人们在社会生活中，自发形成的一种为维护整个社会稳定并有序发展的良好美德。法律对于此种行为，并不禁止。又如，一些具有危险性的体育活动（攀岩、赛车等），若行为人自愿承担可能产生的风险，等于其放弃了自己的健康利益，这也是一种支配自身健康的行为，法律同样不禁止。但若对自己健康利益的支配行为危害到其他人的权利，或者有违社会公序良俗，甚至有可能导致社会公共利益损害的，比如吸毒、滥交等行为，则为法律禁止。

3. 身体权与健康权的关系

身体权与健康权具有关联性，以至于我们常常将身体权和健康权混淆，但两者实际上有很大的区别。

比如，同样是打一耳光，如果造成受害人耳鸣甚至鼓膜穿孔，或处于恐惧、惊吓等不健康状态时，则认定为是对健康权的侵害；如果没有造成损害性后果，只是打了一耳光，则是对身体权的侵害。

区分侵害身体权与侵害健康权的标准为：是否造成受害人身体中的内部机能或外部组织的损害，若造成损害，则认定为侵害健康权；若没有造成损害，或损害可以忽略不计，则一般认定为侵害身体权。

二、“宝宝”做网红了

每个人生活在这个社会中，都或多或少地必须与他人进行交往和联系。此时，作为自然人辨认的最主要标志，就是个人的形象或者肖像。我们所说的个人的形象或肖像，不仅是某人的脸，还包括足以辨认其人的其他生理特征。比如，小说中说的“六指”，就是一个非常典型的、能辨认某人的生理特征，甚至富有特点的嗓音也能成为辨认某人的标志。这些都可以作为个人形象或肖像的内容。

由于个人的形象或肖像会给他或她带来一定的利益或不良影响，所以法律对个人的形象或肖像是给予保护的，而这个保护的内容与程度，每个人都一样，除非法律有特别规定，否则人人皆享有相同的受保护的权利。

以往部分单位和个人不注意保护他人的形象或肖像，例如，照相馆未征得顾客同意，就将顾客的照片陈列于橱窗内，以招揽生意，事后被法律认定为侵犯肖像权而承担相应的侵权责任；又如，用信息技术将同学的肖像处理成表情包，未经他人同意公开在微信群内，也是违法的，同样侵犯了他人的肖像权。

专业照相馆

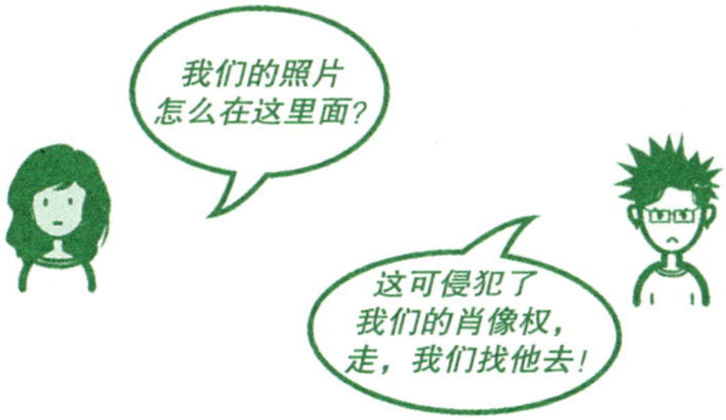

当前，网络发展异常迅速，许多人利用微信等媒介工具，晒各种各样的照片，其中有些照片是经过权利人允许的，有些则未征得允

许,那些未征得允许的行为,就属于侵权行为。比如刘同学在自己的同学朋友圈内发了一张自己到国外旅游的照片,刘同学的大学同学赵同学觉得这张照片拍得很好,没有征得刘同学同意,就在自己工作单位的同事朋友圈中转发了这张照片。这种行为,实际上已经侵犯了刘同学的肖像权,只是由于未造成恶劣影响,当事人就没有追究。但在刘同学提出抗议时,赵同学应及时删除所发布的照片。若赵同学本身为招揽生意,或是为增加自己公众号的浏览量等经营目的,未征得刘同学的同意发布其照片的,则应当被确定为侵犯肖像权的行为,必须承担法律责任。

这个社会中的任何人都具有肖像权。即便是刚出生的婴儿的出生照、满月时的满月照,在未征得其父母的同意,或者非法定的许可情况下,任何人也都不得发布。那么,哪些情况属于法定许可使用他人肖像呢? 按照现有的法律规定,主要有以下一些情况,在未征得当事人同意时,可以有限度地使用当事人的肖像:

一是在新闻报道中使用相关人物的肖像,使观众和读者了解、认识事实真相等符合社会公共利益的行为,不构成侵害被曝光者的肖像权(如报道政治活动时使用了某政治家的肖像)。但目前国内某些媒体打着新闻报道的幌子,行广告之实,对其中未征得当事人同意的肖像使用,不能免除其侵权责任。

二是国家机关为执行公务或为国家利益进行特定活动而使用公民的肖像。如公安机关在通缉令中使用被通缉者的肖像。

三是为记载或宣传特定公共活动使用参与者的肖像。由于参与公民主动参与此类活动,可视为在一定程度上处分了自己的肖像权,所以对其肖像在此活动中加以有限度使用的,不构成侵权。但若超过了必要的限度,以营利为目的的使用,则属于侵权。

四是基于科研和教育目的在一定程度和一定范围内使用他人肖

像的。如在课堂上向学生展示病人或者接受法医鉴定的受害人的肖像。

五是为肖像权人自身的利益使用其肖像。如在寻人启事中使用失踪人的肖像等。

三、君子不动手，也不动口

前面我们已经了解了法律对身体权、健康权的保护，是一种防范他人暴力侵害的权利保护措施。然而在生活中，还有另外一种情形，也会给受害人造成伤害，也属于侵权行为，这种行为主要是对他人名誉进行侵害，最典型的表现就是辱骂他人。对此法律所保护的权利名称，就是名誉权。

有人说“骂死人不偿命”，这根本就是无知无畏的法盲表现。在现代文明社会，每个公民的一言一行都有法律进行规范，超过法律规范的限度，就会受到法律的制裁。特别是成年人，具有成熟的智力状态和正常的精神心理，完全能够对自己的言行做出后果的预判，能够预料到自己所说的话所能引发的不良后果；若做出了此种行为，且超过了法律所允许的限度，就必须承担责任。

我国相关法律规定：民事主体享有名誉权，自然人的人格尊严受法律保护，禁止用侮辱、诽谤等方式侵害他人的名誉。民事主体的名誉权若受到侵害，则有权要求侵害人停止侵害，恢复名誉，消除影响，赔礼道歉。

名誉侵权主要有以下两种方式：一是侮辱，指用语言（包括书面和口头）或行动，公然损害他人人格、毁坏他人名誉的行为。如早几年的大字报、小字报、漫画，现在的微信帖子等，或使用下流肮脏的语言等形式辱骂、嘲讽他人，使他人的心灵蒙受耻辱。二是诽谤，指捏造并散布某些虚假的事实，破坏他人名誉的行为。如毫无根据或捕风捉影地捏造他人生活不检点、行为不符合道德标准、有婚外恋等，损坏他人名誉，使他人精神遭受很大痛苦。

对法人（单位）名誉的侵害，主要表现在散布有损法人名誉的虚假消息，如在网上发帖说自己使用了某产品的不良影响，但其实根本不存在这种事实，其目的可能是想用不正当的竞争手段搞垮对方。这些都是侵害法人名誉权的侵权行为。

此外，按照我国法律规定，新闻单位根据国家机关依职权制作的公开的文书和实施的公开的职权行为所做的报道，其报道客观准确的，不应当认定为侵害他人名誉权；其报道失实，或者前述文书和职权行为已公开纠正或拒绝更正报道，致使他人名誉受到损害的，应当认定为侵害他人名誉权。

近几年比较典型的名誉权侵害事件有“韩寒状告方舟子侵害名誉权案”“张铁林诉周美凝及成都商报社名誉权纠纷案”等。

第二节　财　产　权

一、物权

（一）土地所有权与使用权

目前我国的土地为二元所有，即城市市区的土地属于国家所有；农村和城市郊区的土地，除由法律规定属于国家所有的以外，属于农民集体所有，宅基地和自留地、自留山，属于农民集体所有。

我国现有法律规定的个人可以享有与土地有关的权利，主要是土地使用权，包括城镇国有土地的建设用地使用权，农村集体土地的宅基地使用权，以及土地承包经营权。

1. 土地使用权的取得

不动产权证(2018 年前为国有土地使用权证)上面记载的内容，就是我们对自家的房子所覆盖的那一块土地中的一部分拥有的使用权，我们称为建设用地使用权，这就是土地使用权的一种。

城市里的土地，我们称为国有土地，农村的土地则称为集体土地。我们主要学习的是国有土地的土地使用权取得方式。按照国家法律规定，可以把国有土地的土地使用权按照取得方式分为两大类：划拨取得和出让取得。

(1)划拨取得

划拨土地是指县级以上人民政府依法批准，在土地使用者缴纳补偿、安置等费用后将该幅土地交付其使用，或者将土地使用权无偿交付给土地使用者使用的行为。例如，民营高科技企业的科研用地、教育用地。总体上，民事领域以划拨取得土地使用权的情形较少。

(2)出让取得

除了划拨取得的土地使用权外，其他土地使用权(如商品房、写字楼、工厂厂房等)都是以出让的方式取得的。国家将国有土地的使用权在一定年限内出让给土地使用者，由土地使用者向国家支付土地使用权出让金，并按照法律规定或合同约定使用该出让土地的行为，称为土地使用权的出让。土地使用权出让的方式有挂牌、拍卖和招标三种形式。为防止出让过程中的权钱交易，损害国家利益，目前一般不采用协议出让的方式。

我国法律规定土地使用权出让的最高年限为：①居住用地70年；②工业、教育、科技、文化、卫生、体育用地50年；③商业、旅游、娱乐用地40年；④综合用地或其他用地50年。需要注意的是，上述年限是土地出让的最高年限，虽然在实际生活中大多按照最高年限处理，但也有部分土地使用权在设置时，并未按照最高年限设置。

2. 土地使用权的流转（交易和赠与）

土地使用权的流转是指土地使用权人将土地使用权再转移的行为，包括出售、交换和赠与。按照我国法律规定，土地使用权流转时，该土地上的建筑物也必须一并流转；反之亦然。也就是我们通常所说的“房随地走，地随房走”。土地使用权的流转应当到土地管理部门办理登记。

对于划拨的土地，其实并不存在严格意义上的使用权流转的概念。目前的划拨土地使用权流转，实际上是对划拨土地的使用权性质进行变更，即转变成出让土地使用权后再进行流转。划拨的土地使用权的流转限制非常严格，首先需要获得有关部门的批准，再缴纳土地出让金和安置补偿款，之后才允许划拨的土地进行转让。生活中的房改房上市交易后，其土地使用权的性质即由原本的划拨土地改变成为出让土地。从改变的登记日起，出让的房改房所属土地使用权开始计算土地使用权年限，一般为70年。

对于已经出让的土地，土地使用权的流转没有非常严格的限制，只要在规定的使用权年限内，不改变土地的用途，土地使用权人可以将自己的土地使用权转让、互换、出资或赠与。需要注意的是，上述行为都需要经过土地管理部门的登记才能生效。

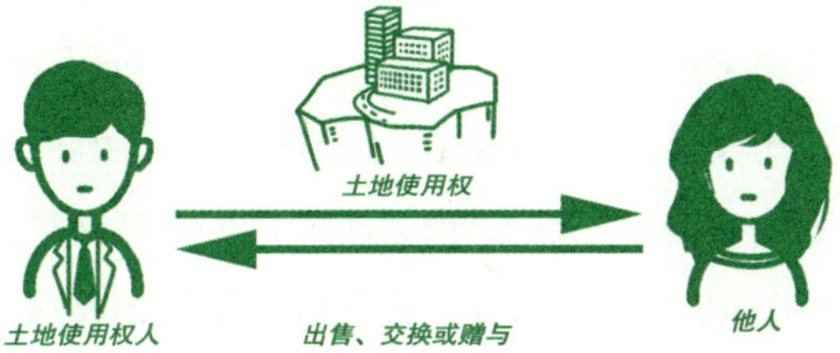

农村宅基地使用权是不允许直接交易的，生活中的农村宅基地使用权交易，实际上是村集体收回宅基地使用权后的再次分配。

3. 土地使用权的终止

划拨土地的土地使用权，由政府根据公共利益的需要，决定是否终止。出让土地的土地使用权的终止，目前主要有三大类的原因。

(1)土地本身灭失

由于自然灾害事件，如地震等，导致土地灭失，则该土地之使用权也自然灭失。

(2)土地使用权人抛弃土地使用权

土地使用权人主动抛弃土地使用权，则该土地使用权被注销后终止。由于我国采用的是出让土地一次性缴纳土地出让金的制度，在取得土地使用权后，一般情况下，土地使用权人抛弃土地使用权的事件极少。其他一些国家有按年度缴纳土地使用权费用的，而该费用会随经济情况发生变化，故有人在获得土地使用权后，由于缴付不起年金，而主动抛弃土地使用权。

(3)土地使用权年限届满

对于出让的土地使用权，国家法律设定有最长的年限。土地使用权在出让之时都设定好了年限(一般为该类土地的最长年限)，类似于租赁期满后房东收回出租的房屋，土地使用权年限届满，国家也会无偿收回土地使用权。同时，在使用期限未届满时，国家因公共利益需要，也可以收回该土地使用权，但应按规定对该土地上的房屋及其他不动产给予补偿，并退还相应的出让金。

对于住宅类土地使用权，国家法律规定住宅建设用地使用权期限届满的，自动续期。我们完全不必担心土地使用权到期后，国家会

收回土地使用权而导致自己没房子住。

(二)城里的房和乡下的房

在我们的观念中,可能都会有这么一个印象,城里的房子一般都是高楼大厦,乡下的房子一般都是独门小院。城市中,很多人的住宅被称为“蜗居”,而在乡村里,则一般没有房子不够住的情况。另外,似乎城里的房子总是要比周围的乡村里的房子贵很多,如果单比较价格,一套城里房子的价格,往往能在乡下买一栋整房子。那么,城里的房子和乡下的房子,在法律上有什么区别呢?

城里的房子是建设在国有土地上的。另外由于城市人口密度大,而地域范围相对较小,所以城里的房子一般设计成高楼大厦,这样就可以在同一面积的土地上,建设更多的房子,以供更多的人使用。

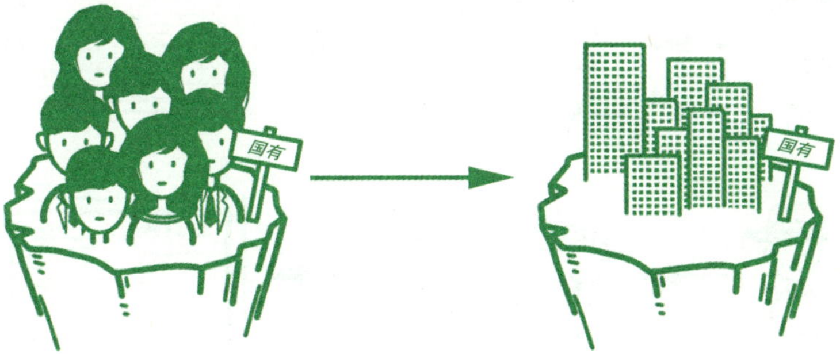

城市人口密度大,而地域范围相对较小　　一般设计成高楼大厦,以供更多的人使用

乡下的房子是建设在农村集体土地上的,一般建设在村民的宅基地上,而且多为村民自己建设的。由于村里相对城里来说,建设用地资源不是很紧张,人口密度也不是很大,加上建设的标准和村民的建筑能力等因素的影响,乡村里的房子,一般都是独门独院的小楼。

在法律上,城里的房子和乡下的房子,主要有以下一些区别:

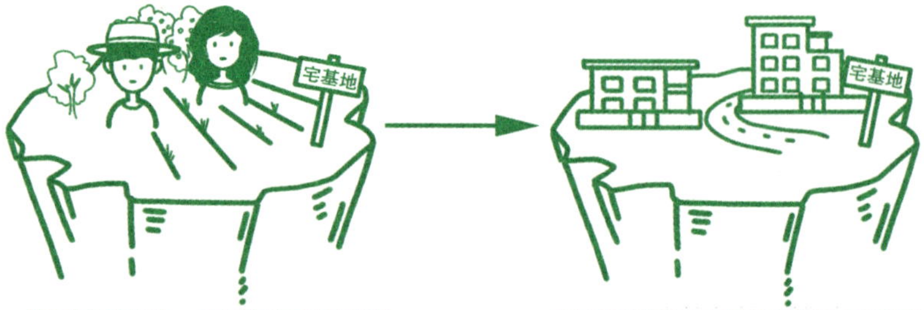

乡下人口密度小，用地资源不是很紧张

受建设的标准和村民的建筑能力等因素的影响，一般都是独门独院的小楼

（1）在用地基础上，城里的房子使用的是国有土地，乡下的房子使用的是农村集体土地。对应到相关证书上，城里的房子拿到的证明是“国有土地使用权证”（2018 年后三证合一，称为不动产权证）；乡下的房子拿到的是“宅基地使用权证”。

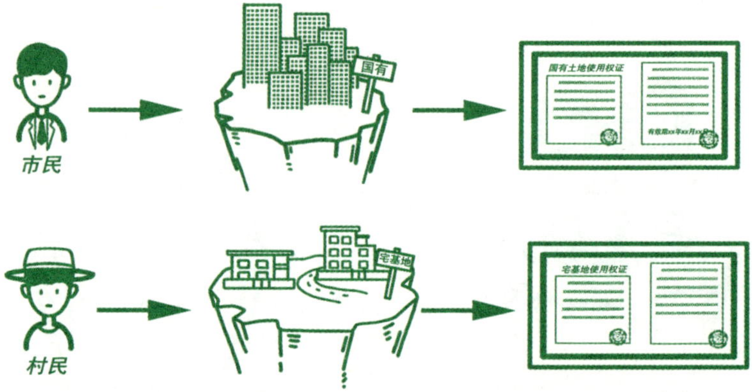

另外，城里的房子所对应的土地，一般会有使用年限的限制，而乡下的房子所对应的土地，则没有使用年限的限制。

（2）在建设上，城里的房子必须由具有相应资质的建设工程单位进行建设，一般不允许私人建房；乡下的房子，则多由村民在自己的宅基地上建设。

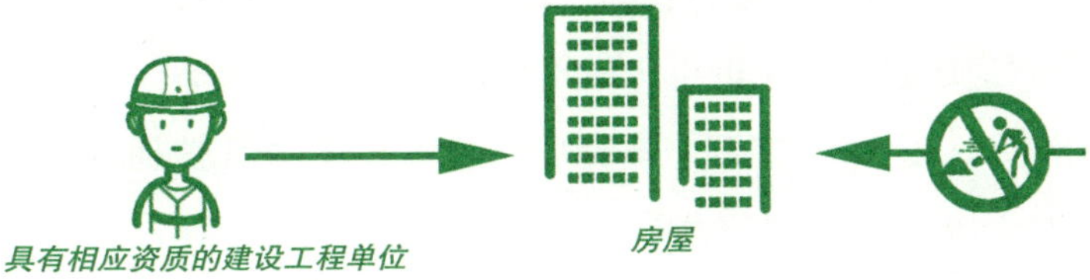

(3)城里的房子,符合条件的任何人都可以购买(某些城市有限购政策);乡下的房子,则必须是本集体经济组织的成员(村民)才可以购买。

我们通常所说的“小产权房”,其实有两种:一种是在集体建设用地上建成的,即在“宅基地”上建成的房子,只属于该农村的集体所有者,外村农民不能购买;另一种是在集体企业用地或者占用耕地违法建设的房子。

(4)城里的房子,在交易和流通上一般没有任何限制,特别是在继承上,能完整地继承;乡下的房子,由于宅基地属性的限制,若继承

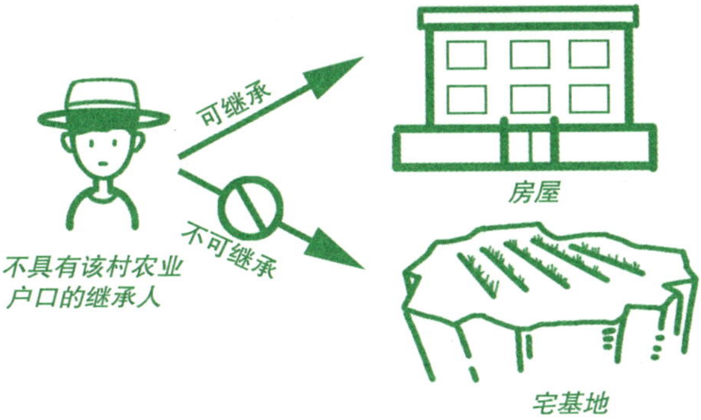

人的户口迁出，不具有该村的农业户口，则只能继承房屋，而不能继承房屋所对应的宅基地。由于房地不分家，实际结果是非该村农业户口的继承人（子女）只能部分取得房屋的所有权，而无法拥有土地使用权，对于房屋来说，其权利是不完整的。

那么，城里的房子和乡下的房子，到底哪个更好呢？其实二者在法律上并没有优劣之分。我国的土地制度是二元制，大家完全没有必要计较城里的房子和乡下的房子之间的优劣，只要在房屋交易时注意自己是否满足资格，且不上当受骗就可以了。

（三）凭什么说“房子”和“铅笔”是你的

现代日常生活中，我们很少会看到人们因为某物的归属而争执不休——现代社会在法律上已经明确了绝大部分物的归属，甚至对于无主物，法律上也规定了人们对它的所有权形成条件。只有在极少数的情况下人们才会因所有权不明而产生争执，此时，就可以由法院根据法律的规定确定争执物的归属。规定人们对这些物的相关权利的法律，我们称为物权法，其中，核心的权利即所有权。

1. 所有权的概念

所谓所有权，是指所有人依法对自己的财产享有占有、使用、收益和处分的权利。一个人对某物享有所有权，即表示在没有其他干涉的情况下，这个人可以对该物享有占有（比如住在这个房子里）、使用（比如对自己手机的使用）、收益（比如将属于自己所有的房屋出租，收取租金）和处分（比如将属于自己的自行车出卖/赠送给其他人）的权利。

2. 所有权的取得

所有权的取得，实际上指的是人们获得某物所有权的方法。《民法典》第240条明确规定："所有权人对自己的不动产或者动产，依法享有占有、使用、收益和处分的权利。"根据《民法典》的规定，所有权的取得必须是合法的，否则，不受法律的承认与保护。法律上规定了原始取得和继受取得两种情况。

(1)原始取得

原始取得又称为固有所得，是指非依他人的所有权而取得所有权。原始取得的根据如下：

一是劳动生产、收益，指民事主体通过自己的劳动生产活动获取劳动产品，以及通过扩大再生产取得其所创造的劳动产品。比如，果农种植果树即为劳动生产，其通过种植获取果实的所有权。收益主要是指收取孳息。比如，将钱存入银行后，银行会支付给储户利息，这种利息就是孳息的一种，该利息的所有权人是储户。

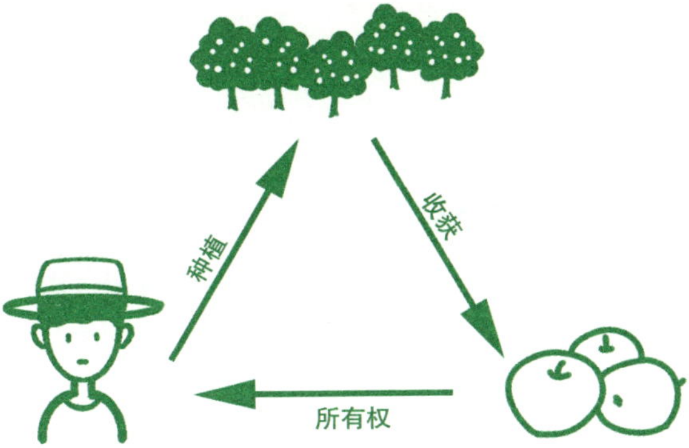

二是征收，指国家基于公共利益需要通过行使征收权，在依法支付一定补偿的基础上取得集体、个人财产的所有权。如征税就是一种征收行为。征收只能由国家行使，任何私人都不得行使该项所有权的取得行为。

三是善意取得，又称即时取得，指无处分权人将其动产或不动产转让给受让人，如果受让人取得该动产时出于善意，则受让人将依法取得对该动产的所有权或其他物权。如张同学误将李同学存放在自己这里的铅笔当作自己的铅笔，并将该铅笔卖给了赵同学，若赵同学不知情，则其可以获得对该铅笔的所有权，而受到损失的李同学则应向无权处分人张同学要求赔偿损失。

四是添附，主要有混合、附合和加工三种方式。混合是指不同所有人的财产互相渗合，难以分开，并形成新财产。如将水和面粉混在一起，水和面粉原本有各自的所有权，可能属于不同的所有权人，但将它们混合在一起后，形成的面团或面糊是一个新物，该物又产生了新的所有权。附合是指不同所有权的财产密切结合在一起而形成新

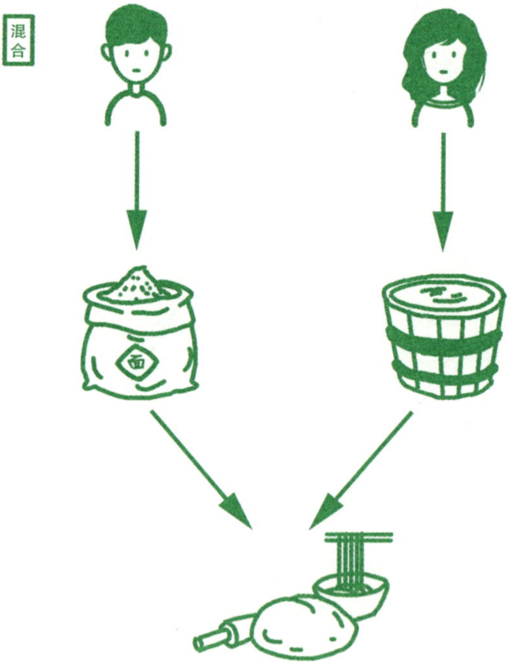

财产，虽未达到混合程度，但非经拆毁不能回到原来的状态。加工是指一方使用他人财产加工改造为具有更高价值的新的财产。比如将一块石头加工成一件玉器。原本石头上附加的是石头的所有权，在被加工之后形成了玉器，增加了价值，同时又形成新的玉器的所有权，取代了石头的所有权（原本意义上的石头已经不存在且无法恢复）。

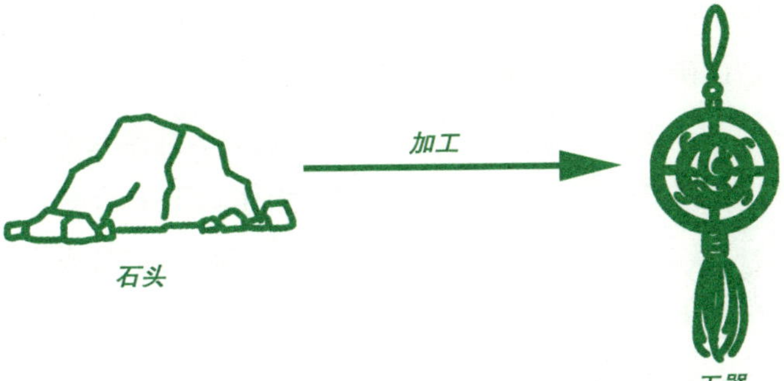

五是没收，即国家可以根据法律、法规采取强制手段，剥夺违法犯罪分子的财产归国家所有。其与征收一样，只能由国家行使。

（2）继受取得

继受取得，是指通过某种法律行为从原所有人那里取得对某项财产的所有权。比如，买卖、赠与、互易、继承、受遗赠和其他合法原因都可以成为继受取得的理由。

3. 所有权的确认

前面我们讲了所有权的取得方式，那么如何确认某人对某物的所有权呢？要明确这个问题，我们首先要将所有权所对应的物分为两大类，即动产和不动产。动产指的是能移动的物，并且移动不会影响其价值，如手机、书本、电脑；不动产指的是不能移动，或移动会严重损害其价值的物，如土地和房屋。需要注意的是，汽车属于动产，

青少年法律知识图解

因为其符合动产的特性。在很多人的观念中认为汽车属于不动产，这是错误的。因为汽车的所有权证明采用的是类似于土地、房屋等不动产的取得方式——登记，故而导致这个错误的认识。

区分动产和不动产后，我们就可以按照法律的规定判断某人对某物是否有所有权了。我国法律的规定和多数国家的规定一致，即动产以占有为判断标准，不动产以登记为判断标准。

具体来说，对于动产，谁占有该动产，那么就推定占有的这个人是该动产的所有权人，除非其他人能够有明确的、相反的证据证明其所有权的不合法。比如，张三拿了一个手机，那么其他人就可以推定这部手机是张三的。此时若李四跑过来说张三手里的手机是李四的，则必须拿出证据证明（比如购买手机的发票），否则，法律依旧认定该手机是张三的。

不动产是以登记为准，即在国家有关机关登记的所有权人是这个不动产的所有权人，若无相反的、确凿的证据，任何人不得主张对他人的不动产的所有权（无论其是否占有了该不动产）。如刘明明是某套房屋的所有权人，在出国的一段时间内，他把房屋交给好友赵梅保管，赵梅则直接住到了该房屋里，并把父母也接到了该房屋里一起居住。若干年后刘明明回国，事先已通知赵梅将房屋交还给自己，但赵梅拒不交还。刘明明回国后，只需凭房产管理部门的证明（房产证）即可要回自己的房屋，国家法律完全支持刘明明的主张。

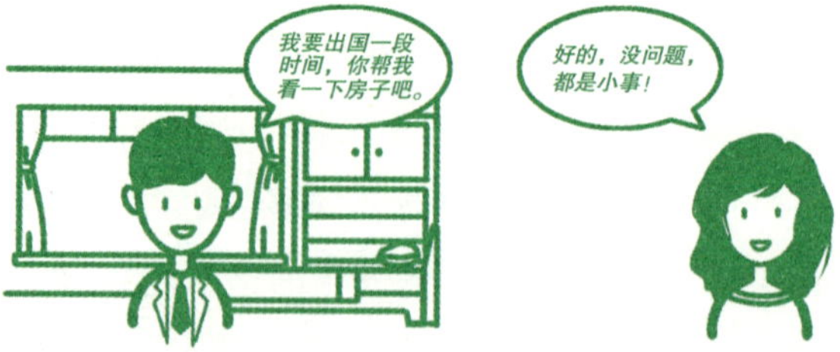

总体来说，动产和不动产所有权的判断标准即“动产看在谁手里，不动产看登记的产权人是谁”。其实我们大家也都有一个朴素的观念：住在某房子里的人，不一定是房东，可能是租客；拿着手机打电话的人，一般就是这部手机的主人。

二、债权

除物权外，债权也是民事权利中一项非常重要的财产权。债是按照合同的约定或者依照法律的规定，在当事人之间产生的特定的权利和义务关系。享有权利的人是债权人，负有义务的人是债务人，他们之间的权利和义务，被称为债权和债务。

虽同属财产权,债权与物权有相当大的差别。在权利的作用上,债权是一项请求权,是请求特定人为特定行为(包括作为和不作为)的权利。权利人不能像物权人一样直接支配物,而需要借助债务人的积极作为或不作为实现自己的权利。与物权的对世性截然不同,这种权利的效力只能发生在特定的相对人之间。也正因如此,债权一般无公示要求。

债不会凭空产生,它需要以一定法律事实的发生为根据。根据我国相关法律的规定,债的发生根据主要有合同、不当得利、无因管理、侵权行为等。合同是我们生活中最常见的一种债的发生根据。

(一)无处不在的合同

【威尼斯商人】莎士比亚早期的戏剧作品《威尼斯商人》,描写了阴险凶残的夏洛克这一资产阶级高利贷者的典型形象。剧中他和安东尼奥签订了一项借款契约,依照契约的约定,如果安东尼奥到期不能偿还借款,便要付出让夏洛克在其胸口割下一磅肉的代价。最终安东尼奥因为破产未能按期还债,残忍的夏洛克要求陪审团依照契约判决,最后此事在安东尼奥未婚妻的机智应对下化解。

【思考】夏洛克和安东尼奥的借款契约若在今天可以发生法律效力吗?双方自愿签订的合同是否都要履行呢?

英国法史学者梅因曾在其著作《古代法》中写道:“所有进步社会的运动,到此处为止,是一个‘从身份到契约’的运动。”在古代社会,一个人的权利义务,主要是由他的身份决定的,身份决定地位,所以当时的人在法律上是不平等的。近代社会确立了人格平等原则,在合同领域更是提出了契约自由原则。一个人有什么权利和承担什么义务,更多的是由自己的自由意志以契约方式决定,并逐步形成了契约精神。

现代契约精神包括私人交易上的契约精神和公权力上的社会契

约精神。民法层面上的契约精神，是私人契约精神。在商品社会，私人交易之间的契约精神对商品经济的发展有至关重要的作用。这种精神，首先表现为契约自由和契约平等。

契约关系，也可以称为合同关系，是指当事人以协议的形式解决他们之间的法律关系。协议是建立在意思自治基础之上的，是当事人平等、自愿协商的产物，因而合同自由原则成为我国合同法的基本原则，贯穿于整个合同法制度与规范。

合同自由原则具体包含以下几层含义：

一是缔结合同的自由。一般情况下，是否与他人签订合同是一个完全由民事主体凭自己意愿决定的事。民事活动特别强调意思自治，即完全以自己的真实意志表达自己的意愿。民事主体在民事活动中有极大的自主权，任何人都不受他人强迫而订立合同。

二是选择合同相对人的自由，即民事主体可以自由地决定与谁签订合同。

三是合同内容自由，即只要不违反法律和社会公共利益，合同条款可以自由约定，并且可以在双方同意的情况下协商变更，法律承认其效力。

合同关系是我们经常接触的一种法律关系，但很多人是身在其中而不自知。建立合同关系，并不意味着双方需要举行一个隆重的签约仪式，并在一个正式的合同文本上签字盖章。实际上合同的表现形式是多样的，例如，我们去商场购物，坐地铁、公交，网上下单，甚至去市场买菜等，这些都是合同关系。由此可见，现代生活已经离不开合同了。我们常见的订立合同的方式有以下几种：

1. 书面形式。这是在形式上最直观、明确的方式，可以直观地显示出合同内容，最常见的是签订书面的合同文本。随着电子商务的发展，《民法典》也将电子数据交换和电子邮件等形式作为订立合同的法定形式，所以现在网络交易的这种合同形式也非常普遍。

2. 口头形式。这是一种合同当事人以直接对话方式表示订约意思而订立合同的方式。这种形式常见于我们日常生活中的即时交易，如去商场购物、朋友之间的小额借款等。即时、方便是它的优点，但也因为举证困难而容易引起纠纷，所以当合同内容比较复杂或者交易标的额比较大时，人们常常会选择采用书面形式。当然，采取口头形式并不意味着不能产生任何文字上的凭证——我们购物时开具的发票、购物小票等都可以作为合同成立的证明。

3. 其他形式。如果不是通过书面和口头方式，而是通过一定的行为表达特定的意思表示，这时也可以推定合同关系成立。例如，在很多街道、商场放置的自动售货机，当你按照提示投入货币时，你与放置机器的商场之间就成立了合同关系。

无论以何种形式成立的合同，在本质上都是当事人之间的一种合意，即订立合同各方通过平等协商就合同条款达成意思表示的一致。根据我国《民法典》的规定，合同是民事主体之间设立、变更、终止民事法律关系的协议。协议体现的一致的意思表示形成过程在法律上可以分解为两个步骤——要约和承诺。

要约是希望和他人订立合同的意思表示。发出要约的当事人称为要约人，受领要约的当事人称为受要约人。要约是有法律约束力的，一个有效的要约，承诺人获得以要约内容订立合同的权利。要约人若要撤回和撤销要约，需符合法定条件。

要约必须具备一定的条件，它需向受要约人作出订约的意思表示，内容要具体明确，表明受要约人一经承诺，要约人即受该意思表示约束。如果某人发出的意思表示只是希望他人向自己发出要约，这种意思表示为要约邀请，不具有要约的效力。我们在日常生活中接触到的大部分商业广告都是要约邀请而非要约。

受要约人收到要约后，如果同意要约内容，可以在要约确定的期限内及时向要约人作出同意的意思表示，受要约人的同意称为承诺。承诺到达要约人时合同即告成立，即“一诺即成”。如果受要约人不完全同意要约内容，如对要约中的价格条款、交货期间等有关合同实质性条件提出修改意见时，那么受要约人的意思表示称为反要约，它需要要约人的承诺才能成立合同。一场商业谈判中复杂的磋商过程，其实就是一系列的要约和反要约。购物时你喜欢“讨价还价”吗？“讨价还价”的这个过程在法律上和商业谈判一样，都是合同订立的过程。

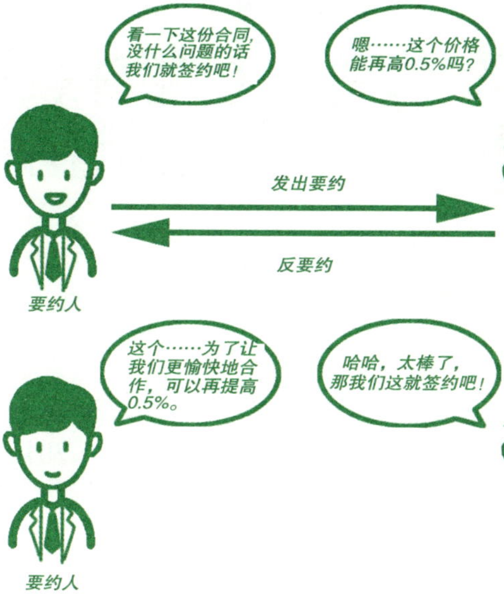

合同订立以后就会进入履行阶段，但是别急，在履行之前我们还需要对合同进行法律价值上的检验，即检验合同的有效要件。有效合同有以下几点要求：

(1)订立合同的当事人具有相应的民事行为能力。民事活动与当事人自身利益息息相关，法律规定只有完全民事行为能力人才能独立进行民事活动。在校的中小学生大都属于限制民事行为能力人，只能独立进行与其心智发育相适应的合同行为，如在文具店、书店购买学习用品，但超出其行为能力范围的合同行为需要监护人同意才可进行，如购买电脑等交易额比较大的合同行为。

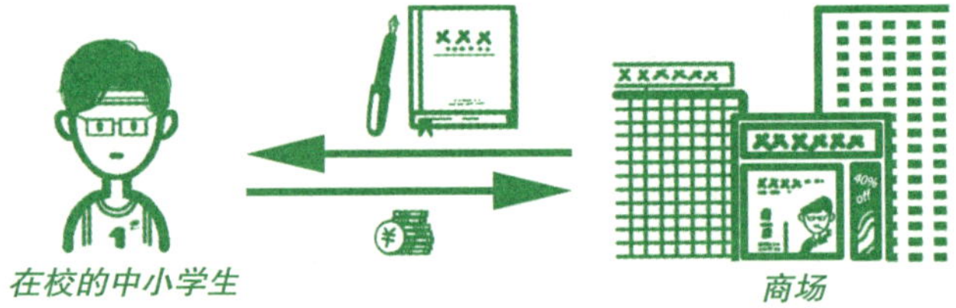

(2)意思表示真实，即合同条款所表现的内容与合同当事人内心的真实意思一致。如果一方存在欺诈、胁迫的情形，另一方可撤销合同。

(3)不违反法律法规的强制性规定。根据《民法典》第153条、第154条的规定，违反法律、行政法规的强制性规定的法律行为无效。违背公序良俗的法律行为无效。行为人与相对人恶意串通，损害他人合法权益的民事法律行为无效。合同也是一种民事法律行为，亦适用此规定。无效合同虽然经双方当事人协商一致订立，但由于不符合法律规定的生效要件，所以自始都不具有法律效力。

(二)做一个言而有信的人

【曾子杀彘】曾子的夫人到集市上去，她的儿子哭着要跟她一起走。曾子的夫人于是哄孩子说："你先乖乖在家，我回来后杀头猪，烧你爱吃的猪蹄。"她儿子一听，果然安静下来不吵闹了。不久，曾子的夫人从集市上回来，见曾子磨刀要给他儿子杀猪吃，她急忙上前拦住丈夫，说："我不过是和小孩开个玩笑罢了，把猪杀了，我们以后的日子怎么过呀！"但曾子却说："虽然你是大人，他是小孩，但也不能撒谎，既然说了就要做到。更何况他年幼，需要从父母这里接受教诲。如果我们现在总说一些欺骗他的话，等于是教他今后也可以去欺骗别人。这样怎么教育好自己的孩子呢？"最后曾子还是杀猪煮肉给孩子吃了。

【思考】曾子杀猪是为教育子女树立诚信榜样，但俗话说"无奸不商"，在利益相关的商品交易中，法律是否也要求讲诚信呢？

契约精神的核心是有约必守的契约守信精神，它与民法上的诚信原则是一致的。它告诉人们一个朴素的道理：承诺了就应该做到。只有当缔约者内心之中存在契约守信精神，缔约双方才会基于守信，在订约时不欺诈、不隐瞒真实情况、不恶意缔约、完全履行契约。这本是一项古老的道德准则，现已成为现代民法的基本原则，在合同法上甚至被称为"帝王条款"，亦体现在诸多其他法律规范中。

订立合同，在当事人之间形成的是债权债务关系，合同目的能否实现，还依赖于合同的履行。对于一份有效的合同，当事人应该按照约定，全面适当地完成各自的合同义务，这就是合同的履行。合同履行是合同效力的集中体现，也是合同当事人权利的保障。

要使合同双方都能顺利地达成合同目的，合同当事人在履行合同义务时应当遵守合同法规定的合同履行原则，主要包括以下几点：

(1)实际履行原则。该原则要求合同当事人必须按照有效合同约定的标的履行合同义务，不能用其他标的代替。

(2)全面履行原则。该原则要求债务人必须按合同约定的标的及其在数量、质量、履行期限、方式等各方面的要求，全面完成合同义务。全面履行原则进一步要求当事人的履行要符合合同的具体约定,保护双方当事人的利益,从而有利于实现合同目的。

(3)协作履行原则。我国《民法典》第509条规定,当事人应当遵循诚信原则,根据合同的性质、目的和交易习惯履行通知、协助、保密等义务。

(4)经济合理原则。合同当事人在履行合同时,要讲求经济效益,特别是当合同内容不够明确,或有客观变化时,须充分考虑双方的权益,尽量为对方节省开支,避免浪费。

如果一方当事人不履行合同或履行合同义务不符合约定,就构成违约,违约一方应承担法律责任,此责任称为违约责任。

违约的形态可分为预期违约和实际违约。预期违约是当事人一方在合同规定的履行期限到来之前,明示或默示其将不履行合同。此时另一方当事人可以选择解除合同以保护其自身利益。实际违约是合同履行期限届满时,当事人一方不履行合同或不完全履行合同,具体有拒绝履行、迟延履行、不适当履行等方式。一方违约,便需承担违约责任。合同法规定了继续履行、赔偿损失、违约金等多种违约责任的承担方式。

违约金是比较常见的违约责任承担形式,它通常由当事人在合同中约定或法律直接规定,即一方违约时应支付给对方一定数量的金钱。违约金一般起到弥补受害人损失的作用,并辅助具有惩罚性功能。因此违约金的数额可以由双方当事人自由约定,但又有一定的限制:当约定的违约金低于或过分高于造成的损失时,当事人可请求人民法院或仲裁机构予以适当增加或减少。

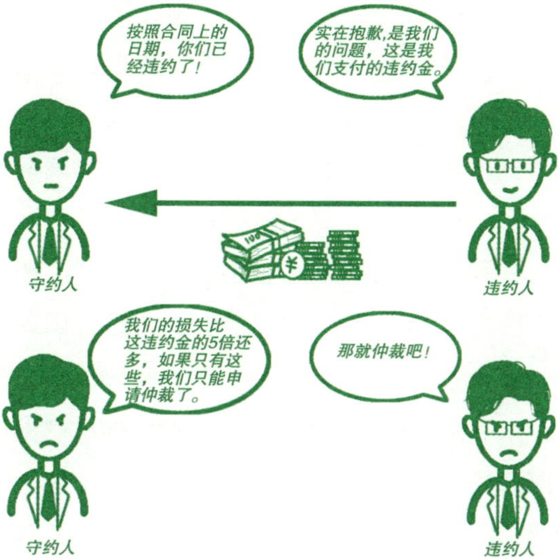

需要注意的是,并非任何违约行为都需要承担违约责任,合同上有法定和约定两种免责情形,符合免责条件的当事人不需要承担违约责任。约定免责条件由当事人在订立合同时通过免责条款进行约定,只要不违反法律的强制性规定,就可以对违约行为免责。合同的法定免责条件是指不可抗力,即不能预见、不能避免、不能克服的客观情况,如战争、自然灾害等。

三、其他权利

(一)我们的财富如何传承

【陈逸飞遗产纠纷】2005 年 4 月 10 日,著名画家陈逸飞突然去世,之后其遗孀宋美英与陈逸飞长子陈凛之间发生遗产纠纷。由于陈逸飞生前来不及交代遗产分割的后事就与世长辞了,宋美英与陈凛曾多次协商遗产分割事宜,却最终不欢而散。陈逸飞的遗产数额巨大,其中有多套不同类型的房屋,按照当时的销售价格估价大约为 1500 万元;尚未销售的陈逸飞画作,总价值约在 2000 万元。为分割遗产，宋美英就陈逸飞遗产纠纷问题正式向法院提起诉讼。2006 年 12 月在双方律师的见证下，宋美英和陈凛就遗产分割、诉讼等达成庭外和解，双方向法院申请撤诉。

【思考】自然人死亡后的财产如何处理？怎样避免遗产分割时容易产生的纠纷？

随着个人及家庭财富的积累，很多人在生前拥有相当可观的个人财产。由于民事主体在死亡时其权利能力消灭，因此民事主体所享有的各项民事权利包括人身权、财产权，在其死亡时也归于消灭。但法律允许个人财产以继承的方式进行传承，继承制度就是规定死者生前的财产如何转移给他人的法律制度。

自然人死亡时，其生前的个人财产转变为遗产，将按照法定的规则或当事人生前的意愿进行所有权的移转，即法定继承和遗嘱继承。

1. 法定继承

法定继承是指法律直接规定继承人的范围、继承顺序、遗产分配规则等的一种继承方式。如果被继承人生前没有留下合法有效的遗嘱，就会按法定继承方式分割遗产。

我国《民法典》继承编规定的法定继承人的范围和顺序是：(1)配偶、子女、父母；(2)兄弟姐妹、祖父母、外祖父母。另外还规定对公婆尽了主要赡养义务的丧偶儿媳、对岳父母尽了主要赡养义务的丧偶女婿可以作为第一顺序的法定继承人。这个范围和顺序是法定的，只有当第一顺序继承人都无法继承遗产时，才能由第二顺序继承人继承。同一顺序继承人的继承份额原则上是相同的。从法定继承的范围和顺序可以看出，继承主要基于血缘关系，但又不局限于此。将丧偶儿媳和丧偶女婿纳入第一顺序继承人，主要是为了鼓励家庭养老，发扬中华民族尊老、爱老的优良传统。

2. 遗嘱继承

遗嘱继承是指按照被继承人所立的合法有效的遗嘱继承被继承人遗产的继承方式。按照这种继承方式,被继承人可以在生前通过订立遗嘱的方式,按照自己意愿决定死后财产的分配,所以遗嘱继承是对被继承人生前处分财产意愿的实现。

我国法律规定遗嘱自由,允许公民用遗嘱方式自由处理自己的遗产,并且根据遗嘱的内容充分尊重立遗嘱人的意愿。由于遗嘱继承优先于法定继承,因此公民可以通过遗嘱变更法定继承人的顺序和应继份额,甚至可以取消法定继承人的继承权。但是遗嘱自由不是无任何限制的,我国《民法典》继承编规定了遗嘱应当给缺乏劳动能力又没有生活来源的继承人保留必要的遗产份额。

遗嘱是遗嘱人死亡时才发生法律效力的单方民事法律行为,要使遗嘱合法有效,必须从内容到形式都符合法定的要求。

我国《民法典》继承编规定的合法的遗嘱形式有以下 6 种:

(1)公证遗嘱:指经国家公证机关办理了公证的遗嘱。

(2)自书遗嘱:指遗嘱人生前亲手书写的遗嘱。

(3)代书遗嘱:指由遗嘱人口述遗嘱内容,他人代为书写制作的遗嘱。代书遗嘱应当有两个以上见证人在场见证方有效。

(4)录音遗嘱:指以录音磁带记录遗嘱人处分其遗产的语音的遗嘱。录音遗嘱也应当有两个以上见证人在场见证。

(5)口头遗嘱:指遗嘱人用口头表述的遗嘱,应当有两个以上见证人在场见证。需要注意的是,只有在危急情况下,遗嘱人无法用其他形式立遗嘱时才可以用这种遗嘱形式,一旦危急情况解除,遗嘱人须改用其他形式立遗嘱,所立的口头遗嘱无效。

(6)打印遗嘱:如果遗嘱不是由遗嘱人亲笔书写,而是采用打印方式,那么应当有两个以上见证人在场见证。遗嘱人和见证人需在遗嘱的每一页上签名,并注明年、月、日。除形式上要符合遗嘱的法定要求外,遗嘱人在立遗嘱时还必须要有遗嘱能力,即遗嘱人须是完全民事行为能力人。除此之外,遗嘱内容须是遗嘱人的真实意思表示,且不违反社会公德和公共利益。

公民除可以将自己的遗产留给自己的子孙后代外,还可以选择将自己的财产赠给法定继承人以外的其他人,这种方式叫遗赠。遗赠也是通过遗嘱的方式进行。受遗赠人应当在知道受遗赠后60天内作出接受或者放弃受遗赠的表示;到期没有表示接受的,视为放弃接受遗赠。

(二)头脑创造的财富

【铅笔上的橡皮】海曼是美国一个穷画家,经常连画布、画纸都买不起,所以他画画的笔每次都用到很短了也舍不得扔,橡皮擦到只剩一点儿也还在用。一次,他正专心致志地画一幅画,画着画着,发现有一处地方需要修改,便急忙去找橡皮。结果他找了好久,才找到一个小不点橡皮,当他擦好一转身,又发现铅笔不见了。如此找来找去,真耽误工夫!于是海曼就想出一个办法:将橡皮和铅笔绑在一起。一开始他并没有成功——小小的橡皮极难固定在铅笔上!他尝试了好久,才最终想到用一片薄薄的铁皮包住橡皮的方法——这就是今天人们所使用的带橡皮的铅笔。之后海曼申请了专利,并以55万美元的巨款卖给了一家铅笔公司,他也由一个穷画家变成了发明家和大富翁。这就是一则头脑创造财富的故事。

【思考】人们对其发明创造出来的产品享有哪些民法上的权利?

人们通过智力劳动创造出丰富的精神财富或精神产品。智力的创造性劳动取得成果后,智力劳动者对其成果依法享有的权利,叫知识产权。它是一种无形资产,但与汽车、房屋等有形财产一样,都受到法律保护。一些重大发明专利、驰名商标的价值甚至大大超过很多有形财产。随着人类社会步入知识经济时代,知识产权的重要性已经在社会的各个领域中凸显。

知识产权和物权、债权这些财产权利有比较大的区别,它具有如下特征。

一是知识产权保护的是非物质形态的智力成果。诸如著作权、专利权、商标权等,知识产权所保护的是作品、专利和商标,而不是作为载体的书籍、专利文书或印有商标的商品。这是知识产权区别于物权、债权等其他民事权利的首要特征。

二是公开性。比如,对于一项发明创造,在申请专利时必须将发明创造的全部构思和技术方案予以公布。这样做,一方面鼓励和保护了创新和创作,另一方面又能保证新技术成果的应用和文化的传播。

三是期限性,即依法产生的知识产权一般只在法律规定的期限内有效,超出知识产权的法定保护期后,该知识产权权利消灭,有关智力成果进入公有领域,人们可以自由使用。须注意的是,商标权的保护期限届满后可通过续展依法延长保护期;少数知识产权没有时间限制,只要符合有关条件,法律可长期予以保护,如商业秘密权、地理标志权、商号权等。

四是权利内容具有人身权和财产权的双重属性。一方面,权利人拥有在作品上署名、修改、发表等具有人身性质的专属性权利;另一方面,在市场经济条件下,越来越多的专利、商标、艺术作品待价而沽,给权利人带来丰厚的财产上的回报。

我们平时所讲的狭义的知识产权一般指著作权、专利权和商标权。广义的知识产权范围更大,还包括原产地名称(地理标志)权、植物新品种权、商业秘密权、集成电路布图设计权等。下面介绍3种常见的知识产权。

1. 著作权

著作权是指自然人、法人或其他组织对文学、艺术和科学作品依法享有的财产权利和精神权利的总称。须注意的是,广义的著作权还包括著作权的邻接权,即作品传播者对在作品传播过程中产生的劳动成果依法享有的权利,如表演者、配音者的权利。

著作权人的人身性权利包括发表权、署名权、修改权、保护作品完整权等;财产性权利包括作品的使用权、许可他人使用权、转让权、获得报酬权等。

现实生活中,我们经常看到许多优秀的作品被改编成电影、电视,或被翻译成各种语言。这种在已有作品的基础上,经过改编、翻译、注释、整理等创造性劳动而产生的新的作品,我们称为演绎作品。演绎作品的作者可以取得演绎作品的著作权,但其演绎作品时不能侵犯原作品的著作权。

2. 专利权

专利权是发明创造人或其权利受让人对特定的发明创造在一定期限内依法享有的独占实施权。专利制度就是典型的以申请人对发明创造的公开换取法律给予的保护,专利已经成为世界上最大的技术信息源。在我国,专利权的客体具体包括发明、实用新型和外观设计三种。发明和实用新型都是保护新的技术方案,只是技术程度不同。外观设计是指对产品的形状、图案或者其结合以及色彩与形状、图案相结合所作出的富有美感并适于工业上应用的新设计,它不涉及技术创新。

3. 商标权

商标权是指商标主管机关依法授予商标所有人对其注册商标受国家法律保护的专有权。商标注册人对其注册商标享有排他使用权、收益权、处分权、续展权和禁止他人侵害的权利。注册商标须经过法定注册程序，而且实行申请在先原则。我们日常生活中购买的商品一般都有商标权保护，很多所谓的“山寨”商品其实侵犯了他人的商标权，需要承担法律责任。

世界因创新而改变，知识产权法就是合法地“给天才之火，添加利益之油”。很多青少年，甚至儿童，也会有科技创新或者写出优秀的作品，即使是未成年人，也依法享有专利权、著作权。现实生活中不乏将儿童小发明、小创造应用于工业生产的例子，也有很多作家年少成名……

其实，如果仔细观察，你就会发现我们无时无刻不在享受着别人的智力成果：当你看着网络小说，发着微信，为微信群里的表情包点赞的时候，你所享受的都是别人的智力成果。很多人都意识到了这一点并尊重和保护这些权利。但是，由于智力成果的非物质形态，其展现形式非常多样化，再加上大多数的知识产权以向社会公开来换取法律的保护，这也使知识产权的侵权非常容易，如唾手可得的盗版产品等，所以知识产权保护任重而道远。

第三章　民事责任

第一节　民事责任概述

一、民事责任的概念与特征

民事责任是指自然人、法人或非法人组织不履行民事义务所应承担的民法上的不利后果。民事责任具有如下特点。

第一，民事责任以民事主体违反民事义务为前提。民事义务被违反了，才产生民事责任。违反民事义务是产生民事责任的先决条件。这里所指的民事义务，既包括合同约定的义务，也包括法律上不得侵害他人权利的义务，以及其他民事义务，违反这些民事义务都会产生民事责任。

第二，民事责任的强制性，具有相对性。作为法律责任的一种，民事责任具有强制性，即其履行有国家强制力作为最后的保障。但这种强制性又存在和其他法律责任明显不一样的地方：被侵权人可以放弃追究责任人的民事责任，责任人还可以通过与被侵权人协商确定其民事责任的承担方式。

第三，民事责任主要是财产责任。相比行政责任、刑事责任，财产责任在民事责任体系中占据主要地位。因合同产生的责任，不允许对违约当事人实行人身强制，而以损害赔偿、支付违约金、强制实际履行等财产内容为主。整个民事责任体系中，恢复名誉、赔礼道歉、消除影响等保护非财产内容的民事责任居于次要地位。

二、民事责任的分类

根据不同的标准，民事责任可以作不同的分类。每种分类，都有它自身的意义和作用。

（一）违约责任和侵权责任

根据违反义务的性质划分，民事责任可以分为违约责任和侵权责任。违约责任是指合同当事人不履行合同义务或者履行合同义务不符合合同约定而依法应当承担的民事责任。侵权责任是指行为人因其过错侵害他人人身、财产权益而依法应承担的责任，以及虽然没有过错，但法律规定其应就他人的某项损失承担的责任。违约责任和侵权责任的主要区别在于：第一，从受损害的权利来看，违约行为损害的是相对权中的合同债权，侵权行为所侵害的是绝对权，如物权、人身权等。第二，从违反义务的性质角度看，违约责任是因违反合同义务（主要是约定义务）产生的责任；侵权责任是因违反法定义务（任何人不得侵害他人财产和人身权益的普遍性义务以及其他法定义务）所产生的责任。第三，从责任内容看，违约损害赔偿原则上限于财产损失，并且违约方只赔偿其在订约时能够合理预见到的损失，而非全部损失；侵权损害赔偿，则既包括财产损失，也包括与人身伤害和精神伤害相关的损失。第四，从事先是否存在合同关系来看，对违约责任来说，当事人双方事先必然存在合同关系，而侵权责任则不存在这个问题。

（二）财产责任与非财产责任

根据是否以财产为主要责任内容划分，民事责任可以分为财产责任和非财产责任。财产责任是指以财产为内容的责任形式，典型的形式就是损害赔偿、支付违约金、返还财产；非财产责任主要是指不以财产为主要内容的责任形式，如消除影响、赔礼道歉。财产责任主要是对被侵权人的经济上的损害给予的救济，而非财产责任主要是对被侵权人精神利益上的损害给予救济。财产责任与非财产责任的划分也体现了民法的同质补偿原则。

（三）过错责任、无过错责任和公平责任

过错责任，是指确定民事责任的有无及范围，要以过错作为要件和依据的责任类型。在过错责任原则下，确定行为人的责任，必须考

察其在主观上是否有过错。如果行为人没有主观过错,则尽管其实施了某种导致损害发生的行为,也无须承担责任。此外,如果被侵权人存在过错,则要根据具体情况确定行为人是否承担责任以及承担的责任份额。

无过错责任,是指确定民事责任的有无,不以过错为要件的责任类型。一般认为,无过错责任也可以称为严格责任。根据《民法典》的规定,当事人违约就需要承担民事责任——违约责任,无论其是否存在主观过错。所以,违约责任被认为是典型的无过错责任。当然,严格责任的适用,并不意味着当事人在任何条件下都要承担责任——当事人可以根据法律规定或合同约定的免责条款排除责任。根据《民法典》的规定,有相当一部分特殊侵权行为,责任确定也不以当事人是否存在主观过错为要件,这也属于典型的无过错责任。

公平责任,是指当事人双方对损害的形成都没有过错,但又不属于无过错责任的适用情形,由人民法院根据公平的原则,在考虑当事人的财产状况及其他情况的基础上,责令加害人对被侵权人的财产损失给予适当补偿的一种责任形式。公平责任虽然也是民事责任的一种,但它并不体现其他民事责任所具有的否定性评价,而是更接近一种损失分摊机制。

(四)单独民事责任和共同民事责任

按照责任主体划分,民事责任可以分为单独民事责任和共同民事责任。责任主体为一人的,是单独民事责任。责任主体为多人的,称为共同民事责任。

共同民事责任,又可以按照责任人之间的关系,分为按份责任和连带责任。其中,按份责任是指承担共同责任的多个责任人之间,按照一定比例对被侵权人承担民事责任;连带责任是指被侵权人有权要求多个责任人中的任何一人承担全部或部分民事责任。按份责任和连带责任的关键区别在于被侵权人能否向任何一个责任人要求承担全部责任——答案为否定的系按份责任,答案为肯定的系连带责任。就承担共同责任的多个责任人相互间关系而言,按份责任和连带责任并无本质差别。多个连带责任人之间,仍然需要按照责任大小确定各自应当承担的份额。如果某一个连带责任人被要求对被侵权人承担超过其自身份额的责任,其可以向其他责任人追偿。

三、民事责任的形式

民事责任的形式也称为承担民事责任的方式。根据《民法典》第179条的规定,民事责任主要有11种形式,以下将作简要介绍。

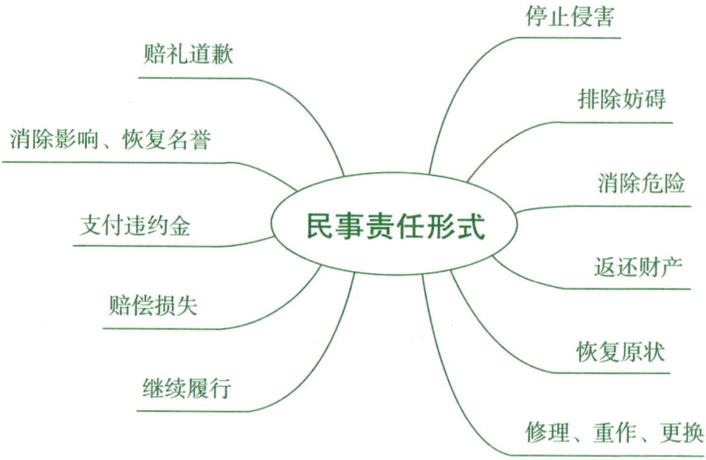

(一)停止侵害

停止侵害,即侵权人被要求停止侵害他人民事权益的一种责任承担方式。这种责任方式,适用于侵权行为正在进行或持续进行的场合,目的在于制止侵权行为。

（二）排除妨碍

排除妨碍，是指被侵权人的民事权益遭到不当妨碍时，侵权人应承担的责任方式。排除妨碍主要针对静态的侵权行为，比如堆放物品影响他人通行，堆放人便须承担相应责任。

（三）消除危险

消除危险，是指侵权人对他人的人身或财产安全造成或可能造成危险的情况下，适用的一种责任方式。

（四）返还财产

返还财产，是指行为人非法侵占他人动产或不动产，或者作为取得别人财产基础的合同被单方解除、宣告无效或撤销时，应承担的责任方式。

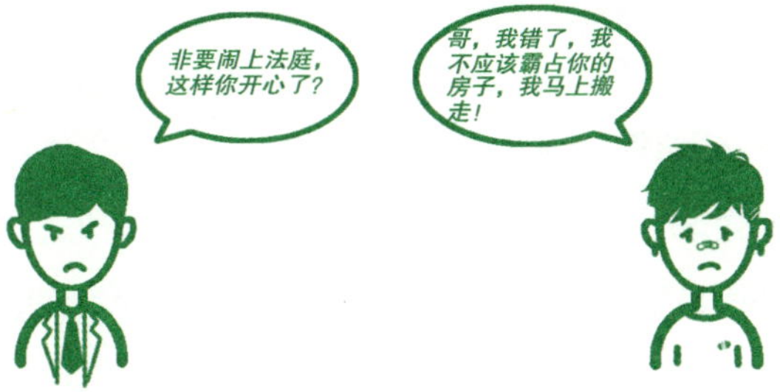

（五）恢复原状

恢复原状，是指财产因不当行为受到损坏，行为人应当承担的使被损坏财产恢复到被侵害前状态的民事责任方式。并非所有的财产损坏都可以适用这一责任形式，如果恢复原状的成本过高，原则上用赔偿损失替代这一责任方式。

（六）修理、重作、更换

修理，是指交付的标的物不合格，对其缺陷进行补救的责任方式。重作，是指承担制作性义务的承揽人、施工人等，因交付的工作成果不合格承担的重新制作的责任方式。更换，是指对标的物缺陷不能或不适合通过修理进行补救，责任人应承担的重新交付同种类同质量标的物的责任方式。

（七）继续履行

继续履行，也称为实际履行，是责任人未能履行合同义务时，由法院强制其承担的继续履行合同的责任方式。作为民事责任承担方式的继续履行，与合同正常履行相比，具有补救性、强制性、评价否定性以及一定的惩罚性。

（八）赔偿损失

赔偿损失，是指因侵权或违约行为造成他人人身伤害或财产损失时，责任人应承担的支付赔偿金的责任方式。

（九）支付违约金

支付违约金，是违反合同义务的当事人，应承担的向对方当事人支付事先约定的金额的责任方式。支付违约金，总体上属于合同法中赔偿损失的特殊形态，但又具有其独立性。因为违约金一旦设定，只要没有过分高于实际损失，违约方便须按约定承担，所以具有一定的惩罚性。

（十）消除影响、恢复名誉

消除影响、恢复名誉，是指因某种行为给他人造成不良影响时，行为人应承担的民事责任方式。为了尽可能为被侵权人提供救济，消除影响和恢复名誉往往要同时适用。

（十一）赔礼道歉

赔礼道歉，是指因某种行为造成他人精神损害时，行为人应承担的承认其行为构成侵权并表示歉意的民事责任方式。作为民事责任形式的赔礼道歉，与日常生活中的赔礼道歉不同，前者具有强制性。

前面所述的11种民事责任形式，可以单独适用，也可以合并适用。

第二节　不承担民事责任与减轻民事责任的情形

一、不可抗力

【案例】戚某与旅行社签订了《国内旅游组团合同》，参加“丽江、泸沽湖、香格里拉双飞五日游”。出发前，旅行社接到通知，丽江至泸沽湖方向，道路严重塌方，所有团队无法前往泸沽湖。旅行社马上把这个信息告知了戚某，表示原行程无法按期进行，建议把行程改为“大理、丽江、香格里拉双飞五日游”。戚某以旅行社不能履行合同为由要求其支付违约金。旅行社提出，其因不可抗力无法履行约定，并及时通知了戚某，不应承担违约责任。合同约定旅游路线所要经过的道路，突然发生严重塌方，属于不可抗力。旅行社因此不能履行合同并及时通知了戚某，无须承担民事责任。

(一)概念

不可抗力是指不能预见、不能避免且不能克服的客观情况。不可抗力具有客观性、外来性。由于主观原因导致无法履行民事义务的,不属于这里所说的不可抗力。不可抗力的形成原因可能是自然现象,也可能是特定的社会现象。前者一般称为自然原因的不可抗力,如地震、海啸、台风、洪水等;后者通常称为社会原因的不可抗力,如战争、罢工等。

（二）认定

一般来说，不可抗力应当符合以下几方面的要求：第一，应当是不可预见的客观情况。不可预见性是不可抗力的主观要素，但其并非依据当事人的个别情况予以考量，而是根据现有技术水平以一般人的标准进行考量。在特定条件下，以一般人的认识能力无法预见某事件的发生，才属于这里所说的不可预见。第二，不可抗力是不可避免并不能克服的情况，即当事人尽最大努力和采取一切可以采取的措施，仍然不能避免某种事件的发生及其造成的损害后果。第三，不可抗力是一种客观情况。不可抗力具有外在于个体行为的客观性。非外在于个体的因素，如第三人的行为，不属于不可抗力。

（三）法律后果

无论是违约还是侵权的情形，如损害发生的唯一原因系不可抗力，则当事人一般不承担民事责任。如不可抗力并非损害发生的唯一原因，当事人的行为对损害的发生和扩大也产生了作用，则当事人应承担一定的民事责任。所以，单凭发生了诸如地震、海啸之类无法抗拒的自然力，并不能直接免除行为人依法应承担的民事责任。关键还要看这些无法抗拒的自然力，是否导致了侵权损害后果的发生，或者使合同履行成为不可能。如果答案是肯定的，则还须判断不可抗力是否是唯一的原因，以及在导致侵权损害后果和违约损失中的参与度。

二、正当防卫

【案例】2015年5月6日晚，刘某去找黄某谈怎么解决生意上的竞争问题，双方发生争吵并引发肢体冲突。刘某拿刀追黄某，黄某情急之下拿起一个凳子朝刘某头上打了下去，刘某当场倒地。刘某后被送至医院救治，共花费医药费52,000元。刘某要求黄某赔偿医药费，黄某声称自己用凳子打伤刘某系正当防卫，无须承担民事责任。

（一）概念

正当防卫，是指民事主体为了其自身或他人的民事权益以及公共利益免受不法侵害，直接针对不法行为人采取的一种必要的防卫措施。正当防卫是一种受法律鼓励的行为。《民法典》第181条规定："因正当防卫造成损害的，不承担民事责任。正当防卫超过必要的限度，造成不应有的损害的，正当防卫人应当承担适当的民事责任。"

（二）认定

正当防卫须同时符合以下要件才可以认定：第一，对象条件。防卫行为须针对不法侵害行为实施，并且是针对不法侵害行为的实施者本人。不法侵害行为应当是客观现实存在的。第二，时间条件。

防卫行为进行时，须不法侵害行为正在实施，即不法侵害行为已经开始但尚未结束。在不法侵害尚未开始或者已经结束时进行的防卫，都不属于正当防卫。第三，目的条件。实施防卫行为的目的是保护防卫人本人、他人的合法权益或公共利益。存在受法律保护的利益，是防卫行为具有正当性的前提。第四，紧迫性。实施防卫行为必须是因为来不及寻求国家机关的救济，如等国家机关提供救济将造成严重的不利后果。如不具有紧迫性，当事人应当向公安机关等有关部门寻求帮助或救济。第五，限度条件。防卫行为的方式、强度应当具有合理性，以足以防止现实存在的、正在发生的侵害为限，不应超过限度而造成不应有的损害。

（三）法律后果

因正当防卫造成损害的，行为人不承担民事责任。但因正当防卫超过必要的限度，而造成不应有的损害的，防卫人应当承担适当的民事责任。这里所说的正当防卫超过必要限度，即防卫过当。是否超过必要限度，一般应从两个方面加以判断：第一，防卫行为的强度是否与阻止加害行为的必要性相称；第二，将防卫行为所保护的利益与被防卫人造成的损害进行比较，即比较防卫行为所保护的利益是否大于侵害行为所破坏的利益——如果答案是肯定的，则符合正当防卫的要求；如果答案是否定的，则属于防卫过当。

三、紧急避险

【案例】2013年7月6日傍晚，王某吃完饭同女儿在小区内散步，突然从后面冲上一条未栓绳的狗咬住女儿的手。王某捡起地上的砖头向狗头上猛击，把狗打死。狗主人刘某要求王某赔偿狗被打死给自己造成的经济损失1万元。王某的行为构成紧急避险，无须承担法律责任。

(一)概念

紧急避险,是指为了使公共利益、本人或他人的合法权益免受正在发生的急迫危险,不得已采取的行为。紧急避险与正当防卫有很多相同之处,比如都是为了保护某种合法权益或公共利益,都具有普遍的正当性,且为人们的一般价值观所认可。但紧急避险与正当防卫的区别也很明显:第一,防范的危险不同。正当防卫防范的危险必然源于人;紧急避险所防范的危险既可能来自人,也可能来自自然。第二,针对的对象不同。正当防卫只能针对不法侵害人实施;紧急避险则既可能针对不法侵害人,也可能针对第三人实施。第三,责任不同。如危险是由自然原因引起的,紧急避险人需要对因避险行为受到损害的人承担适当的补偿责任;正当防卫则不存在这个问题。

(二)认定

构成紧急避险需要符合以下构成要件:第一,须本人、他人或公共利益面临紧急的危险。危险可能由人的原因引起,也可能由自然原因引起。第二,须在不得已的情况下实施。换句话说,只有采取避险行为才能使相关权益免受损失。第三,紧急避险的目的是保护一个更大的利益(这个利益可以是行为人自己的,也可以是第三人的),即紧急避险所造成的损害不得大于该行为所试图保护的利益。

(三)法律后果

根据《民法典》第 182 条的规定,因紧急避险造成损害的,紧急避险人不承担责任,由引起险情发生的人承担民事责任。危险由自然原因引起的,紧急避险人不承担民事责任,但可以给予适当补偿。紧急避险采取措施不当或者超过必要的限度,造成不应有的损害的,属于避险过当,紧急避险人应当承担适当的民事责任。

四、紧急救助

【案例】朱某下班回家途中，发现有人跳湖。朱某赶忙下水把因抑郁症要自杀的梁某救了上来。拨打“120”急救电话后，朱某又按照自己在网上看过的人工呼吸方法，对梁某进行救治。不料在施救过程中，因用力过猛，导致梁某肋骨骨折。梁某出院后，要求朱某赔偿自己治疗骨折花费的医疗费。朱某实施的是紧急救助行为，对梁某的骨折损失不承担民事责任。

（一）概念

紧急救助，是指对处于危险状态中的他人，为了防止更大危险的发生，不得已采取的主动救助。紧急救助与紧急避险存在较多的关联性，二者在适用场合、危险来源和紧急程度上几乎重合。但二者也存在明显差异：第一，紧急救助免除的是救助人对被救助人的责任，而紧急避险免除的是避险人对被避险人之外的第三人的责任。第二，紧急避险要求避险措施为不得已，紧急救助则无此要求。第三，紧急救助行为保护的是他人利益；紧急避险行为保护的既可能是自己的利益也可能是他人的利益。第四，紧急救助造成的被救助人损害，由被救助人自己承担；紧急避险造成的损害则要么由引起险情的人承担，要么由受益人给予适当补偿。

（二）认定

紧急救助须符合下列要件：第一，救助人是自愿实施救助行为。如果进行救助是救助人的法定或约定义务，则不能构成紧急救助。第二，救助应当是情势所迫。法律鼓励相互救助，但不鼓励盲目救助，所以情势所迫下的救助行为才可以免责。第三，救助人实施救助行为，目的是防止被救助人处于更大的危险当中。第四，救助行为造成了受救助人的损害。救助行为造成第三人损害的,不适用此处所说的紧急救助规则,可以根据情况适用紧急避险规则。

(三)法律后果

根据《民法典》第184条的规定,因自愿实施紧急救助行为造成受助人损害的,救助人不承担民事责任。

第三节　因合同产生的民事责任

一、缔约过失责任

【案例】陈某在梁某开设的网店购买了合计金额23,128元的商品,订单显示订购成功。4天后,梁某通知陈某取消订单,退还陈某已支付的款项,并向其支付100元返利作为补偿。陈某认为梁某违反了合同义务,向法院起诉。法院认为,梁某发出的商品信息已构成要约邀请,在陈某完全按照要约邀请下单即发出要约后,梁某又取消订单拒绝承诺,违反了诚实信用原则,构成缔约过失,应当向陈某承担缔约过失的责任。所以梁某应向陈某赔偿直接损失,但对于陈某请求的可得利益损失,法院不予支持。

(一)概念

缔约过失责任,是指在合同订立过程中,一方因违背其依据诚实信用原则应负的义务,而致另一方信赖利益损失,应承担的损害赔偿责任。

(二)认定

一般认为,构成缔约过失责任须符合以下要件:缔约一方当事人有违反先合同义务的行为;有损害后果的发生;在合同缔约的过程中违反先合同义务的一方有过错,包括故意或过失;一方的过错与损失有因果关系。

（三）法律后果

缔约过失责任最主要的责任承担方式是损害赔偿（以实际损失为赔偿范围，而不包括履行利益）。

二、违约责任

【案例】李某与某房地产公司签署商品房买卖合同，李某交付了全部的购房款，约定房地产公司将符合条件的房屋如期交付使用，逾期将按照合同约定的数额交付违约金。房地产公司并未在约定期限内交付权属证书、办理转移登记，且李某发现约定的房屋有多处缺陷，该房地产公司已经构成了违约，应当按照约定履行相关义务。

（一）概念

违约责任，也称违反合同的民事责任，是指合同当事人因违反合同义务所应承担的责任。合同一旦生效，即在当事人之间产生了法律拘束力，当事人应按照合同的约定全面、严格地履行合同义务，任何一方当事人违反合同所规定的义务，均应承担违约责任。所以承担违约责任是违反有效合同所规定的义务的后果。

（二）认定

一般认为，违约责任的构成要件包括：第一，有违约行为，包括预期违约和实际违约。预期违约，是指当事人在履行期限到来之前，明确或以自己的行为表示，其在履行期到来之后不会履行合同。实际违约，是指当事人在履行期到来之后未能履行合同的情形，包括拒绝履行、迟延履行、不适当履行。第二，不存在法定或约定的免责事由。违约责任遵循严格责任原则——原告只需要向法院证明被告未履行合同义务的事实，而不需要证明被告对于不履行有过错。

（三）法律后果

合同违约方即责任人，应当向对方承担继续履行、采取补救措施或者赔偿损失等违约责任。

第四节　因侵权产生的民事责任

一、侵权责任的概念及特征

侵权责任又称侵权损害的民事责任，它是侵权行为产生的法律后果，即由法律规定的侵权行为人对其不法行为造成他人财产或人身权利损害所应当承担的法律责任。

侵权责任具有以下特征：第一，以侵权行为的发生为前提。侵权责任基于行为人侵犯了他人的人身权、财产权而产生。第二，侵权责任以过错原则为主要归责原则，以无过错原则为例外。第三，侵权责任的承担方式多样，包括停止侵害、排除妨碍、消除危险、返还财产、恢复原状、赔偿损失、赔礼道歉、消除影响、恢复名誉等。

二、侵权责任主体的特别规则

（一）监护人的责任

无民事行为能力人、限制民事行为能力人造成他人损害的，由监护人承担侵权责任。监护人尽到监护职责的，可以减轻其侵权责任。如果这个造成他人损害的无民事行为能力人、限制民事行为能力人，自己有财产，就从他本人的财产中支付赔偿费用；他本人的财产不足以支付的，再由监护人赔偿。① 无民事行为能力人、限制民事行为能

① 参见《民法典》第1188条。

力人造成他人损害，发生于监护人将监护职责委托给他人期间的，监护人依然应当承担侵权责任；受托人有过错的，受托人承担相应的责任。[①] 这里补充一点，完全民事行为能力人如果因醉酒、滥用麻醉药品或者精神药品对自己的行为暂时没有意识或者失去控制造成他人损害的，他们本人应当承担侵权责任。[②]

（二）用人者责任

用人单位、劳务派遣单位和个人劳务关系中的用工者，需要对被用之人执行任务行为所造成的损害后果，承担一定的民事责任。第一，常规用工情况下的用人单位责任。工作人员因执行工作任务造成他人损害的，由用人单位承担侵权责任。用人单位承担侵权责任后，可以向有故意或者重大过失的工作人员追偿。第二，劳务派遣情形下的单位责任。劳务派遣期间，被派遣的工作人员因执行工作任务造成他人损害的，由接受劳务派遣的用工单位承担侵权责任；劳务派遣单位有过错的，承担相应的责任。[③] 第三，个人劳务关系中的用工者责任。这里要区分劳务提供人造成他人损害和劳务提供人受到损害。[④] 首先，提供劳务一方因劳务造成他人损害的，由接受劳务一方承担侵权责任。接受劳务一方承担侵权责任后，可以向有故意或者重大过失的提供劳务一方追偿。其次，提供劳务一方因劳务受到损害的，根据双方各自的过错承担相应的责任。提供劳务期间，因第三人的行为造成提供劳务一方损害的，提供劳务一方有权请求第三人承担侵权责任，也有权请求接受劳务一方给予补偿。接受劳务一

---

① 参见《民法典》第 1189 条。

② 参见《民法典》第 1190 条。

③ 参见《民法典》第 1191 条。

④ 前面只谈到造成他人损害的情况，而这里还谈到了受损害的情况，原因是劳动关系中劳动者因工作受到损害的问题依据劳动与社会保障法律制度解决。

方补偿后，可以向第三人追偿。①

（三）网络侵权责任

网络用户利用网络服务实施侵权行为的，权利人有权通知网络服务提供者采取删除、屏蔽、断开链接等必要措施。网络服务提供者接到通知后，应当及时将该通知转送相关网络用户，并根据构成侵权的初步证据和服务类型采取必要措施；未及时采取必要措施的，对损害的扩大部分与该网络用户承担连带责任。网络服务提供者知道或者应当知道网络用户利用其网络服务侵害他人民事权益，未采取必要措施的，与该网络用户承担连带责任。②

（四）违反安全保障义务的侵权责任

宾馆、商场、银行、车站、机场、体育场馆、娱乐场所等经营场所、公共场所的经营者、管理者或者群众性活动的组织者，未尽到安全保

① 参见《民法典》第 1192 条。

② 参见《民法典》第 1195 条、第 1197 条。

障义务，造成他人损害的，应当承担侵权责任。因第三人的行为造成他人损害的，由第三人承担侵权责任；经营者、管理者或者组织者未尽到安全保障义务的，承担相应的补充责任。经营者、管理者或者组织者承担补充责任后，可以向第三人追偿。①

（五）学生伤害事故责任

学生在教育机构（包括幼儿园、学校及其他教育机构）学习、生活期间受到人身损害的，要区分伤害来源以及学生的民事行为能力状况确定民事责任承担。无民事行为能力人在教育机构受到人身损害的，有权要求教育机构承担侵权责任，但教育机构可以通过证明其尽到了教育、管理职责免责；限制民事行为能力的学生，在证明教育机构未尽到教育、管理职责的情况下，有权要求教育机构承担侵权责任。② 对于教育机构以外的第三人造成的人身损害，由第三人承担侵权责任；教育机构未尽到管理职责的，承担相应的补充责任。幼儿园、学校或者其他教育机构承担补充责任后，可以向第三人追偿。③

三、常见的侵权责任

（一）产品责任

【案例】某市民程某在电器商店购买了一台热水器，使用几次后，因热水器漏电，致使程某休克，其被送往医院急救后才得以脱险。程某出院后即找电器商索赔。电器商认为其销售的是合格的产品，有合格证明，后程某将电器商与厂家一并诉至法院。厂家认为其销售的是合格产品，于是程某申请对热水器进行检验。之后发现是由于

---

① 参见《民法典》第1198条。
② 参见《民法典》第1199条、第1200条。
③ 参见《民法典》第1201条。

电器商装配有误才造成漏电现象。最终法院判决电器商与厂家赔偿受害人一切经济损失,包括医疗费、误工损失等。

1. 概念

产品责任,是指产品生产者、销售者因生产、销售缺陷产品致使他人遭受人身伤害、财产损失或有致使他人遭受人身、财产损害之虞而应承担的赔偿损失、消除危险、停止侵害等责任的特殊侵权责任。

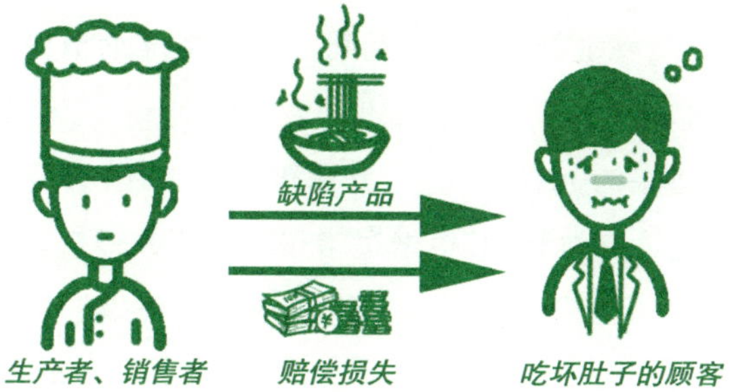

2. 认定

成立产品责任须符合下列条件:第一,产品存在缺陷;第二,有造成人身、财产损害的事实发生;第三,产品缺陷与受害人的损害事实之间存在因果关系。此外,生产者和销售者的产品责任认定存在一些不同:产品缺陷造成了他人损害的,无论生产者是否有过错,都应当承担责任;销售者只有对产品缺陷的产生有过错时,才承担责任,但如果销售者不能指明缺陷产品的生产者或供货者,则由销售者承担责任。

(二)机动车交通事故责任

【案例】王某驾车在高速公路行驶时,被驾驶不当的汪某开车追尾撞击。王某当场死亡。交警部门认定汪某为全责。王某父母要求汪某和其投保的保险公司向其支付死亡赔偿金、丧葬费、精神损害抚慰金等,得到法院支持。

1. 概念

交通事故，是指车辆在道路上因过错或者意外造成人身伤亡或财产损失的情况。机动车交通事故责任，是指由于机动车道路交通事故而发生的责任人对受害人应当承担的侵权赔偿责任，即道路交通事故造成受害人人身伤亡或财产损失时，事故责任人对受害人应当承担侵权损害赔偿责任。

2. 认定

机动车之间发生的事故，相互间按过错情况承担侵权责任。在机动车与非机动车驾驶人、行人之间发生交通事故，非机动车驾驶人、行人没有过错的，由机动车一方承担赔偿责任；有证据证明非机动车驾驶人、行人有过错的，根据过错程度适当减轻机动车一方的赔偿责任；机动车一方没有过错的，承担不超过10%的赔偿责任；交通事故的损失是由非机动车驾驶人、行人故意碰撞机动车造成的，机动车一方不承担赔偿责任。

（三）医疗损害责任

【案例】王某2011年11月29日到阜宁安康医院就诊，被诊断为右股骨头坏死，后进行右侧全髋关节置换手术。术后出现问题并在医院免费治疗。出院后因疼痛难忍又多次到医院治疗，均予抗感染及对症治疗好转后出院。王某因为持续疼痛以及多次就医，要求医院承担责任。

1. 概念

医疗损害责任，是指患者在诊疗活动中受到损害，医疗机构或者医务人员有过错的，由医疗机构承担的以损害赔偿为主要方式的侵权责任。

2. 认定

认定医疗损害侵权责任需要满足以下几个要件：第一，医疗机构和医务人员实施了一定的诊疗行为；第二，患者受到了损害；第三，诊疗行为和患者的损害之间存在因果关系；第四，医疗机构或者医务人员存在过错。

（四）饲养动物损害责任

【案例】2014年6月5日下午，周某无证驾驶其父亲周某银的两轮摩托车，与横穿公路的牛相撞，周某倒地受伤。经住院检查诊治，共花费29,000元。周某要求牛的主人周某平承担损害赔偿责任。法院认为，周某平对其管领下的牛没有进行安全管理和采取相关措施避免损害的发生，适用无过错责任；同时周某系无证驾驶摩托车且违反交通规则，对本次损害的发生存在重大过失。法院最后判定周某平承担30%的责任。

1. 概念

饲养动物损害责任，是指动物饲养人或者管理人在饲养的动物造成他人损害时，依法应承担的特殊侵权责任。

2. 认定

饲养动物损害责任适用无过错责任原则，即不以动物饲养人或者管理人存在过错为要件，通常证明同时具备下列条件便可成立：第一，存在饲养动物的情况；野生动物致人损害的，不适用本责任规定。

第二,他人因该饲养动物受到损害。这里的损害既包括被咬伤、抓伤等身体伤害,也包括受到惊吓而导致的精神伤害。动物饲养人或者管理人能够证明损害是因被侵权人故意或者重大过失造成的,可以不承担或者减轻责任。

(五)物件损害责任

【案例】文某在某小区公共区域停车时,该小区二单元坠落的玻璃将车子砸坏,修理一共花费21,460元。保险公司理赔了11,295.9元。文某认为其在公共区域停车,且玻璃坠落的地方为小区的公共区域,遂将该小区的物业管理公司诉至法院,要求损害赔偿。法院认为,高空坠落物导致财产损失的侵权案件,物业公司应当采取必要措施防止坠落等情形的发生;未采取必要安全措施的,应当依法承担未履行安全保障义务的侵权责任,所以物业公司应当承担赔偿责任。

1. 概念

物件损害责任,即自己管领下的物件造成他人损害,由物件的所有人、管理人或者使用人承担的特殊侵权责任。物件损害责任具有两个特征:第一,属于对自己管领下的物件致使他人损害承担的特殊侵权责任;第二,为物的损害承担替代责任。

2. 认定

物件损害责任,须符合以下几个要件:第一,必须是建筑物、构筑物或者其他设施及其搁置物、悬挂物等物件。第二,必须是物件自然脱落、坠落;有人故意使其落下的则不适用本责任。第三,必须有损害事实,包括人身损害、财产损害及精神损害。第四,物件所有人、管理人、使用人不能证明自己没有过错。物件损害责任适用过错推定责任原则,首先推定工作物所有人或管理人、使用人有过失,认定其未尽注意义务,而无须受害人证明。

03 第三篇

为什么需要遵守秩序

第一章 治安行为

我们按照法律规范调整的对象与调整方式，将法律划分成了若干个法律部门，多个法律部门则构成了一国的法律体系。行政法律部门是调整行政主体与行政相对人之间的法律关系的总称，其中，行政主体包括行政机关以及被依法授权行使行政职权的组织和单位，比如，各级人民政府、各级人民政府的职能部门（公安、税务、教育、海关等）。行政相对人则是处于行政管理关系中的公民、法人和其他组织。治安行为属于行政法律部门调整的对象。

违反治安管理的行为必须满足两个条件：一是违法情节轻微，尚不够刑事处罚。如果情节严重，已经触犯了刑事法律且应当受到刑事处罚的，则应按刑法处理，即不属于治安案件，而属于刑事犯罪案件。例如，多人打架斗殴，但违法情节轻微，如无人受轻伤或重伤等，则属于违反治安管理规范的违法行为，随之可能承担的是行政法律责任，即根据行政处罚程序，对当事人采取警告、罚款或行政拘留的处罚措施。反之，情节严重，则应根据刑事诉讼法与刑法规定，追究当事人的刑事法律责任。行政责任不同于刑事责任，相比较而言，行政责任较轻，更侧重于财产罚、资格罚、罚款、没收违法所得、吊销驾驶执照；唯一的人身罚是行政拘留。刑事责任则是最重的处罚方式，除财产刑外，还设置了有期徒刑、无期徒刑甚至死刑的人身罚。二是依照治安管理法律规范应当受到处罚的行为。“法无规定不为罪”是刑法的一个原则,同样地,对违反治安行为的认定和处罚也必须有法律的明确依据。全国人民代表大会常务委员会2005年制定、2012年修正的《治安管理处罚法》是我国对治安行为进行管理的一部基本法,这部法律共有6章119条,从治安管理处罚的原则、违反治安管理的行为表现、违反治安管理行为的处罚方式与种类、执法监督等方面对治安行为进行了全面规定。

一、网络传言需谨慎

随着互联网技术的发展,QQ、微信、微博等自媒体走进了我们的生活。我们每个人都是自媒体的“主编”,在自己的QQ空间、微信朋友圈或微博等社交媒体上安排自己感兴趣的主题、转发热门帖子、上传美丽的图片,抑或发表自己的高见……它们就像一块块“自留地”,让主人在上面自由挥洒自己的“汗水”与“才情”。但是,每块“自留地”都不是一个绝对自由的王国,也须恪守道德与法律的界限,例如,发表言论或传播言论不能有违社会公德、不能有损民族团结、不能危害社会公共秩序以及损害他人利益等。诚如我国《宪法》所规定,“中华人民共和国公民在行使自由和权利的时候,不得损害国家的、社会的、集体的利益和其他公民的合法的自由和权利”。在我国发生的一个个真实案例也警示我们——传播言论需谨慎。

2012年《人民日报》曾刊登了10起网络谣言案例:“蛆橘事件”让全国柑橘严重滞销;地震谣言令山西数百万人街头“避难”;响水县“爆炸谣言”引发大逃亡致4人遇难;“皮革奶粉”传言重创国产乳制品;QQ群里散布谣言引发全国“抢盐风波”;伪造传播“47号公告”被拘15日;一大学生网上散布“针刺”谣言被拘;“滴血食物传播病毒”传言引发恐慌;散布非典谣言被劳教两年;造谣“军车进京”6人被拘、16家网站被关。

其中，关于“QQ群里散布谣言引发全国‘抢盐风波’”一案，谁也没想到，2011年3月11日发生在日本东海岸的9.0级地震以及核泄漏事故竟然在我国引起了一场令人咋舌的“抢盐风波”。2011年3月16日开始，我国部分地区开始疯狂抢购食盐，许多地区的食盐在一天之内被抢光，其间更有商家趁机抬价，市场秩序一片混乱。引起抢购的是两条消息：食盐中的碘可以防核辐射；受日本核辐射影响，国内盐产量将出现短缺。经查，2011年3月15日中午，浙江省杭州市某数码市场的一位网名为“渔翁”的普通员工在QQ群里发出消息：“据有价值信息，日本核电站爆炸对山东海域有影响，并不断地污染，请转告周边的家人朋友储备些盐、干海带，暂时一年内不要吃海产品。”随后，这条消息被广泛转发。16日，北京、广东、浙江、江苏等地发生抢购食盐的现象，由此引发了一场全国范围的辐射恐慌和“抢盐风波”。17日午间，国家发改委发出紧急通知强调，我国食用盐等日用消费品库存充裕，供应完全有保障，希望广大消费者理性消费，合理购买，不信谣、不传谣、不抢购；并协调各部门多方组织货源，保障食用盐等商品的市场供应。18日，各地盐价逐渐恢复正常，谣言告破。21日，杭州市公安局西湖分局发布消息称，已查到“谣盐”的信息源头，并对始作俑者“渔翁”作出行政拘留10日，罚款500元的处罚。①

我国《治安管理处罚法》第25条规定：“有下列行为之一的，处五日以上十日以下拘留，可以并处五百元以下罚款；情节较轻的，处五日以下拘留或者五百元以下罚款：（一）散布谣言，谎报险情、疫情、警情或者以其他方法故意扰乱公共秩序的；（二）投放虚假的爆炸性、毒

① 参见巫峰：《人民日报刊登十起网络谣言案例称谣言害人害己》，载中国新闻网，http://www.chinanews.com/gn/2012/04-16/3820554.shtml。

害性、放射性、腐蚀性物质或者传染病病原体等危险物质扰乱公共秩序的;(三)扬言实施放火、爆炸、投放危险物质扰乱公共秩序的。”在这一案例中,“渔翁”利用QQ这一网络自媒体进行制作和传播食盐短缺的虚假信息,引起了社会的辐射恐慌与食盐抢购潮,扰乱了社会公共秩序,因此受到了法律的惩戒。

谣言本是一个生活化的概念,但随着网络以及自媒体的发展,这一概念逐渐上升到法学、心理学、传播学等学术层面,学者们开始从不同角度探讨和研究其内涵和特性。谣言,实质指“事实虚假或不存在”的信息,或是“事实存疑”的信息。据《韦伯斯特英文大字典》解释,“rumor”(谣言)释义为一种缺乏真实依据,或未经证实,公众一时难以辨别真伪的闲话、传闻或舆论。《治安管理处罚法》中的“谣言”,也是指没有事实根据的谎言。

在生活中,语言所传递的信息一般包含“事实”与“评论”。“谣言”所言之物是“事实”部分,而非“评论”。例如,“今天是雨天”“这是一朵玫瑰花”,这两句话是对事实的描述,而不是发表主观感受或主观性的评论。如果客观发生的事实是,今天是晴天,而你却指着窗外的“艳阳高照”,对你的同桌说,“你看,今天是雨天”,显然,这是一句对客观事实的错误描述;这是一朵玫瑰,你却对他人说,“这是一支百合”,毋庸置疑,这也是一个虚假的、没有事实根据的陈述,俗称“谎言”。当然,一般情况下,与此类似的“谎言”或“善意的谎言”无伤大雅,但如果散播的是“虚假险情、疫情、灾情、警情等”,意在扰乱社会公共秩序的,则触碰了法律的“高压线”,轻则受到行政处罚,重则招致刑事制裁。同样地,如果你对同桌说,“今天天气很糟糕”,或说,“这朵玫瑰花真漂亮”,“糟糕”“漂亮”是个人的主观感受与评论,正所谓“仁者见仁,智者见智”,法律亦不干涉。

以“抢盐风波”为例,“渔翁”的消息为:“据有价值信息,日本核电站爆炸对山东海域有影响,并不断地污染,请转告周边的家人朋友储备些盐、干海带,暂时一年内不要吃海产品。”此陈述中,“日本核电站爆炸对山东海域有影响,并不断地污染”并无事实根据,是对事实的虚假陈述,这一“谎言”借助于网络媒体 QQ 发布,从而以社群化的方式不断进行复制传播,最终引发“抢盐潮”,危害了公共秩序。天网恢恢,疏而不漏,“渔翁”的这一行为最终受到了法律的惩戒。

根据中国互联网信息中心 2022 年 2 月 25 日发布的第 49 次《中国互联网络发展状况统计报告》,截至 2021 年 12 月,我国网民规模达到 10.32 亿,互联网普及率达 73.0%,可见,我国网民之多。网络媒体创设了不同于传统媒体的环境与平台,传受双方更加平等自由,这使众多网民可以在互联网上发表各种各样的消息或意见,从政治社会到公共事件,从各式名人到普通百姓均有可能成为网络言论的对象。

作为青少年,我们可能会从网络公众媒体、自媒体上获取大量的信息,这些信息有的是真实的,有的则是谣言。“谣言止于智者”,我们应理性分辨各种言论,传播正能量,切勿以谣传谣,切勿让自己的微信、QQ、微博等自媒体成为谣言制作或泛滥的温床。

二、公众观球需文明

谈到“足球流氓”一词,想必大家都不陌生,它是指那些常在足球场上寻衅滋事、扰乱球场和公共秩序、危害社会安定的人。“足球流氓”现象从20世纪60年代的英国开始逐渐受到人们的关注，并以“海瑟尔惨案”为典型代表。1985年5月29日，利物浦与尤文图斯在布鲁塞尔海瑟尔体育场的欧洲冠军杯决赛中相遇，欧足联赛前把一个球门后的看台分配给利物浦球迷，但是却有不少尤文图斯的球迷从比利时人手中买到该看台的球票。看台上，也没有足够的警察和工作人员将两队球迷分开。在比赛中，不断有双方球迷的辱骂声和投掷行为。混在利物浦球迷里的“足球流氓”与尤文图斯球迷大打出手，导致看台倒塌，当场压死39名尤文图斯球迷，并有300多人受伤，这就是著名的“海瑟尔惨案”。从20世纪80年代开始直至90年代，英国政府花费了大量的人力、物力整治与足球相关的暴力活动。20世纪90年代之后，“足球流氓”活动在欧洲其他地区呈现逐渐蔓延的趋势。

在球迷众多的我国，这一现象也应予以重视并加以防范。2006年9月12日，在某主队对某客队的中超比赛中，主队球迷认为裁判的裁决不公，情绪激动，“黑哨、黑哨”叫声此起彼伏。比赛结束时，主队球迷黄某、李某和朱某因不满主队输球，冲进球场，围攻裁判员和客队球员。裁判员和球员慌忙逃避，其他球迷也不停地叫喊，场面十分混乱。随后黄某等3人被现场公安人员制服。最终，公安机关对3人分别处以5日的行政拘留。①

我国借鉴英国、意大利等国在打击“足球流氓”等立法和实务上的经验，在《治安管理处罚法》中作了相应规范。《治安管理处罚法》第24条第1款规定：“有下列行为之一，扰乱文化、体育等大型群众性活动秩序的，处警告或者二百元以下罚款；情节严重的，处五日以

① 参见《中华人民共和国治安管理处罚法配套解读与案例注释》，中国法制出版社2015年版，第66页。

上十日以下拘留,可以并处五百元以下罚款:(一)强行进入场内的;(二)违反规定,在场内燃放烟花爆竹或者其他物品的;(三)展示侮辱性标语、条幅等物品的;(四)围攻裁判员、运动员或者其他工作人员的;(五)向场内投掷杂物,不听制止的;(六)扰乱大型群众性活动秩序的其他行为。"球迷或观众应当遵守该规定,勿借看球之机发泄情绪、寻求刺激,勿因对裁判结果有异议或输赢而滋事,勿跟随其他"足球流氓"的行为,而应理性控制与疏导激动情绪,文明观球,对"足球流氓"说"不"。本案中,黄某等 3 人冲进球场,围攻裁判与队员,造成场面混乱,这是被法律禁止的行为,因此最终受到了公安机关的处罚。

当然,这一法律规定不仅限于防范与制裁"足球流氓"行为,也包括扰乱其他类型活动的行为。根据公安部《违反公安行政管理行为的名称及其适用意见》的解释,"大型群众性活动秩序"包括足球等赛事,但不限于此,是指法人或其他组织面向公众举办的每场次预计参加人数达到 1000 人以上的活动。除各项体育比赛活动外,还包括演唱会、音乐会等文艺演出活动,展览、展销等活动,游园、灯会、庙会、花会、焰火晚会等活动,以及人才招聘会、现场开奖的彩票销售等活动。

三、切莫因"义"而用事

"高山流水遇知音""桃花潭水深千尺,不及汪伦送我情",自古以来,友情就为人们所珍视,友情像人生的美酒,越久越醇,丰富人的生活、温暖人的内心。但古人亦云"近朱者赤,近墨者黑",特别是青少年时期,选益友、择良友对人的一生尤其关键。和好的朋友相处,可以互相学习、促进成长;若是和不良的朋友在一起,则易感染不良习性,甚至误入歧途。

据报道,2009 年 10 月 22 日晚上,合肥市飞跃职业技术学校门口上演了一场“血战”。该校 4 名学生被另一职业学校的 7 名学生堵截追砍,造成 2 人被砍伤。这起案件的起因,竟是一次小摩擦。10 月 9 日,胡某在一次聚会中,遇到另一职业学校的学生徐某,两人发生口角后,胡某用脚踹了徐某一下,后被众人及时制止。徐某临走前曾对胡某说:“你等着,一定要给你颜色瞧瞧。”22 日,在合肥市飞跃职业技术学校门前,胡某和 3 名同学准备出校门吃饭时,被徐某及同伴共 7 人堵在校门口。此 7 人手上分别持有刀、棍等武器,他们发现胡某等从校门口出来后,不由分说,追上去就刀砍棍砸。其中一名学生在逃跑过程中,不幸后背被砍了一刀,当即趴在地上。另一名在逃跑过程中,左手无名指、中指第三指节被砍断。24 日晚,民警将 6 名案犯抓获,最后一名案犯也于 25 日清晨到派出所自首。案犯中 6 人为未成年人,另一人才刚满 18 周岁。[①]

在这一案例中,徐某因为一点小摩擦而纠集同龄人进行打击报复,造成一名学生受重伤,行为人违背了刑事法律。如果徐某等人的殴打行为并没有造成严重后果,是否就可以免受法律制裁呢?非也。即使没有造成轻伤或重伤的损害后果,只是造成了受害人轻微伤,也应受到《治安管理处罚法》的处罚。其区分标准在于给他人造成的人身伤害是轻微伤还是轻伤。如果结伙斗殴造成他人轻微伤,情节较轻的,一般作为故意伤害违法行为处理;如果造成的是轻伤,则应适用刑法处理,可能构成故意伤害罪,承担刑事责任。根据我国《人体损伤程度鉴定标准》,轻微伤是各种致伤因素所致的原发性损伤,造成组织器官结构轻微损害或者轻微功能障碍。轻伤是指使人肢体或

---

① 参见孟根方:《校门口砍人致伤 少年郎竟笑赴看守所》,载安徽新闻,http://ah.anhuinews.com/system/2010/10/27/003403414.shtml。

者容貌损害，听觉、视觉或者其他器官功能部分障碍或者其他对于人身健康有中度伤害的损伤，包括轻伤一级和轻伤二级。例如，就头部损伤而言，轻微伤的标准是：(1)头部外伤后伴有神经症状。(2)头皮擦伤面积5.0cm^{2}以上；头皮挫伤；头皮下血肿。(3)头皮创口或者瘢痕。轻伤一级的标准是：头皮创口或者瘢痕长度累计20.0cm以上；头皮撕脱伤面积累计50.0cm^{2}以上；头皮缺损面积累计24.0cm^{2}以上；颅骨凹陷性或者粉碎性骨折等8项具体标准。轻伤二级的标准是：头皮创口或者瘢痕长度累计8.0cm以上；外伤性蛛网膜下腔出血等5项具体标准。可见，对于轻微伤与轻伤的界定标准法律有详细规定，轻伤一级损害标准重于轻伤二级。所以，一时冲动造成的可能并不是普通的违反治安管理法的违法行为，而是刑事犯罪行为。

故意伤害违法行为

故意伤害罪

《治安管理处罚法》第26条规定："有下列行为之一的，处五日以上十日以下拘留，可以并处五百元以下罚款；情节较重的，处十日以上十五日以下拘留，可以并处一千元以下罚款：(一)结伙斗殴的；(二)追逐、拦截他人的；(三)强拿硬要或者任意损毁、占用公私财物

的；(四)其他寻衅滋事行为。”寻衅滋事行为是指在公共场所无事生非，起哄闹事，肆意挑衅，横行霸道，打群架，破坏公共秩序，尚未造成严重后果的行为。它主要表现为如下几种形式：(1)结伙斗殴。青年人一般年轻气盛，很容易发生结伙打架斗殴的行为，俗称“打群架”。这种行为一般因为所谓的“哥们儿义气”，为了私仇宿怨或称霸而发生，殊不知，“为哥们儿义气两肋插刀”往往导致“一失足成千古恨”。徐某一案中，其余 6 人因为所谓的朋友义气，帮朋友出气而悔恨终生。(2)追逐、拦截他人。这一行为是指出于寻求精神刺激、取乐他人等不正当的目的而无故追逐、拦截、侮辱、谩骂他人等。(3)强拿硬要或者任意损毁、占用公私财物的行为，即以蛮不讲理的流氓手段，强行索要市场、商店的商品以及他人的财物，或者随心所欲损坏、毁灭、占用公私财物。(4)其他寻衅滋事的行为。常见的还有在公众场所起哄闹事、制造事端、无事生非等行为。例如，台州市公安局公开过一起对寻衅滋事行为的行政处罚案件。2013 年 12 月 6 日凌晨，犯罪嫌疑人范某伙同陈某一起开着一辆助力车，为骚扰他人，陈某用石头砸牌门村陈某某家，范某在边上望风，两人砸完即跑，当时砸在了墙壁上；12 月中旬的一天凌晨，范某伙同王某为骚扰他人，范某用石头砸牌门村陈某某家中的窗户，王某在边上望风，范某用捡来的石头砸碎了陈某某家中二楼的玻璃；24 日凌晨，范某一个人开着一辆助力车利用石头故意砸碎陈某某家二楼窗户的玻璃；26 日凌晨，范某一个人开着一辆助力车利用石头故意砸陈某某家，当时石头砸在了一楼的门上；2014 年 1 月 1 日凌晨，范某伙同潘某利用之前同样的方式骚扰牌门村的陈某某家，范某扔了两块石头，潘某开着助力车望风，此次砸碎了陈某某家窗户的玻璃，并将玻璃内的纱窗砸坏。事后对被害人的损失进行鉴定，被害人共计损失 5 块玻璃和一扇纱窗，价值 437 元。公安机关对违法行为人给予了行政拘留的行政处罚。在这一案例中，三人共同协助，屡次用石头砸陈某某家的窗户，故意挑逗他人，无事生非，属于法律上的寻衅滋事行为。

助人为乐是中华民族的传统美德，但是为了“哥们儿义气”“两肋插刀”，则是对助人为乐、对友情的极大曲解。面对他人包括朋友的请求，我们必须保持头脑清醒，以法律和道德为标尺衡量，三思而后行，不可盲目从众，以免将“友情美酒”酿成“人生苦酒”。

四、管制刀具需“管制”

2015年3月5日晚，南京浦口区男子雷某因携带管制器具逛秦淮灯会，在夫子庙安检入口处被安检人员现场查获，因违反《治安管理处罚法》，被南京警方处以行政拘留7日的处罚。雷某携带的是一把刃长27厘米的黑色斧头，据其交代，他以为这样的斧头是演出刀具，所以拿着当玩具玩。警方认定，这把斧头属于多刃管制刀具。由此可见，我们应了解管制刀具的认定标准，否则可能会因误将管制刀具当玩具而最终触犯法律而被追责。

《治安管理处罚法》第32条作出了如下规定：“非法携带枪支、弹药或者弩、匕首等国家规定的管制器具的，处五日以下拘留，可以并处五百元以下罚款；情节较轻的，处警告或者二百元以下罚款。非法携带枪支、弹药或者弩、匕首等国家规定的管制器具进入公共场所或者公共交通工具的，处五日以上十日以下拘留，可以并处五百元以下罚款。”所谓“非法”，顾名思义，是指违反有关管制器具管理的法律、法规、规章及相关规范性文件的行为。根据公安部颁布的《管制刀具认定标准》，凡符合下列标准之一的，可以认定为管制刀具：

(1)匕首：带有刀柄、刀格和血槽，刀尖角度小于60度的单刃、双刃或多刃尖刀。

(2)三棱刮刀:具有三个刀刃的机械加工用刀具。

(3)带有自锁装置的弹簧刀(跳刀):刀身展开或弹出后,可被刀柄内的弹簧或卡锁固定自锁的折叠刀具。

(4)其他相类似的单刃、双刃、三棱尖刀:刀尖角度小于60度,刀身长度超过150毫米的各类单刃、双刃和多刃刀具。

(5)其他刀尖角度大于60度,刀身长度超过220毫米的各类单刃、双刃和多刃刀具。

未开刀刃且刀尖倒脚半径大于2.5毫米的各类武术、工艺、礼品等刀具不属于管制刀具范围。

需要注意的是,如果携带管制刀具等进入公共场所或公共交通工具的,则应加重处罚(如体育运动场、电影院、剧院、公园、商场等属于公共场所;公共交通工具有:公交、火车、轮船、民用航空器等)。如果该行为符合《刑法》规定的"情节严重",则应适用《刑法》追究刑事责任,比如经常携带、达到法律规定的数量、造成危害后果等。

青少年,尤其是男孩子们,对刀具、枪支等器具可能比较感兴趣。一方面,我们应了解管制刀具的认定标准,避免将管制刀具认为是玩具而"玩弄于股掌之间";另一方面,我们不可因任何的侥幸心理而持有这些管制刀具,小心"刀剑无情"。

五、爱护交通设施,人人有责

2007年4月15日19时许,一名旅客在乘坐一航班从呼和浩特飞往成都时,没有按照规定在飞机上关闭手机。当时坐在该乘客邻座的乘客多次劝告其关闭手机,而这名乘客不但没有关闭手机,还继续开机使用。飞机起飞后由于遇到气流在空中发生颠簸,邻座的乘客以为是对方手机没有关闭所致,马上向飞机上的警察报告。赶来的警察立即责令此人关闭手机。飞机到达西安咸阳国际机场时，此人被移交给民航陕西机场派出所处理。警方根据《治安管理处罚法》的规定，结合情节对其予以 200 元的行政罚款。

《治安管理处罚法》第 34 条规定：“盗窃、损坏、擅自移动使用中的航空设施，或者强行进入航空器驾驶舱的，处十日以上十五日以下拘留。在使用中的航空器上使用可能影响导航系统正常功能的器具、工具，不听劝阻的，处五日以下拘留或者五百元以下罚款。”其中，“使用中的航空器”是指行为发生时正处于营运状态的航空器，如正在空中飞行或已经准备完毕等待起飞的客机；“器具”“工具”是指移动电话、电子游戏机等。在此案中，行为人经人劝阻，仍然坚持自己的意愿，故意使用可能影响飞机飞行安全的手机，主观上是出于故意，因其直接威胁到航空器上人员和财产的安全及其他重大公共安全利益，所以应当予以制止和处罚。

处5日以下拘留或者500元以下罚款

除此之外,《治安管理处罚法》还规定了对妨害铁路安全运行的行为的禁止和处罚。首先,不得盗窃、损毁或者擅自移动铁路设施、设备、机车车辆配件或者安全标志。有人因为好奇或出于牟利的目的,盗窃、损毁或擅自移动铁路设施、设备、车辆配件或安全标志,如线路、桥涵、站场、电力系统、通信信号系统等,这些行为是被法律禁止的,如果后果严重,则将承担刑事责任。其次,不得在铁路线路上放置障碍物,或者故意向列车投掷物品。有的人对于在铁轨上放置石块或障碍物会导致什么后果产生好奇,于是在铁轨上放置些障碍物。殊不知,这种行为轻则会受到行政处罚,重则会被追究刑事责任,其区别的标准在于是否或足以造成危害结果。如果在铁路线上放置障碍物使得列车发生倾覆或足以使列车发生倾覆的危险,则应按照《刑法》的相关规定对行为人定罪处罚。再次,不得擅自进入铁路防护网或者火车来临时在铁路线路上行走坐卧、抢越铁路,影响行车安全。"擅自进入铁路防护网"是指行为人明知铁路防护网对于保障火车安全行车的重要性,明知其是禁止进入的,但为了个人便利,或者为了抄近路,而未经铁路工作人员许可就擅自进入其中。另外,有人出于某种目的,如自杀、劳资纠纷或者泄愤而在火车来临时,在铁路线上行走坐卧的,这一行为也必须受到行政处罚。抢越铁路,是妨害火车安全运行的最常见的类型——行为人往往心存侥幸,认为自己的速度能抢在火车到达前穿过线路,殊不知这一行为既严重危害了自己的人身安全,也对火车的行车安全造成妨害,所以,应受到法律的禁止。最后,《治安管理处罚法》还规定了,不得在铁路线路、桥梁、涵洞处挖掘坑穴、采石取沙;不得在铁路线路上私设道口或者平交过道。如果有上述妨害铁路运行安全的行为,则将受到警告、罚款或者限制人身自由的行政拘留的行政处罚;发生严重后果的,则应受刑法的规制,而不是治安管理处罚法的规制了。

六、校园暴力是违法

发生在2016年的“中关村校园欺凌事件”引起了人们的广泛关注。2016年12月9日，一篇题为《每对母子都是生死之交，我要陪他向校园霸凌说NO》的文章在网上广泛传播。文章作者称，自己是一位母亲，儿子是中关村第二小学的学生，刚刚满10周岁，在学校遭遇校园欺凌。文章写道，2016年11月24日，儿子在学校厕所如厕时，两名同班男生进入厕所。其中一人堵住门口提出“我要开门看你的屁股”，另一人则将有厕纸、尿液的垃圾筐扔下来，“正砸在儿子的头上，尿和擦过屎的纸洒了他一脸一身。那两个男生见状，哈哈哈一阵嘲笑跑走了，全程不到一分钟”。事发后，她的儿子满脸污秽，哭着进行了自我清理。当日，孩子并未向老师报告。她和丈夫则在当晚得知此事。当日堵住门的男生鹏鹏（化名）身高和体重都远超儿子，长期对儿子进行骚扰，“给他起外号，嘲笑他的家庭经济状况，从上了四年级以后就开始欺负他”。另一个扔垃圾筐的男生果果（化名）则与鹏鹏是好友，经常配合鹏鹏的行动，与其共同欺负儿子。儿子在遭遇此事后出现了入睡困难、易怒、极度需要陪伴、情绪激动等症状，会因为特别小的事大哭，每天哭几次。还有几次自己躲在书桌下面。经北京市第六医院初步诊断，其子患有急性应激反应。据了解，急性应激反应即急性应激障碍（Autism Spectrum Disorder，ASD），是指在遭受到急剧、严重的精神创伤性事件后数分钟或数小时内所产生的一过性的精神障碍。①

① 参见武红利：《中关村二小校园霸凌事件　向校园暴力欺凌说NO!》，载新浪网，http://edu.sina.com.cn/zxx/2016-12-10/doc-ifxypipt0825165.shtml。

所谓“暴力”,世界卫生组织(WHO)将其定义为:“蓄意地运用躯体的力量或权力,对自身、他人、群体或社会进行威胁或伤害,造成或极有可能造成损伤、死亡、精神伤害、发育障碍或权力剥夺的行为。”我国台湾地区将英文“bullying”直译为“霸凌”。美国学者格林·迈克尔认为,校园暴力“包括在学校或学校活动中发生的具有挑衅性质和暴力性质的现象以及来自医源性政策和实践的制度性暴力,前者通常被称为人际暴力或直接暴力,后者则被称为制度暴力或间接暴力”。[①] 我国学者徐久生提出,校园暴力是指“行为人针对在校师生实施的身体上的和心理上的暴力行为,对学校财物或师生财物实施的暴力行为,以及师生对社会人士实施的暴力行为。简言之,与在校师生直接有关的暴力行为,均可界定为校园暴力”。[②] 简言之,校园暴力或校园欺凌,是指发生在校园或校园周边的,由教职员工、同学或校外人员对受害人采取的财产或人身伤害行为。

校园暴力在国外已引起广泛关注。美国校园枪击事件屡有发生,尤其是2007年弗吉尼亚理工大学发生的“特大恶性校园枪击案”令世人震惊;日本、澳大利亚等国家以及中国台湾地区,校园欺凌现

---

① Michael B. Greene, *Reducing Violence and Aggression in Schools*, Trauma, Violence & Abuse, Vol. 6, No. 3, 2005. 转引自金一斌、贺武华:《新时期校园暴力的特点及其防控研究的若干思考》,载《社会科学战线》2010年第9期。

② 徐久生:《校园暴力研究》,中国方正出版社2004年版,第5页。

象常见报端，中小学校长期存在恃强凌弱、以大欺小的暴力问题。“在丹麦、芬兰、德国、葡萄牙和英国，暴力尤其是胁迫在校园生活中司空见惯，且自 20 世纪中后期有所上升。”在法国，自 2009 年年初以来已连续发生数起校园恶性事件。在我国，近年来也有新闻报道过多起校园暴力事件。除上述“中关村校园欺凌事件”外，比较著名的还有“马加爵事件”“中国政法大学教授课堂被杀案”“浙江丽水学生杀害老师案”等。除此之外，在我们学习的环境周围，可能还发生着各种形式的校园暴力行为。

2016 年 5 月，最高人民法院对 2013～2015 年各级法院审结生效的 100 件校园暴力案件进行了梳理。其中，已满 16 周岁不满 18 周岁的高中生及职高身份的未成年被告人占比较高。159 名未成年被告人中，已满 14 周岁不满 16 周岁的被告人 55 人，占 34.59%；已满 16 周岁不满 18 周岁的被告人 104 人，占 65.41%。涉案小学生占 2.52%，初中生占 33.96%，高中生占 22.64%；职业技术学校及职业高中学生占 26.42%，参与作案的无业人员占 11.95%。在审结的犯罪行为中，针对人身的暴力伤害比例最高，其中，故意伤害罪占 57%，故意杀人罪占 6%，寻衅滋事罪占 10%，性侵、侵财犯罪各占 12%，聚众斗殴罪与绑架罪分别占 2%、1%。在校园暴力犯罪案件中，实际造成被害人重伤、死亡严重后果的比例高达 67%；轻伤占 17%，轻微伤占 16%。[①]

校园暴力的发生，既有家庭和青少年个体的因素，比如家庭暴力、家庭亲子关系疏离、家庭教育不当、青少年时期心理上容易产生叛逆等；也有学校和社会的因素，比如有的学校管理松散、片面追求

① 参见《最高人民法院关于校园暴力案件的调研报告》，载最高人民法院网 2022 年 7 月 21 日，http://www.court.gov.cn/zixun-xiangqing-21681.html。

高升学率而忽视道德教育，社会不良风气对学校的渗透，暴力视频、暴力网络游戏的影响等。

法律对校园暴力行为进行了全方位的规范：校园暴力行为如果情节轻微，致受害人轻微伤的，行为人受到的是罚款或行政拘留的行政处罚，或者承担民事侵权责任；如果情节严重，致受害人轻伤或重伤、死亡的，则应承担刑事责任。作为在校学生，首先，每个人应做到自己不欺凌他人，即不辱骂歧视他人，不恐吓他人，不结伙殴打、伤害他人，不猥亵他人等。《治安管理处罚法》规定了对侵犯人身权的6种行为的处罚。例如，打电话威胁他人人身安全的行为、发送手机短信辱骂他人从而影响他人正常生活的行为、殴打他人未造成损害后果的行为均应受到罚款或行政拘留的处罚。其次，应主动制止周围同学的暴力行为——看到或了解到同学有校园暴力行为后，应积极向学校或老师报告，以及时遏制这种违法行为。最后，应勇敢地对校园暴力说“不”——如果自己不幸成为校园暴力的对象，不应忍气吞声，而应勇敢地对校园暴力说“不”，第一时间寻求学校和家长的帮助。

七、勿以恶小而为之

俗语云“小时偷针，大时偷金”，年少时认为盗窃价值小的财物而不以为然的，容易慢慢形成盗窃的习惯，乃至成年后作出盗窃的违法或犯罪行为。

2017 年 6 月，江西乐安县公安局鳌溪派出所民警在侦查一起彩票店盗窃案的过程中，通过审讯深挖破获了未成年人系列盗窃案。2017 年 5 月 23 日 16 时许，鳌溪派出所接到王某某的报案，称其在老烟草公司对面开了家彩票店，22 日中午在店里休息，将钱包随手放在电脑主机旁，醒来后发现钱包被盗。钱包内有现金 3000 元、4 张银行卡、1 张身份证，手机还莫名收到一条支付宝现金转账信息，用手机登录支付宝，怎么都登录不进去。

民警接警后立即赶往现场，发现案发现场并没有天网监控。通过对案件进行分析研判，办案民警初步认为犯罪嫌疑人拿了王某某的身份证到营业厅办理了变更业务，重新绑定了手机号码，再通过手机转账的方式将王某某卡里的钱成功转走。办案民警随后来到乐安各营业厅调取视频监控，“功夫不负有心人”，在乐安大道一营业厅内成功调取一段犯罪嫌疑人办理业务的视频。

2017 年 5 月 25 日，办案民警在网吧检查时，发现 3 名未成年少年在上网，通过图像比对，迅速锁定其中 1 名未成年少年就是视频中的犯罪嫌疑人，遂传唤 3 人到鳌溪派出所接受调查并及时通知其监护人到场。3 名未成年少年陈某某（13 岁），乐安县罗陂乡人；彭某某（14 岁），乐安县罗陂乡人；管某某（13 岁），乐安县谷岗乡人。经讯问，陈某某供述系邓某某（16 岁）要求其拿被害人王某某的身份证到营业厅办理电话变更业务。之后，办案民警将正在学校上课的邓某某传唤至派出所接受调查。在事实面前，邓某某如实供述自己在彩票店盗窃钱包以及指使陈某某到营业厅变更王某某的电话从而盗刷王某某银行卡的事实。目前,邓某某因涉嫌盗窃罪被乐安县公安局刑事拘留。

案件到此本该告一段落,但办案民警针对陈某某、彭某某、管某某之前多次有小偷小摸的事实,再次分别对3人进行讯问。经讯问,陈某某、彭某某、管某某供述了他们2017年1~5月多次盗窃的事实。针对他们这些供述,鳌溪派出所破获盗窃案件12起。据悉,由于陈某某、彭某某、管某某未到法定年龄故不负刑事责任,已责令他们的亲属带回严加管教。

2017年8月7日,杭州市人民检察院首次在官方微信公众号"杭州检察"上发布了《2014—2016年杭州市未成年人犯罪情况白皮书》。该白皮书称,盗窃罪是杭州市未成年犯罪中排名第一的犯罪,有882人涉罪。此外,涉嫌聚众斗殴罪的有189人、寻衅滋事罪的有57人。①

盗窃行为,是指以非法占有为目的,秘密窃取金钱、财物,尚不构成刑事犯罪的行为。如果盗窃公私财物数额较大或多次盗窃,则将构成盗窃罪,适用《刑法》的规定。根据司法解释的规定,"数额较大"是指盗窃的公私财物价值在1000~3000元以上,或者虽然没有达到数额较大的标准,但实行了多次盗窃的,也将构成盗窃罪。2年内盗窃3次以上的,应当认定为"多次盗窃"。如果未达到"数额较大"或"多次盗窃"的标准,则应适用《治安管理处罚法》的规定。《治安管理处罚法》第49条规定:"盗窃、诈骗、哄抢、抢夺、敲诈勒索或者故意损毁公私财物的,处五日以上十日以下拘留,可以并处五百元以

① 参见《杭州首次发布未成年犯罪白皮书,犯罪呈现低龄化》,载搜狐新闻网2017年8月8日,https://www.sohu.com/a/163306890_678497。

下罚款;情节较重的,处十日以上十五日以下拘留,可以并处一千元以下罚款。"可见,除盗窃行为外,法律还禁止诈骗、哄抢、抢夺、敲诈勒索或故意损毁公私财物的行为。

所谓诈骗,是指以非法占有为目的,用虚构事实或者隐瞒真相的方法,骗取他人财物,尚未达到犯罪认定的数额标准的违法行为。诈骗行为,顾名思义,往往具有极大的迷惑性,表象为和平愉悦,表象之下是非法将他人财物占为己有的黑暗目的。哄抢,表现为趁乱夺取少量他人财物的行为。例如,载西瓜的卡车在公路上发生了车祸,西瓜滚落一地,路过的人趁乱进行抢拿。同样地,罪与非罪的标准也在于财物价值的大小。抢夺,是趁他人不备夺取他人财物的行为。如一个人正背着单肩包走在路上,违法人趁其不备,抢夺了单肩包。敲诈勒索,是以非法占有为目的,对财物所有人,采取威胁或要挟的方法,勒索少量公私财物,尚不构成犯罪的行为。故意毁坏公私财物的方法多种多样,主要表现为使物品部分或全部丧失其使用价值,当然,数额较大或有其他严重情节的则将构成犯罪,而不是违法。

八、好奇害死猫

“好奇害死猫”(curiosity killed the cat)是英文中一句有名的谚语——西方传说猫有 9 条命,怎么都不会死去,而最后恰恰是死于自己的好奇心。

2016 年 6 月 28 日 10 时许,任女士报警称,其 6 月 24 日 15 时 20 分在某航空公司基地服务楼 4 层东侧女卫生间如厕时发现有人偷窥。经调取案发时卫生间附近走廊、楼梯口、单位停车场、出入口、社会道路等大量监控资料,警方确定嫌疑人为该航空公司飞行员高某。6 月 30 日,北京首都国际机场公安分局依法传唤高某。经讯问,高某对其进入该航空公司基地服务楼 4 层东侧女卫生间内偷窥偷拍女性如厕的违法事实供认不讳,警方依法对侵犯他人隐私的违法行为人高某行政拘留 5 日。

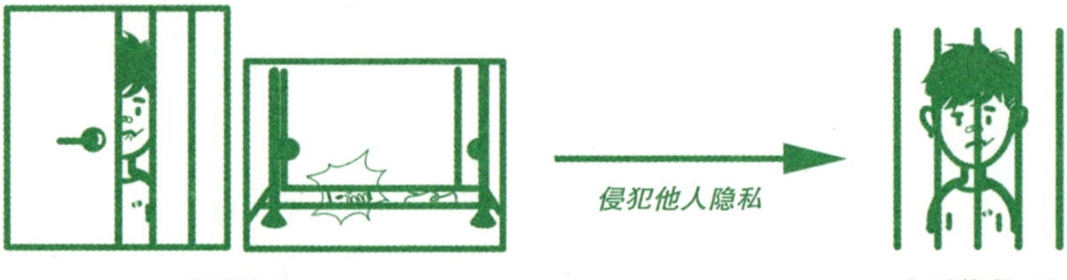

我国《宪法》规定“公民的人格尊严不受侵犯”,隐私权属于人格权的一部分,是自然人享有的私人生活安宁与私人信息秘密依法受到保护,不被他人非法侵扰、知悉、收集、利用和公开的一种人格权,而且权利主体对他人在何种程度上可以介入自己的私生活,对自己的隐私是否向他人公开以及公开的人群范围和程度等具有决定权。可见,自然人的隐私被法律保护,表现为不愿被公众知悉的个人生活秘密,当事人不愿意他人知道或他人不便于知道的个人信息或个人

事务，如情感、生活轨迹、个人信息、身体隐蔽部位、通信记录等。在此案中，如厕关系个人身体的隐私部分，属于典型的不愿被他人知晓的个人隐私事项，而高某主观上有明确的主观故意，故采取偷窥的形式严重侵犯了他人的隐私权。行为人侵犯他人隐私权的行为，一般是出于好奇，为了寻求精神刺激或满足某种扭曲的欲望。

出于好奇心，除了容易犯下侵犯他人隐私权的行为之外，还可能做出非法侵入计算机系统的行为。2015 年 3 月 18 日，徐州某药业有限公司负责人到徐州市公安局报案称，其公司的网站服务器被非法入侵，入侵者恶意篡改公司网站文件，在其网站页面添加大量赌博网站的内容，对其公司的形象及信誉造成恶劣影响。接到报案后，徐州市公安局网安支队迅速对涉案服务器进行勘验，经过对大量网站文件的对比分析，发现网站服务器部分文件被非法篡改，网站页面也被添加了大量赌博网站内容，并被植入了一个获取网站管理权限的木马。通过对木马程序进行分析，民警发现了控制木马的嫌疑人刘某。经扩线侦查，民警又发现向刘某出售网络控制权限和木马的嫌疑人牛某。后办案民警展开抓捕行动，分别于成都市和西宁市抓获刘某、牛某等 7 名犯罪嫌疑人，一举捣毁了这一涉嫌非法入侵服务器篡改网站内容的犯罪团伙。经查，牛某非法入侵他人网站服务器，然后向刘某出售网站管理权限。刘某再组织人员对网络实施入侵后在网站页面非法添加赌博内容，对网络赌博平台进行推广以牟取利益。据统计，该团伙涉嫌入侵企事业单位网站 2000 多家。自 2015 年 7 月起，公安部组织全国公安机关开展为期半年的打击整治网络违法犯罪"净网行动"。除了此案外，比较典型的还有"浙江衢州非法入侵控制计算机信息系统案""湖南长沙某电信公司网络被攻击案""安徽芜湖‘4 · 24’网银木马盗窃案”等。①

与侵入计算机系统有关的违法行为表现为:(1)违反国家规定,对计算机信息系统功能进行删除、修改、增加、干扰,造成计算机信息系统不能正常运行,如“3 · 18 徐州非法侵入计算机信息系统案”就是对网络实施入侵后在网站页面非法添加赌博内容以牟利。(2)违反国家规定,对计算机信息系统中存储、处理、传输的数据和应用程序进行删除、修改、增加。(3)故意制作、传播计算机病毒等破坏性程序,影响计算机信息系统的正常运行,即所谓的“黑客”行为。同样地,对于这一类行为,轻则适用《治安管理处罚法》给予行政拘留的行政处罚决定;重则适用《刑法》的规定,追究严厉的刑事责任。

“科学技术是第一生产力”,但同时也是一把“双刃剑”,如果利用得好,可造福于社会;如果被别有用心的人利用,则可能危害社会。计算机技术即是如此。毋庸置疑,计算机技术的发展极大地改变了人类社会,人们享受到了其带来的诸多便捷、高效和福利。但同时,也有一些“黑客”利用掌握的技术侵入计算机系统和程序以获取非法利益、危害他人与社会的利益,如 2017 年 5 月在全球爆发的“比特币病毒”,包括英国、意大利、俄罗斯、中国在内的近百个国家受到了一种名为“比特币病毒”的攻击和勒索,损失惨重。作为青少年,在掌握计算机技术或其他科学技术的同时,应时刻以道德和法律约束自己,让手中的科学技术真正造福于人类。

九、乱刻乱画也违法

随着生活水平的提高,越来越多的人选择在假期外出旅游,当我

① 参见《公安部严打网络攻击破坏等违法犯罪 通报 10 起案例》,载中国新闻网,http://www.chinanews.com/gn/2015/08-18/7474977.shtml。

们踏遍千山万水、访尽名胜古迹的时候，请记住，除了美照和文明外，什么都别留下。有的人为了留下自己的“印记”，在石碑上、在木柱上、在景点的各个地方刻下诸如“某某到此一游”一类的“豪言壮语”。

2016年10月3日上午，游客小张和男友来到八达岭长城景区游玩，她看到人群中有一对年轻情侣竟然掏出钥匙在墙砖上刻名字。两个人身后不远处，就是“禁止刻画”的指示牌，然而这对情侣好像没看见一般，在女游客刻字时，男游客还饶有兴致地拿出手机拍照。“太没素质了，别刻了，长城都让你们破坏了。”小张忙上前提醒这对情侣，但这两个人并未停手。“说你呢。”小张的男友也试图劝阻他们，对方依旧置若罔闻。无奈之下，小张拍下了该对情侣破坏长城的照片，并发到了微博上，引起了网友的强烈谴责。与其说他们在长城上刻下的是字，不如说刻下的是难以修复的伤疤和痛。

2017年8月25日央视新闻报道，在假期，越来越多的游人走入清华大学、北京大学等知名高等学府进行参观游览，却使得学校的一些名胜古迹被破坏，如清华大学礼堂南侧草坪的地标性纪念物日晷被刻字破坏，引发了众人的谴责。据了解，日晷原件已被藏入校史馆，草坪上摆放的为仿制品。尽管如此，这样的行为也应受到谴责，同时，学校也呼吁师生员工及社会各界人士文明参观。根据《清华园风物志》记载，清华大学的日晷原为圆明园遗物，是1920（庚申）级学生毕业时，献给母校的纪念物，其上部是日晷的造型，下部底座分别镌刻着1920级的铭言“行胜于言”的中文及其拉丁文原文，以及建造日期。

有人为了留下自己“印记”而“乱刻乱画”，殊不知，这些在名胜古迹上“乱刻乱画”的行为不仅有违道德，也违反了法律。《治安管理处罚法》第63条规定：“有下列行为之一的，处警告或者二百元以下罚款;情节较重的,处五日以上十日以下拘留,并处二百元以上五百元以下罚款:(一)刻划、涂污或者以其他方式故意损坏国家保护的文物、名胜古迹的;(二)违反国家规定,在文物保护单位附近进行爆破、挖掘等活动,危及文物安全的。"文物是人类在历史发展过程中保留下来的遗物、遗迹,它不可能再被重新创造。例如,具有历史、艺术、科学价值的古文化遗址、古墓葬、古建筑、碑刻、楹联等艺术品、图书资料等。名胜古迹,是指风景优美和有古代遗迹的著名地方。刻划、涂污或以其他方式故意损坏国家保护的文物、名胜古迹的行为都应承担相应的法律责任,而且只要实施了这些行为就要承担法律责任,而不要求客观上造成严重后果。

十、"黄赌毒"不可沾

青少年正处于人格的发展和形成时期,面对外界的各种诱惑,一定要保持清醒的头脑,远离涉黄、涉赌、涉毒的任何形式的行为。"黄赌毒"切不可沾,否则贻误终生。

所谓"黄",即涉黄的行为,包括如下行为:(1)卖淫、嫖娼的行为。(2)引诱、容留、介绍他人卖淫的行为。(3)传播淫秽信息的行为,具体包括制作、运输、复制、出售、出租淫秽的书刊、图片、影片、音像制品等淫秽物品或者利用计算机信息网络、电话以及其他通信工具传播淫秽信息的行为。"制作"一般表现为生产、录制、编写、翻译、绘画、印刷、刻印、摄制、冲印等行为;"运输"指利用各种交通工具,如飞机、火车、汽车、轮船等或采用随身携带的方式,将物品从一处运往另一处;"复制"常见的形式有翻印、翻拍、复印、复写,通过这些行为重复制作;"出售"包括批发和零售;"出租"指不改变物品的所有权,以收取租金获利的行为。只要有这5种行为中的任何一种,就是违反了《治安管理处罚法》,而应予以相应的行政处罚。

所谓“赌”，即赌博的行为。《治安管理处罚法》第 70 条规定：“以营利为目的，为赌博提供条件的，或者参与赌博赌资较大的，处五日以下拘留或者五百元以下罚款；情节严重的，处十日以上十五日以下拘留，并处五百元以上三千元以下罚款。”根据这一规范，涉赌的以下两种行为将受到行政处罚：(1)以营利为目的，为赌博提供条件的行为。提供赌具，如麻将、纸牌、骰子、牌九等；提供赌场，如自己的家、亲戚朋友的家、办公室、门面房等；提供赌资，如借高利贷；为赌博的人提供交通工具、食宿等。这些均符合“为赌博提供条件”的要求。(2)参与赌博赌资较大的行为。赌资如果特别巨大，则以《刑法》论处，例如，根据司法解释的规定，组织 3 人以上赌博，赌资数额累积达

到5万元的，就可以构成聚众赌博罪。需要注意的是，家庭成员、亲属之间娱乐中带有少量财物输赢的活动，是不以赌博论处的。

所谓“毒”，顾名思义，是指涉及毒品的有关违法行为。根据《治安管理处罚法》的规定，有三类相关行为将受到罚款或行政拘留的行政处罚。(1)涉及毒品原植物的行为。包括：非法种植罂粟不满500株或者其他少量毒品原植物的行为，但在成熟前自行铲除的，不予处罚；非法买卖、运输、携带、持有少量未经灭活的罂粟等毒品原植物种子或者幼苗的行为；非法运输、买卖、储存、使用少量罂粟壳的行为。(2)非法持有、向他人提供、吸食、注射毒品以及胁迫、欺骗医务人员开具麻醉药品、精神药品的行为。这里的毒品包括鸦片、海洛因、甲基苯丙胺、吗啡、大麻、可卡因以及其他国家规定管制的能够使人上瘾的麻醉药品和精神药品。首先，这里的非法持有毒品，是指违反国家的有关规定，携带、贮存或以其他方式持有少量毒品而且尚不构成犯罪的行为。其中“持有”是广义的，既包括带在自己身上，也包括将毒品隐藏在某处，或者委托他人保管。其次，向他人提供毒品是指免费提供，如果行为人通过交易向他人提供毒品，则构成贩毒罪，适用《刑法》，而不是行政法规范。再次，吸食、注射毒品的行为虽然本身不构成刑事犯罪行为，但构成违法行为。当然，如果是为了治疗疾病而在合理范围内使用吗啡等麻醉物品或精神药品的行为，则不构成违法行为。最后，胁迫、欺骗医务人员开具麻醉药品、精神药品的行为，比如胁迫或欺骗医务人员开具杜冷丁(哌替啶)的行为。(3)教唆、引诱、欺骗他人吸食、注射毒品的行为。教唆的方式有怂恿、劝说、激将等，如不断劝说他人仅仅是尝尝而已；引诱的方式有勾引、诱使、拉拢他人吸食或注射毒品的行为，如向他人描述吸食毒品的快感；欺骗即隐瞒事实真相，在他人不知情的情况下让他人吸食、注射毒品，例如，把毒品放入普通的卷烟中让不知情的人吸食。这些涉及毒品的行为均被法律禁止，青少年在成长过程中，一定要远离任何与毒品有关的行为或场所，并且应避免吸食香烟，吸烟行为既危害自己的身体也为他人提供了乘虚而入的机会。

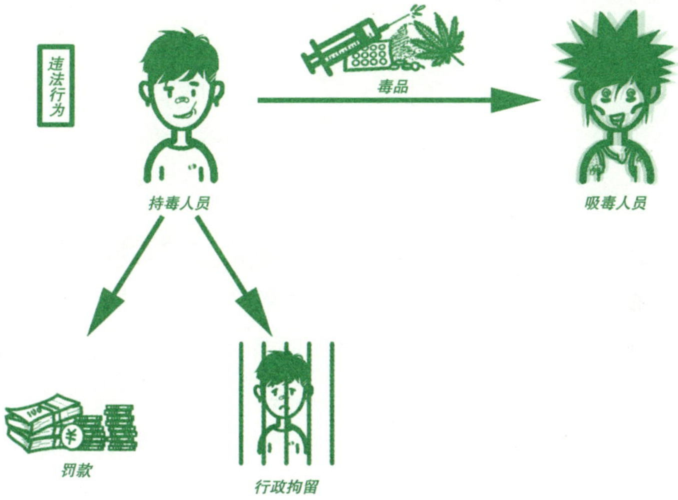

第二章　治安责任

第一节　行政处罚措施

法律与道德是人类社会的两大主要规范，二者的区别之一在于，法律的实施以国家的强制力为后盾；道德的推行更多依赖于人的自觉性与自律性。也正是二者的区别与联系，使它们相得益彰，相辅相成。“处罚”是法的强制性最直接的体现，它就像一根高高扬起的长鞭，让人们遵守法律、敬畏法律。违反了《治安管理处罚法》，可能受到的是行政处罚，相较于刑事处罚，行政处罚显得更加“慈祥”，它们的区别在于：第一，“执鞭”的主体不同。刑事处罚由国家司法机关实施，而行政处罚则由诸如公安、消防、教育、税务等行政机关实施。第二，前提不同。如果公民、法人或其他社会组织违反了行政管理法，而且程度没有严重到犯罪的话，则落下的是行政处罚之“鞭”；倘若行为构成犯罪了，迎接他们的将是刑事处罚之“鞭”。比如，前文讲到的打架斗殴、盗窃、校园暴力等行为，轻则受到行政处罚，重则被追究刑事责任。第三，处罚措施不同。刑事处罚的措施有管制、拘役、有期徒刑、无期徒刑、死刑，而行政处罚的措施则温和很多，主要有警告、罚款、没收财产和违法所得、责令停产停业、暂扣或吊销执照、行政拘留。

警告是最轻微的行政处罚措施。行政机关向违法行为人发出警戒，申明其行为是违法的，通过对其名誉、荣誉、信誉等施加影响，使之引以为戒的处罚措施。警告是一种申诫罚。罚款，是一种实施范围比较广泛、频率比较高的处罚措施，顾名思义，罚款是指行政机关强制要求违法行为人缴纳一定数额的金钱。前文所述的违法行为中，大多都有“罚款”这一处罚措施。罚款的金额从 50 元以下到上万元，根据违法行为的性质、轻重程度不等。没收财产和违法所得是行政机关把违法行为人因违法行为所获得的收益或财产予以没收的一种行政处罚措施。责令停产停业，即要求违法行为人在一定期限内停止其营业或生产活动。暂扣或吊销许可证、执照，是行政机关取消或扣留违法行为人的许可证或执照的行政处罚措施，例如，对违法驾驶的行为人吊销其驾驶执照。行政拘留是行政处罚措施中最为严厉的一种，因为它是限制违法行为人人身自由的制裁措施，行政拘留一般不超过 15 日。这些行政处罚措施从申诫罚、财产罚到人身自由罚，种类较多、措施多样，便于立法者根据行为的性质、违法情节的轻重程度、造成的社会危害等方面分别设定不同的行政处罚措施，以实现法律的最终目的。

设定或对违法行为人执行行政处罚措施并非任意而为，需遵循一些原则，这些原则就像看不见的手，指导着法律的制定与实施活动。一方面，行政处罚应遵循公正、公开的原则。这一原则意味着，作为处罚依据的法律、法规、规章等必须事先公布，执法人员进行处罚时应该表明和公开自己的身份，说明处罚的事实、理由及依据等。另一方面，行政处罚应遵循与教育相结合的原则。处罚是法律的手段或工具，并非法律的目的，所以，对于违法行为行政机关应当先行教育；对于应当处罚的，也应同时给予教育。

第二节　行政处罚的责任年龄

法律上一般将未满18周岁的人，称为未成年人。《治安管理处罚法》第12条规定："已满十四周岁不满十八周岁的人违反治安管理的，从轻或者减轻处罚；不满十四周岁的人违反治安管理的，不予处罚，但是应当责令其监护人严加管教。"可见，未满18周岁的人分为两种情况区别对待：(1)不满14周岁的人不予处罚，但应责令其监护人，比如父母、祖父母、外祖父母等进行管教。(2)已满14周岁不满18周岁的人违反治安管理的，应从轻或减轻处罚。这个年龄段的未成年人已经具备与成年人相当的理解力和判断力，因此在其从事违法行为时，应当使其承担法律责任；但同时，由于其仍然处于成长发育阶段，各方面还不是很成熟，控制自己的行为和辨别是非的能力还比较弱，因而本着教育的目的和原则，应对其从轻或减轻处罚。

这里的"已满"包括本数，"不满"不包括本数，例如，王某出生于2000年1月1日，他于2014年1月1日与人打架斗殴，行为发生时王某还不满14周岁，应免于处罚，同时要求其监护人严加管教；倘若行为发生在2014年1月2日，则属于已满14周岁，则应予以从轻或减轻处罚。从轻处罚，是指在法定的处罚种类和幅度范围内，处以较轻的处罚，如法律规定对盗窃行为应处以10日以上15日以下拘留，公安机关依照违法行为的性质和情节处以12日的行政拘留，但同时考虑行为人已满14周岁不满18周岁，最终作出处以11日的行政拘留决定。

除此之外，法律还规定了，对于完全精神病人的违法行为是不予处罚的，但应责令其监护人严加看管和治疗；间歇性的精神病人在正常时的违法行为，则应当给予处罚。盲人或聋哑人违反治安管理的，可以从轻、减轻或者不予处罚。但是，对于醉酒的人违反治安管理的，同样应当给予处罚。

违反治安管理的行为在6个月内没有被公安机关发现的，则不再处罚。如李某在2017年1月1日有违法盗窃的行为，倘若直至2017年7月1日，还未被公安机关发现，也没有被他人举报等，则李某不再被处罚。

第三节　行政处罚的救济

如果我们对公安机关作出的行政处罚决定不服，认为其处罚错误或处罚过重等，该如何寻求救济呢？法律谚语云“无救济即无权利”，意思是，如果法律对公民权利不设计保障或损害弥补的机制，则所谓的权利就是空中楼阁、水中花月，不可能转化为现实的权利。因此，无论是民法、刑法还是行政法，都规定了对公民权利的救济制度。行政处罚措施，从本质上看，是对公民权利的限制或剥夺，合法的限制或剥夺是被法律规范和认可的，违法的限制或剥夺则应给予纠正或惩罚。根据法律的规定，对违法限制或剥夺公民权利的行政处罚行为有两种救济的程序。

一是行政复议。行政复议，是一个法律上的专业术语，说得通俗一点，是指公民不服行政主体作出的行政处罚行为，认为处罚行为侵犯了其合法权益，依法向法定的行政复议机关提出复议申请，行政复议机关依法对该具体行政行为进行合法性、适当性审查,并作出行政复议决定的行政行为。“法定的复议机关”,一般是指作出处罚决定的行政主体的上一级机关。例如,王某因为乱刻乱画被 A 市 B 区公安机关作出罚款 1000 元的行政处罚决定。王某不服,认为这一处罚行为是违法的或错误的,于是,他可以在收到处罚决定书之日起的 60 日之内向 B 区公安局的上一级机关,即 A 市公安局提出复议申请,要求对这一处罚决定行为的合法性与合理性进行审查。A 市公安局根据法律的规定进行审查,可能撤销这一罚款决定行为,也可能维持 B 区公安局的处罚决定。这便是行政复议的救济程序。

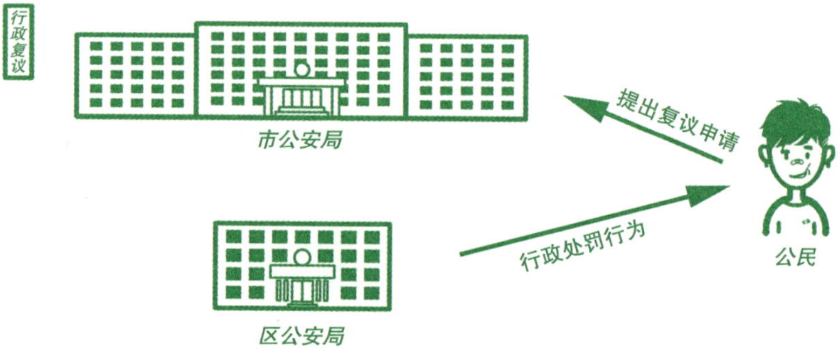

二是行政诉讼。行政诉讼,是指公民不服行政主体作出的行政处罚行为的,可以在法定期限内向有管辖权的法院申请诉讼,即老百姓所说的“上法院打官司”。公民不服行政主体行政处罚决定的,可以在行政复议和行政诉讼两种救济程序中二选一,也可以先复议再诉讼,但不能复议与诉讼同时进行。法院判决是最终、最权威的法律判断,所以诉讼后不能再提起行政复议。例如,王某对 A 市 B 区公安局罚款 1000 元的行政处罚不服,他可以在法律规定的时间内,向 B 区法院提起行政诉讼,要求法院对该行政罚款行为的合法性作出判断。

无论是行政复议还是行政诉讼，倘若该行政罚款行为被撤销或被宣告违法，则公安机关应当执行行政复议或行政诉讼的决定，即将已经收缴的罚款返还给王某，并根据《国家赔偿法》的相关规定，返回一定的利息。如果王某受到的是行政拘留 10 日的行政处罚决定，因为已经执行的拘留是不能恢复原状的，所以根据法律规定，将每日折算成金钱予以赔偿。每日的赔偿金按照国家上一年度职工日平均工资计算。

第三章　罪与罚

“有人的地方就有江湖，有江湖就有争斗，有争斗就要有规矩。规矩是不同的人和势力在江湖中以生存为筹码博弈时达成的一种共识，是一个微妙的平衡。”“不以规矩，不能成方圆”，比如游戏有游戏的规则，考试有考试的纪律，骑车有骑车的规矩，即使倒垃圾也不能随意乱倒等，否则社会将乱作一团。我们将各种违规行为称为违纪、违法。违法又可以具体分为一般违法和严重违法，严重违法就是我们通常所讲的犯罪。为了保证规则得到遵守，违反规则者，必须要受到处罚，轻则受到警告、罚款、赔偿，重则被判刑。我们可以形象地称这些规则是网，社会秩序就是靠我们共同编织的一张张口径不一的网经过筛选、过滤而形成的，被网住的就是违纪、违法行为，必须受到处罚，让其改正错误，以儆效尤。

刑法规定了那些最严重的违法行为，也就是犯罪。针对各种犯罪及犯罪的危害程度，规定的相对应的处罚措施，就是刑罚。比如抢劫他人的财产是抢劫罪，一般判处 3 年以上 10 年以下有期徒刑，如果抢劫中致人死亡，一般判处 10 年以上有期徒刑、无期徒刑或者死刑。

当然，因为人的生理与心理发展成熟度不同，不同年龄阶段应负的刑事责任也有所不同。这就引申出了刑事责任年龄的概念及相关法律条款。我国《刑法》第 17 条第 1 款、第 2 款规定：“已满十六周岁的人犯罪,应当负刑事责任。已满十四周岁不满十六周岁的人,犯故意杀人、故意伤害致人重伤或者死亡、强奸、抢劫、贩卖毒品、放火、爆炸、投放危险物质罪的,应当负刑事责任。”换句话说,在 14 ~ 16 周岁触犯的除此之外的其他罪名,不用负刑事责任。第 17 条第 3 款规定:“已满十二周岁不满十四周岁的人,犯故意杀人、故意伤害罪,致人死亡或者以特别残忍手段致人重伤造成严重残疾,情节恶劣,经最高人民检察院核准追诉的,应当负刑事责任。”这一规定将最低刑事责任年龄从 14 周岁降低到 12 周岁,不过,秉承“教育为主、惩罚为辅”的刑事政策,12 ~ 14 周岁的未成年人只对法益侵害程度极为严重的故意杀人、故意伤害行为承担刑事责任。

值得一提的是,虽然是未成年人,我们也要认清犯罪危害,远离犯罪。年龄小,不意味着实施犯罪行为后就可以不用承担后果,刑事责任之外还有民事责任,刑事惩罚之外还有社区矫正、学校惩戒、家庭教育等惩罚措施。生活在法治社会里,我们应当自觉遵纪守法,从小事做起,自觉避免沾染不良习气,防患于未然。

第一节　什么是犯罪

到底什么是犯罪?换言之,无论是盗窃罪、故意伤害罪还是失火罪,所有犯罪行为都具有哪些共同特点?这要从制定规则的目的谈起。刑法之所以规定盗窃罪、故意伤害罪等,是为了保护他人的财产权、人身权不受侵犯,侵犯他人受法律保护的权利的行为在客观上就是违法的。但是不是客观上实施了侵犯他人权利的行为就都是犯罪呢?不是的。比如,一个精神完全错乱的人拿刀砍人,即使其杀了人,也不能被认为是犯罪。因为把这种人实施的违法行为评价为犯罪,并处以刑罚,根本实现不了让其改正错误,以儆效尤的作用,所以，对这种不知道自己在干什么的人进行处罚无异于将咬人的狗送上审判台。由此可见，犯罪一定是实施违法行为的人在当时知道或者应当知道自己在干什么，且能够避免侵犯他人的合法权利和利益却没有避免，即在主观上要有责任。

总之，犯罪是在客观上侵犯了他人合法权益并且在主观上有责任的行为。

一、别人的利益别动

制定一项规则就是为了保护一定的权利或者利益，比如制定考场纪律，就是要让大家在同一标准下竞争，保证大家考试成绩的公平，实现评奖、升学等方面的公平利益。如果有人考试作弊，实际上就侵犯了其他同学的评奖、升学等利益。除此之外，将养殖鱼冒充是野生鱼而销售，侵犯了他人的财产权，可能成立诈骗罪；乘人熟睡之机，抚摸他人身体敏感部位，侵犯他人的人格权，可能成立猥亵罪；在火车站编造并大喊车站内有炸弹的行为，扰乱社会秩序，侵犯社会公众的生活安宁利益，可能成立编造虚假恐怖信息罪；抓捕较多数量的一般保护野生动物的行为，侵犯了野生动物资源这种人类共同的利益，可能成立非法狩猎罪；明知是他人盗窃的赃物而收买的行为，侵犯了司法秩序，可能成立掩饰、隐瞒犯罪所得或犯罪所得收益罪等，不一而足。每个人都想维护自己的权利，生活在安定的社会环境中，为了维护这种权益，才制定了法律，特别是刑法，更是将严重侵犯他人权益的行为作为成立犯罪的必备条件。

如果只是处分自己的权利，没有侵犯他人的权利和利益是不可能成立犯罪的，比如毁坏自己手机的行为与他人无关，是行使权利的行为，不是违法行为。但需要注意的是，当处分自己权益的行为侵犯他人的权益时，那就可能是违法行为了，比如烧毁自己的房屋可能致使他人的生命、财产受到侵害时，同样可以成立放火罪或者其他犯罪，这也是法谚“你的权利停止于他人的鼻尖”的含义。

受到法律保护的权利和利益的范围是很广的，从具体的权利来说，可以分为人身权（包括生命权、健康权、身体权、人身自由权、婚姻自由权、名誉权、姓名权等）、财产权、民主权、宗教信仰自由权等。除了权利以外，还存在对人的生活有益的客体，称为利益，如死者的名誉，对于其后人而言还是有影响的，这种客体难以称为权利，但属于利益。侵犯他人利益的行为仍然可以成立犯罪，如盗窃、侮辱、故意毁坏尸体、尸骨、骨灰罪。

我国《刑法》根据受保护的权益的类型，将犯罪分为10大类罪，分别是危害国家安全罪，危害公共安全罪，破坏社会主义市场经济秩序罪，侵犯公民人身权利、民主权利罪，侵犯财产罪，妨害社会管理秩序罪，危害国防利益罪，贪污贿赂罪，渎职罪，军人违反职责罪。

二、注意自己的行为

日常生活中撞倒别人或者发生其他纠纷后人们往往会说：我不是故意的，请您原谅。故意造成他人权益损害的行为，是明知故犯，是挑战社会道德底线，所以应受社会谴责的程度最重。比如，因不满对方车速太慢，便故意超车撞击对方造成对方车毁人伤的案件，与开车时不小心撞了对方车辆造成损害的案件，两者应受谴责的程度明显不同，显然前者更重。所以，很多人往往在事后为了逃避责任或者减轻责任，谎称是“不小心”。有一个著名的故事：古代有一个讼师（为别人打官司的人，并不是现代意义上的律师）为了给被告人开脱罪责，伺机在笔录上将被告人所说的“用刀杀人”改成“甩刀杀人”。用刀杀人是故意杀人，而甩刀造成他人死亡是过失杀人。按我国现行刑法规定，故意杀人罪最高可以判处死刑，而过失致人死亡罪最重判处 7 年有期徒刑。

值得注意的是，刑法上所讲的“故意”与日常生活用语中的“故意”还是有区别的。刑法上所讲的“故意”是指明知自己的行为可能会造成危害结果，并且希望或者放任这种危害结果的心理态度；换言之，刑法上的“故意”更侧重于对危害结果的态度，而日常生活中的“故意”一般指故意实施一定的行为，侧重于对行为的态度。例如，小张开车闯红灯，结果把在斑马线上行走的老李撞倒致死。小张是故意闯红灯，但并不希望或者放任自己开车造成他人死亡，因而我们不能在法律上说小张是故意杀人，而应当说是过失致人死亡。这也说明同一用语在法律上与日常生活中可能有不同的意思。

正因为“故意”反映了一个人对规则的有意破坏，呈现更强的敌对意识，所以刑法以规定故意犯罪为原则。虽然“过失”要么是不小心（疏忽大意）而没有意识到自己的行为可能会发生危害结果，要么是过于相信危害结果不会发生，但事与愿违，危害结果还是发生了。但是，如果当时做事再谨慎一些，是能够避免结果发生的。维护良好的社会秩序需要大家更加谨慎，而不能“疏忽大意”或者“过于自信”，所以尽管“过失”可以责难的程度相对于“故意”而言较浅，却仍然是应该受谴责的，在发生严重危害后果时，还是会被认定为故意犯罪。

有些情况下，某个行为在客观上是损害了他人的合法权益，但该行为却是无法预见或者无法避免的，此时，我们不能谴责这个引起危害结果的人。这种情况，刑法上称为意外事件和不可抗力，而不是犯罪。例如，驾驶员深夜在乡间小路上开车，路中间有一堆稻草，司机驾车驶过这一堆稻草时，车身剧烈震动，他靠边停车查看现场，发现稻草堆下面有一个散发浓重酒气的人已经被碾轧致死。在这个例子里，驾驶员无法预见稻草堆下面睡了一个人，因而无法预见自己开车驶过稻草堆的行为可能致人死亡，这就是意外事件，司机不构成犯罪。又如，甲正在用刀削苹果，乙上前与甲嬉闹，甲说“我手上有刀，危险”，一边说一边把手放下，将刀尖朝后，以防刺伤乙。乙还是搂住甲的肩膀往后推，甲站立不稳往后倒退，正好刺中走过来的丙，致丙重伤。这个案件里，对甲来说就是不可抗力，而对乙来说是过失致人重伤。

除了意外事件和不可抗力不可责难行为人以外，还有一种极端情况也是不可谴责的——虽然明知自己的行为会侵犯他人的合法权益，但当时没有选择合法行为的可能。比如，轮船沉没后两人争夺只能负载一人的木板，体强者将体弱者推开而致体弱者淹死（这个例子被称为“卡纳安德斯之板”）。可以说，将他人推开致死是故意的，但为了求生，别无选择。我们进行一下换位思考，如果我们在当时的情况下会不会也这么做呢？如果回答是肯定的，那么我们还有什么理由谴责、非难这个人不遵守规范呢？法情相融，法不强人所难，因此，在这种极特别的情形下，仍然不成立犯罪。

综上所述，犯罪一定是客观上实施了侵犯他人（包括国家、集体、个人或者单位）的合法权益，并且在主观上是具有谴责、非难可能性的行为，二者缺一不可，有人称为主客观相统一。

三、合法权利要争取

有一些行为在客观形式上损害了他人一定的合法权益，但有可能当时他人已经放弃了该合法权益，或者在满足一定条件下，行为在整体上是有益于他人或者有益于社会的，我们就不能认为是犯罪。比如医生在征得成年人同意的情况下对其抽血200cc；群众扭送小偷；民警执行命令逮捕犯罪嫌疑人；医生为了保住病人的生命，开刀切除病人破损的脾脏；砸毁他人的大门进屋灭火；将正在盗窃的小偷打成轻伤；飞机遇气流十分危险，乘务员迫不得已将乘客的行李抛弃减轻飞机载重量，以保护乘客的生命安全等。我们把这些行为称为正当化事由，不成立犯罪。现择常见正当化事由作一简要介绍。

（一）被害人同意

被害人是指自己的合法权益被他人侵害了的人。顾名思义，侵害是指未经他人同意而处分他人权益的行为。如果处分他人权益已经征得权益人同意，则无所谓侵害。比如甲告知乙说，乙的一堆家具挡住了通道，乙说家具不要了。甲遂将家具卖给了二手家具市场。乙将自己的财产权利放弃了，此时乙不再享有这些财产上的权利，因而甲卖家具的行为也就没有侵犯乙的合法权益，故不可能成立犯罪。但如果乙谎称这些家具是他的，乙说不要这些家具了，于是甲卖掉了这些家具，乙的行为则侵犯了他人的财产权，是违法犯罪行为。

成立被害人同意不仅要求允许他人处分的权益是自己的，而且还应当是能够处分的权益。像生命权、重大健康权是其他权益的基础，是不能允许他人处分的，所以允许他人杀死自己或者允许他人重伤自己的行为，都不能成立被害人同意，此时，他人的行为仍然成立故意杀人罪和故意伤害罪。

成立被害人同意还必须要求这个同意是真实有效的。理论上一般认为，未满 14 周岁的人还不能完全懂得放弃权益意味着什么，所以未满 14 周岁的人放弃自己的权益在法律上是无效的，这时的同意不是真实有效的同意，不能成立被害人同意。比如未满 14 周岁的人同意与已经满 14 周岁的人发生性行为，该行为人仍然成立强奸罪。

被害人同意还不能是事后追认。比如甲故意伤害乙致其轻伤，事后，甲的父母亲通过赔偿等方式得到乙的原谅。甲仍然成立故意伤害罪。如果允许被害人事后同意，那么认定犯罪、惩治犯罪的国家权力将成为私权，惩治犯罪将成为一句空话。当然凡事也有例外，也有少数犯罪如侵占罪等可由被害人本人决定是否起诉追究被告人的刑事责任。

（二）正当防卫

《刑法》第 20 条规定：为了使国家、公共利益、本人或者他人的人身、财产和其他权利免受正在进行的不法侵害，而采取的制止不法侵害的行为，对不法侵害人造成损害的，属于正当防卫，不负刑事责任。

正当防卫明显超过必要限度造成重大损害的，应当负刑事责任，但是应当减轻或者免除处罚。

对正在进行行凶、杀人、抢劫、强奸、绑架以及其他严重危及人身安全的暴力犯罪，采取防卫行为，造成不法侵害人伤亡的，不属于防卫过当，不负刑事责任。

生活中常见两人打架闹到派出所接受调查处理，常听有人说：“他先打我的，我是防卫。”言下之意，防卫是合法的，不应当受到处罚。法律确实是如此规定的吗？我们可以明确地说，老百姓还没有很好地理解正当防卫的基本要求。防卫有正当与不正当之分，只有正当防卫才是合法的，也是法律赋予公民的一项权利。

两人打架，通常都具有损害对方的目的，因而缺乏主观方面的正当性，这时不成立正当防卫。有些防卫行为在主观上是正当的，但采取的防卫手段却不正当，比如我们看到某人正在盗窃一辆电瓶车，我们能否为了保护这辆电瓶车不被偷而不顾一切将小偷打成重伤或者死亡呢？不可以，因为正当防卫虽然是公民与违法犯罪行为做斗争的权利，但权利的行使都应当受到限制，不存在无边界的权利。正当防卫是国家为了保护合法权益，制止正在发生的违法犯罪而设立的一项法律制度，所以应当以制止违法犯罪所必需为其限度。当然，这个限度很难把握，太严会打击公民防卫的积极性，太松又容易造成防卫时痛下杀手或者利用防卫达到不法目的。为此，刑法规定只要不是明显超过防卫的必要限度或者虽然明显超过必要限度但没有造成重大损害后果（也就是致人重伤或者死亡）的，在客观上都是正当的。特别是针对那些行凶、杀人、强奸、抢劫、绑架等严重危及人身安全的暴力，采取防卫行为，无论是造成不法侵害人重伤或者死亡都不属于超过限度。

很多人还习惯性地将正当防卫称为见义勇为，这是不严谨的。

见义勇为是为了保护其他人的合法权益，而正当防卫还可以是保护自己的合法权益，所以正当防卫的范围较见义勇为更广一些。

下面举几个例子，以加深对正当防卫的理解。

【案例1】张某深夜在路上行走，突然听到一阵“抓小偷、抓小偷”的呼喊声，扭头一看，甲持钢管在追赶挎着包的乙，张某趁乙靠近自己时伸出脚将乙绊倒在地致乙受伤昏迷，甲乘机取走乙身上挎着的包，还对张某说了声“谢谢”。张某报警后，警察来到现场，乙也清醒过来，说他遭遇了抢劫。张某此时才发现他误将被害人当成了小偷。张某的行为是不是正当防卫？答案是否定的。正当防卫是针对不法侵害人实施的制止违法犯罪行为，本案中张某防卫的对象是乙，不是违法犯罪分子，所以是假想的防卫。由于当时情况下，张某无法预见乙不是小偷，也就无法预见自己的行为是危害行为，当然也就无法预见自己的行为可能造成危害结果，所以该事件在主观上不存在故意和过失，是意外事件，损害后果应当由甲承担。

【案例2】余某看到武某在饭店吃“霸王餐”还殴打饭店老板，余某便上前将武某按倒在地。武某倒地后求饶，余某仍拳打武某脸部至其鼻梁骨折，后经鉴定为轻伤。余某的行为是不是正当防卫？我们认为，余某为了保护饭店老板的合法权益免受正在进行的不法侵害而将武某按倒在地的行为是正当防卫。在武某已经停止侵害的情况下，已经失去了正当防卫的必要，此时余某又将武某打伤，这不是正当防卫，而是故意伤害，因而成立故意伤害罪。

【案例 3】刘某与曹某素有恩怨，一直想教训曹某。一日刘某与孙某商量如何整治一下曹某，孙某提议由孙某刺激曹某，引起曹某打孙某，刘某再以防卫为由教训曹某。二人依计行事，曹某果然中计。曹某按捺不住心中的怒火带人殴打孙某，而事先埋伏的刘某及其众多手下人则乘机教训了曹某。刘某等人的行为是否成立正当防卫？毫无疑问，如果该行为被认定为正当防卫肯定违背大家的正义感。确实，刘某和孙某等人是披着防卫的外衣实现伤害的非法目的，不具有主观上的正当性，因而不是正当防卫，刘某、孙某一伙及曹某一伙的行为都是犯罪行为。

【案例 4】小张因情绪低落独自一人在江边散步，突然一个小伙子跑到她面前，亮出一把弯刀抵住小张的腰部并低声说："小姑娘，借点钱用用，别吭声，否则你的小命不保。"小张刚开始很慌张，哭着说："我是学生，身上没有钱。"小伙子厉声道："没钱，看我怎么收拾你。"小张意识到向劫匪求情无异于与虎谋皮，脑子里顿时冒出一个大胆的自救想法。小张在转移劫匪注意力的同时，趁机将劫匪推下江，劫匪在向江里倒去时头部撞击江堤上尖锐的石块，当场死亡。小张的行为是否成立正当防卫？根据《刑法》的规定，小张在遭遇严重危及其人身安全的暴力犯罪时，无论采取何种手段进行防卫，都是正当防卫。我们应当为小张急中生智，利用法律武器保护自己的做法予以充分肯定。

（三）紧急避险

《刑法》第21条规定：为了使国家、公共利益、本人或者他人的人身、财产和其他权利免受正在发生的危险，不得已采取的紧急避险行为，造成损害的，不负刑事责任。

紧急避险超过必要限度造成不应有的损害的，应当负刑事责任，但是应当减轻或者免除处罚。

第1款中关于避免本人危险的规定，不适用于职务上、业务上负有特定责任的人。

趋利避害是人的本能，但趋利避害往往会损害他人的合法权益，造成利益之间的冲突。一般情况下，损害他人合法权益的行为是违法的，但在一定条件下，损害他人合法权益的行为又是必须的，即从整体上看是有益于社会，能够被多数人容许的，则应当认定是正当的，不是违法行为。例如，甲、乙、丙、丁等人承包的林地相邻，甲的林地遭遇火灾，仅对甲的林木灭火不足以防止火势扩大，所以在没有其他办法的情况下，砍伐了乙的林木形成了一道隔离带。此时砍伐乙的林木的行为牺牲了乙的财产权，但保护了丙、丁等人更大的财产权，这种牺牲就是值得的，刑法上将此种行为称为紧急避险。

由于紧急避险是以牺牲某一合法权益来保全另一合法权益的行为，如果二者权益相等，那么凭什么牺牲这个合法权益来保护那个合法权益？这显然不公平，所以，紧急避险只能牺牲较小的合法权益保全更大的合法权益。一般而言，生命权大于健康权，人身权大于财产权。但在衡量权益大小时，还是要考虑公众的价值观——我们不能接受为了保护贵重西服不被雨淋湿而抢夺衣衫褴褛的乞丐的雨伞之行为。

紧急避险的手段决定了其必须在情况紧急时才能适用的特点；换句话说，如果能够选择其他方法避免损害，就不能采取牺牲他人合法权益的避险方法。例如，遇到身材弱小赤手空拳的抢劫犯，能够正当防卫保护合法权益时，就不能破坏他人的房门躲起来避险。又如，一个人身无分文肚子很饿，可以通过乞讨寻求救助时，就不能偷他人东西吃。也就是说，只有迫不得已时才可以紧急避险。那些所谓的为了救父而绑架他人索要赎金的行为，绝对不可能成立紧急避险。

紧急避险是为了保护合法权益，否则不成立紧急避险。例如，小偷为了避免被群众抓捕而抢别人的车子逃跑的行为不是紧急避险。

紧急避险是一种在紧急情况下实施的行为，那些有法定职责的人是不能为了保护自己的合法权益而实行避险的。比如，执勤的消防队员有救火的义务，不能为避免危险而放弃救火，如果放弃救火，则可能成立犯罪。

四、共同犯罪受牵连

一人做事一人担，那么二人做事二人摊吗？对此很多人是有误解的，以为二人盗窃二人分担盗窃的责任，事实上二人违法二人共同担责。例如，甲、乙预谋入室盗窃丙的财产，甲偷了 1000 元，乙偷了 10,000 元，无论二人怎么分赃，在计算盗窃的财物数额时，甲和乙盗窃的数额都是 11,000 元。又如，甲、乙在饭店吃饭时，甲不满邻座的丙看了他一眼，便上前将丙打倒在地，并用脚踢丙的头部，乙出于“哥们儿义气”，也上去朝丙的臀部踢了几脚。丙因头部受到重击，颅脑损伤死亡。毫无疑问，甲的行为造成了丙的死亡，甲应当对丙的死亡负责，甲构成故意伤害罪（致死）。但是能否认为乙只踢了丙的臀部没有造成丙受伤，所以乙不对丙的死亡负责，乙不成立故意伤害罪（致死）？这种观点是错误的，乙和甲成立故意伤害罪（致死）的共同犯罪。

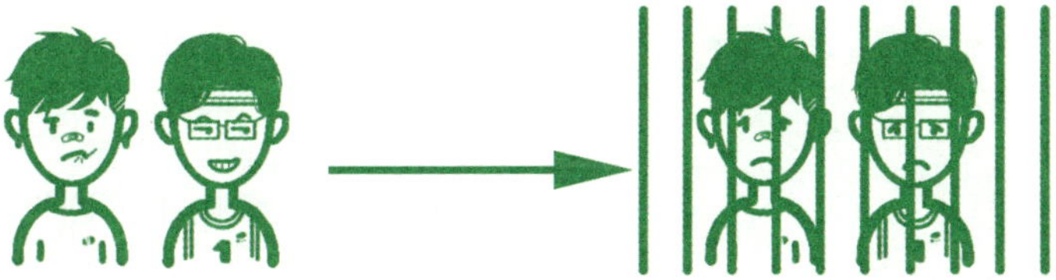

有罪同担

团结就是力量，人多力量大，这句话在刑法中也基本适用——齐心协力比单独一人犯罪更容易完成，危害也更大。所谓共同犯罪是指二人以上共同故意犯罪。实践中常见两个以上的人通过各种方法进行沟通，明确目标，分工合作，侵犯他人合法权益的情形。二人以上的行为可能直接造成某个危害后果，也可能通过帮助他人而造成危害后果，所以这些人的行为是一体的，对危害后果的发生都有因果关系,他们当然要共同承担责任。

只要有共同故意犯罪的意思,并且实施了违法行为,就成立共同犯罪。比如,甲向乙提议盗窃丙的汽车,乙表示同意,但事后乙因为害怕而未和甲一起盗窃丙的汽车,甲一人把丙的汽车偷到手。乙虽然只参与了和甲商量盗窃的行为,但这种商议行为也是违法行为,因而乙和甲一起构成盗窃罪。如果乙想减轻或者免除责任,不能单纯自己不参与后续的盗窃,而必须阻止甲盗窃。

在共同犯罪中有些人的行为对引起危害结果的作用更大,有些人可能小一些,所以在共同承担责任的前提下,在追究刑事责任时有必要分清他们在犯罪中的主次作用,作用大的面临的刑罚更重。比如,上例中踢他人头部的人可能被判处 10 年以上有期徒刑、无期徒刑或者死刑,而踢他人臀部者受到的刑罚显然要轻一些,但由于犯的是重罪,所以刑罚也不会很轻,可能判处 3 年以上 10 年以下有期徒刑。

第二节　犯罪的后果

任何违反规则的行为都应当付出代价,否则规则不可能得到执行。如果刑法仅规定"禁止杀人",却没有规定杀人的后果,那么"禁止杀人"就成为一种倡议、一种靠自觉遵守的口号,是没有效力的。制定规则时不仅要规定违反规范的后果,还要根据违规的性质、程度规定不同种类、不同惩治力度的制裁措施。就像打人,应当根据打人造成的后果,由不同的法律规定罚款、拘留、判处刑罚等处罚措施。正义观念决定了法律后果应当与违法的程度相适应。犯罪是最严重的侵犯他人合法权益的行为,带来的法律后果必然是最严厉的,我们把这种最严重的法律后果称为刑罚。正如抢劫比抢夺严重,由于不同犯罪的危害不同，所以刑罚的轻重也会不同。我国刑法规定了死刑、无期徒刑、有期徒刑、拘役、管制，还规定了罚金、没收财产和剥夺政治权利，做到了轻罪轻刑、重罪重刑。

一、死刑——剥夺生命

“杀人偿命”，是中国传统的刑罚观念，体现了朴素的正义观。故意杀人是最严重的犯罪行为，判处死刑似乎是理所当然的。然而，即使都是故意杀人案件，却可能千差万别，有的是激愤杀人，有的是预谋杀人，有的是因邻里纠纷杀人，有的是为情所困杀人，有的则是逞强斗勇杀人，有的把人杀死了，有的被害人未死，有的是直接杀人，有的是帮助自杀等。案件的差异决定了杀人行为的危害程度是不同的，有些杀人者不可谅解，有的却存在可宽恕余地，所以对故意杀人者未必都要判处死刑。但是，为了保证刑罚应有的威吓、警示作用，针对最严重的犯罪，保留死刑仍有必要。

死刑是剥夺犯罪分子生命的刑罚，亦称为生命刑，一旦用错，生命无法挽回。滥用死刑也会使社会陷于恐慌，违背国家制定法律保护合法权益、维护社会秩序、保障自由的初衷。是故，只有那些像故意杀人，严重危害国家安全那样最严重的犯罪才规定包括死刑在内的刑罚，而且，只有对那些罪行极其严重，社会无法容忍的犯罪分子才会判处死刑。另外，有些犯罪分子虽然犯了极其严重的罪行，但有自首或者重大立功或者其他可以宽恕的情节，属于“可杀可不杀”的，要坚决不杀，对这种犯罪分子可适用死刑缓期 2 年执行的制度，给予 2 年的考察期，以观后效。这就贯彻了“少杀”“慎杀”的政策，体现了刑罚的人道性。

考虑到未成年人的身心尚未完全成熟，我国刑法及其他法律都将“教育、感化、挽救”未成年人作为一项原则，对犯罪时未满 18 周岁的未成年人不得判处死刑。人道主义原则也决定了审判时怀孕的妇女不得判处死刑。

二、徒刑——剥夺自由

在诗人眼里,“生命诚可贵,爱情价更高,若为自由故,两者皆可抛”。在法学家眼中,生命的价值大于自由,没有了生命,哪还有自由。刑罚中生命刑最重,自由刑次之。自由刑就是指剥夺或者限制犯罪分子终身或者一定期限人身自由的刑罚,包括无期徒刑、有期徒刑、拘役和管制。

在这些自由刑中,刑期跨度最大、适用面最广的当属有期徒刑(6个月至15年)。如果一个人犯2个以上的罪都被判处有期徒刑的,合并处罚后有可能判处20年,甚至25年有期徒刑。

在自由刑中唯一一个限制人身自由,而不实施关押的刑罚是管制,在社区接受矫正。

需要说明的是,判处无期徒刑,并不代表这个犯罪分子一定会被终身监禁于监狱。根据服刑中的表现,其可以通过减刑提前释放,其他刑罚也同样可以减刑,有一些犯罪分子还可以附条件地提前释放(假释)。

三、财产刑——没收财产、罚金

很多犯罪分子犯罪的目的是追逐经济利益,比如,犯生产、销售伪劣产品罪,盗窃罪,走私罪,逃税罪,受贿罪等。为了打击犯罪和预防犯罪,消除再次犯罪的经济基础,当然除了要没收犯罪所得的赃款、赃物之外,还要判处罚金或者没收犯罪分子本人享有的全部或者部分财产。

四、资格限制——前途受限

犯罪的后果，不仅体现在刑罚上，还反映在其他方面，有了犯罪前科，下次犯罪处罚更重，还可能被禁止或者限制从业资格。比如，故意犯罪受到刑罚处罚的，吊销律师执业证，终身不得再从事律师职业；因为交通肇事罪、危险驾驶罪被吊销驾驶证的，5 年内不得重新取得驾驶证；曾因犯罪受过刑事处罚的，不得录用为公务员；受过刑罚处罚的，不得征集服现役（参军）等。所以犯罪的代价是很大的，千万不可以身试法。

第四章　常见罪名

刑法的立法目的是保护法益，但是，并不是所有侵犯法益的行为都会构成犯罪。一个人要构成犯罪，其实施的行为必须符合《刑法》分则规定的内容。在刑法中，有400多个罪名，每个罪名都有相应的构成要件，要正确定罪量刑，必须要掌握这些犯罪的构成要件。下面，我们将重点介绍几个常见的罪名。

第一节　侵犯人身权利的犯罪

一、故意杀人罪

（一）典故

【武松杀嫂】武松公干期间，他的大嫂潘金莲和西门庆通奸，被武大郎发现，潘金莲怕武松知道，在西门庆的教唆下，用砒霜毒死武大郎。武松回来后，为报其大哥冤死之仇，怒杀潘金莲和西门庆。

【思考】根据刑法，应当如何评价武松怒杀潘金莲和西门庆的行为？

（二）解说

上面的典故出自《水浒传》。武松一直以来都被认为是一个英雄人物，他的梁山生涯正是从杀嫂开始。很多人可能认为，潘金莲和西门庆勾结杀害武大郎，死有余辜。武松杀嫂非常解恨，都拍手称快。

然而,泄愤和报仇都不是杀人的正当理由。武松的杀人行为其实是极其严重的犯罪行为。武松杀害潘金莲和西门庆的时候,武大郎已经被毒死。那么,武松的行为不构成正当防卫,而是赤裸裸的杀人,涉嫌故意杀人罪。

(三)故意杀人罪的基本要点

1. 故意杀人罪的构成要件是非法剥夺他人生命

生命是一个人最珍贵的法益。任何无正当理由侵害他人生命的行为,都必须禁止。

人的生命,始于出生,终于死亡。那么,什么时候算是出生,什么时候算是死亡呢?根据一般观念,婴儿脱离母体可以独立呼吸的时候算是出生。至于死亡的标准,一般从三个方面进行综合观察:其一,瞳孔反射机能停止;其二,心脏跳动停止;其三,自发呼吸停止。

杀人行为的内容是剥夺他人的生命,其特点是直接或者间接作用于人的肌体,使人的生命在自然死亡时期之前终结,即提前结束他人的生命。剥夺他人生命的方式各种各样,并无定式,既可以是刀砍、斧劈、拳击、下毒等作为形式,还可以是父母应该喂养而不喂养导致婴儿死亡这样的不作为形式。鲁智深三拳打死镇关西,就是以作为形式杀人,而李靖看见他的三儿子哪吒自杀而不救助,则是以不作为的形式杀人。

杀人行为必须具有非法性。依法执行命令枪决罪犯,以及符合法定条件的正当防卫杀人等行为,阻却违法性,则不构成故意杀人罪。例如,杀手甲要杀害乙,乙奋起反击将甲捅死,属于正当防卫,不构成故意杀人罪。但是,被害人承诺、大义灭亲等情形都不是阻却故意杀人罪的正当理由。例如,甲因为失恋想自杀,但因为胆子小而不敢亲自动手,便委托乙将其活埋。乙如果答应并活埋甲,就会构成故意杀人罪。又如,甲整天在村里横行霸道,欺压村民。甲的父亲乙为了不让甲继续危害乡里,便趁着乙熟睡的时候将其杀害。乙在道德上是大义灭亲,但仍然构成故意杀人罪。

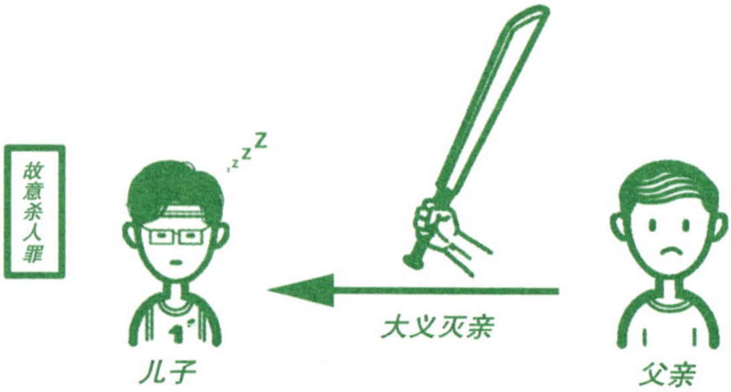

2. 故意杀人罪的主观要件是故意

刑法中的罪过形式,分为故意和过失两类。犯故意杀人罪,主观上必须对剥夺他人生命的危害结果有故意态度。也就是说,明知自己的行为会造成他人死亡的结果,并且希望或者放任这种结果的发生。例如,甲为逃避警察追捕开车冲向人群,甲明知这样的冲撞行为会造成行人死亡,仍然放任这个结果发生,那么,甲就应该有杀人的故意。但是,如果甲驾车闯红灯,未料到会撞到行人,则对于交通事故的发生甲不存在故意。

3. 故意杀人罪的特殊情形

(1)根据《刑法》的规定,一些特殊情形下,即使行为人对他人的死亡结果不具有故意态度,也可能构成故意杀人罪。具体如,非法拘禁使用暴力致人死亡、刑讯逼供或者暴力取证致人死亡、虐待被监管人致人死亡、聚众"打砸抢"致人死亡、聚众斗殴致人死亡等,即使行为人对死亡结果有过失的,也可认定为故意杀人罪。

(2)未经本人同意摘取其器官、摘取不满 18 周岁的人的器官,或者强迫、欺骗他人捐献器官，致人死亡或者具有致人死亡危险的，应当认定为故意杀人罪。

(3)自杀本身不构成犯罪，但引起、促成自杀的行为可能构成故意杀人罪。具体情形如下。

其一，相约自杀可能构成故意杀人罪。2人以上相互约定自愿共同自杀的行为是相约自杀。如果相约双方都自杀身亡，就不存在犯罪问题。如果相约双方各自实施自杀行为，其中一方死亡，另一方未得逞，未得逞一方也不构成犯罪。如果相约自杀，由其中一方杀死对方，继而自杀未得逞的，应当以故意杀人罪论处。例如，甲和乙相约用烧炭的方式自杀，甲和乙共同准备木炭、密封门窗以及点火，最终甲死亡而乙未死亡，则乙构成故意杀人罪。这是因为，乙参与动手剥夺甲的生命，即使乙的行为同时在剥夺自己的生命，也不会妨碍其行为的违法性。

其二，教唆、帮助自杀构成故意杀人罪。唆使本来没有自杀意愿的人实施自杀行为，是教唆自杀。对意欲自杀的人提供精神上或者物质上的帮助，是帮助自杀。很多国家的刑法规定了自杀参与罪，以便对教唆、帮助自杀的行为进行惩处。我国刑法并没有类似规定，但是，这并不意味着教唆、帮助自杀的行为在我国不受处罚。根据司法实践，教唆、帮助自杀会直接构成故意杀人罪。例如，甲受到病症的反复折磨，便委托其孙女乙提供毒药，以求一死，乙给甲提供了毒药，甲服毒后死亡。乙被判故意杀人罪。

4.故意杀人罪的刑事责任

根据《刑法》第232条的规定，故意杀人的，处死刑、无期徒刑或者10年以上有期徒刑；情节较轻的，处3年以上10年以下有期徒刑。

二、故意伤害罪

（一）典故

【以牙还牙】明朝时，有一个商人看上了一位美若天仙的歌妓，知道她只卖唱不卖身后，对她很尊重。歌妓对他也有好感，并希望他替她赎身，并以身相许。商人说婚姻大事应回家通告家父家母，并许诺来娶她。

商人临走时赠给她好多财宝，她拒绝了，并说，“我爱你不爱你的财，你将来无论变成什么，我依旧是你的人。你是乞丐，我就是乞妇”，还对商人说，“我要你一颗牙，因为牙齿是你本身的，回家痛了就会想起我了”，商人听了觉得她太有个性了，心想拔一颗牙有什么了不起，就找了个牙医，拔了一颗送给她，就回家了。

商人回家后，就向父母提了这桩婚事，开始家人不同意，后来听商人说她洁身自好，不贪恋钱财，还提了拔牙之事。商人的家人听后，深受感动，并认为她不容易，就答应了。

商人又将此事告诉了朋友，这时有一个朋友说，这年头，虽然她这么说，谁知道她是真心还是随口说说呢？商人想了之后也觉得有道理，就和朋友商量，朋友说：“既然她说你变成乞丐，她愿成乞妇，那你就变成乞丐，试试她。”于是商人就照办了。商人扮成了一个乞丐来到了歌妓居住处，鸨母见他一副穷样，说：“都成了这样，还来干什么？”后来因为商人迟迟不走，鸨母就容许他见歌妓一面。歌妓看到了商人，没有表达什么意思，很冷淡，自己做自己的事，商人见后大失所望，说：“以前你说过我成了乞丐，你就是乞妇，怎么连句安慰的话都不说呢？”歌妓笑了笑说：“你太当真了，你看你这样，自己都这么难了，我怎么能和你过。”商人说：“牙齿是父母所赐，你还给我吧。”歌妓捧出了一个盒子说：“自己去找吧，哪一颗是你的。”商人一看，盒子中全是牙齿，气得脸都青了。

商人来到牙医面前，诉说他的遭遇，并指责牙医为什么拔了那么多人的牙，牙医为他想了一招，说："她有牙酸病，此时正是樱桃上市，她现在与太守好上了，你假称太守意愿，送她樱桃吃。"

话说歌妓吃了樱桃，满嘴的牙疼痛难忍，找到了牙医，牙医对她说，她口中有颗坏牙，并趁她不注意给拔了。事后，歌妓发觉不对劲，又重新找牙医，说："给我看看我的那颗牙。"牙医说："坏牙有啥好看，已送给我一好友了，他说你欠他一颗牙，我替你还了人情了。"歌妓一听，灰溜溜地走了。

【思考】根据刑法，如何评价牙医巧取歌妓牙齿的行为？

（二）解说

在上面的典故中，歌妓欺骗商人的感情，且害得商人少了颗牙齿，着实可恶。从一般的情感上看，牙医拔刀相助，帮他的商人朋友骗取了歌妓的牙齿，表现出了义气和智慧，不少人可能会拍手称快。但是，牙医明知道歌妓有牙酸病，仍通过樱桃引发歌妓的牙痛症状，并欺骗歌妓有坏牙，从而趁歌妓不注意将牙齿拔掉，这一连串的行为实际上已经伤害了歌妓的身体完整权。而且，此行为是牙医有意为之，所以，牙医的行为已经涉嫌故意伤害罪。有同学可能会问：歌妓不是也骗了商人的牙齿吗，那么，歌妓是否也会构成故意伤害罪呢？一般来讲，答案是否定的。在刑法中，欺骗有不同的类型。有的欺骗使被害人对法益的相关事项发生认识错误，这个时候被害人做出的承诺是无效的，伤害行为也就是违法的。但是，如果被害人对法益相关事项并无认识错误，只是在一般动机上发生错误，那么，承诺仍然有效。在上面的典故中，歌妓以为自己有坏牙，但其实她的牙齿并不是坏的，那么，歌妓对她自己的牙齿利益发生认识错误，从而导致拔牙的承诺无效。因此，牙医的拔牙行为是违法的伤害行为。与此相对,商人明知道自己的牙齿是好的,只不过听信了歌妓的花言巧语,便将牙齿送给歌妓,所以,商人对自己的牙齿利益没有发生认识错误,承诺有效,故歌妓不必对商人的拔牙行为负刑事责任。

(三)故意伤害罪的基本要点

1. 本罪的构成要件内容是伤害他人身体健康

身体健康包括身体的完整以及身体机能的正常。打瞎别人的眼睛、打断别人的腿等破坏他人身体完整性的行为固然是伤害;通过恐吓使他人精神失常、通过毒药将人毒哑、通过声音震聋他人耳朵等行为也属于伤害。

自己伤害自己的行为不构成本罪。但是,如果利用他人的错误认识或者恐惧心理压制他人的自由意志,从而引起他人的自伤行为,可以构成本罪。例如,甲欺骗乙说乙患有严重肾病,然后经乙同意将其“坏肾”摘出,甲构成故意伤害罪。又如,甲要挟乙自断一臂,否则会杀了乙,乙无奈之下砍掉了自己的手臂,甲构成故意伤害罪。

伤害结果的程度,由有关机关进行鉴定。伤害分为重伤和轻伤。所谓重伤,是指使人肢体残废或毁人容貌,使人丧失听觉、视觉或其他器官机能,或者其他对于人体健康有重大伤害的损害。所谓轻伤,是指物理、化学及生物等各种外界原因作用于人体,造成组织、器官的一定程度的损害或者部分功能障碍。在刑事案件中,造成重伤的故意伤害行为会受到比轻伤的情形更为严厉的处罚。

2. 本罪的主观要件是故意

成立故意伤害罪要求行为人具有伤害的故意，即对伤害结果具有认识和希望或者放任的态度。如果行为人没有伤害的故意，即使造成伤害结果，也不构成故意伤害罪。例如，甲与乙吵架，便推了乙一下，乙往后退的过程中踩到香蕉皮而摔伤。此时，一般不能认定甲构成故意伤害罪。

在通常情况下，故意伤害的行为人对于伤害行为会给被害人造成什么样的伤害，事先未必有明确的认识。这个时候，可以认为行为人有概括的伤害故意。如果被害人受到轻伤，可以认定轻伤故意；如果被害人受到重伤，可以认定重伤故意。例如，甲与乙吵架，甲为了教训乙便猛地一拳打向乙的鼻梁，乙被打中摔成重伤，此时甲构成故意伤害罪，对重伤结果负责。

3. 本罪的处罚

根据《刑法》第 234 条的规定，故意伤害他人身体的，处 3 年以下有期徒刑、拘役或者管制；致人重伤的，处 3 年以上 10 年以下有期徒刑；致人死亡或者以特别残忍手段致人重伤造成严重残疾的，处 10 年以上有期徒刑、无期徒刑或者死刑。

三、过失致人死亡、过失致人重伤罪

（一）典故

【赶路杀父】有一位老先生因妻子过世，和儿子相依为命。家境贫穷的他，觉得在世间过得非常艰苦，便有了出家的念头。于是老先生带着儿子一同前往精舍，请求佛陀为其剃度，佛陀怜悯他们的处境便应允了他们的请求。出家后，这位老先生成为比丘，儿子则因年纪还小成为沙弥，从此两人一同外出托钵乞食，傍晚再回到僧团。一天，老比丘和沙弥去了一个较偏远的村庄托钵，回程时因路途遥远，暮色低垂，小沙弥担心半路会遇到毒蛇猛兽，于是急急忙忙半扶半推，催促着老比丘赶路。但是固执的老比丘不肯加快脚步，沙弥一不小心用力过猛，便将父亲推倒在地上，当下老比丘就死了。

【思考】根据刑法，应当如何评价小沙弥的行为？

（二）解说

上述的典故是一个令人唏嘘的故事。小沙弥是一位孝子，因为担心父亲遇到危险而催父亲赶路，不小心造成父亲死亡。当别人责难小沙弥的时候，他辩解说他并无恶意。这也是我们现在很多人对自己造成的错误给出的第一反应。但是，“我不是有意的”“我并无恶意”等都不是免责的借口。每个人都生活在与别人相互关联的社会之中，所以，在实施特定行为的时候，就必须考虑是否会侵害别人的利益。如果不关心别人，肆意妄为，就可能引起不必要的损害。犯罪的主观因素不仅包括故意，还包括过失。小沙弥不注意别人的生命安全而做出莽撞的举动，导致他人死亡的结果，很可能会构成过失致人死亡罪。

（三）过失致人死亡罪、过失致人重伤罪的基本要点

1. 过失致人死亡罪

该罪是指过失行为造成他人死亡结果的行为。其构成要件为实施了致人死亡的行为，并且已经造成死亡结果；主观要件是过失，行为人对自己的行为造成他人的死亡结果具有预见可能性，或者已经预见他人的死亡危险而轻信能够避免。

2. 过失致人重伤罪

该罪是指过失伤害他人身体，致人重伤的行为。过失造成轻伤的，不构成本罪。行为人有轻伤故意，但是由于过失造成他人重伤的情形，应当认定为故意伤害罪。如果过失行为当场致人重伤，但因抢救无效死亡的，构成过失致人死亡罪。

3. 过失致人死亡罪和过失致人重伤罪的处罚

根据《刑法》第 233 条的规定，过失致人死亡的，处 3 年以上 7 年以下有期徒刑；情节较轻的，处 3 年以下有期徒刑。

根据《刑法》第 235 条的规定，过失伤害他人致人重伤的，处 3 年以下有期徒刑或者拘役。

四、强奸罪

（一）典故

【慰安妇】慰安妇，是日本军队在第二次世界大战期间强征（中韩历史学者认为主要是通过诱骗和强迫）的随军性奴隶。大部分慰安妇来自中国、朝鲜半岛、日本本土，也有许多来自东南亚、荷兰等地，其中在日本本土召集的慰安妇又被称为“女子挺身队”。

1996 年联合国曾就日军慰安妇问题出台报告，将慰安妇制度认定为性奴隶制度。2012 年 12 月 6 日，中国历史学者在举行的《南京

大屠杀全史》出版发布会上提出，应将日军在侵华战争中强征的中国、朝鲜等国的“慰安妇”改称为“性奴隶”。

2015年12月28日，时任日本首相安倍晋三就慰安妇问题向韩国道歉。2016年5月31日，来自中国、韩国等11个国家和地区的民间组织再次发起“慰安妇”资料申请“世界记忆名录”遗产登记的活动。

【思考】根据刑法，对于日本军队强征慰安妇的行为应当如何评价？

（二）解说

慰安妇是日军侵华时的重大受害者。她们被侵害的主要权利之一是性的自己决定权。日军违背她们的意愿，强行与其发生性关系，有的慰安妇甚至被折磨致死。按照我国刑法的规定，日军强征慰安妇且违背她们的意愿奸淫她们的行为构成强奸罪。该罪是极其严重的犯罪行为，有可能被判死刑。

（三）强奸罪的基本要点

强奸罪分为两种类型：一是普通强奸，即使用暴力、胁迫或者其他手段，强行与妇女性交的行为；二是奸淫幼女，即与不满14周岁的幼女性交的行为。

1. 普通强奸

普通强奸的构成要件是采用暴力、胁迫或者其他手段，强行与妇女性交。这里的“妇女”，包括14周岁以上的一切女性。其中的手段，并无特别形式的限制，包括暴力、胁迫或者其他手段，只要足以压制妇女反抗即算。暴力手段，是指对被害妇女行使有形暴力的手段，即直接对被害妇女采取殴打、捆绑、堵嘴、掐脖子、按倒等危害人身安全或者人身自由，使妇女不能反抗的手段。胁迫手段，是指为了使被害妇女产生恐惧心理,而吓唬妇女,使其不敢反抗的行为。其他手段,包括用酒灌醉、用药物麻醉等使妇女不知反抗、不敢反抗或者不能反抗的手段。

违背妇女意愿,是指违背妇女不想实施性行为或者不想在特定情境(特定场所、特定手段等)下实施性行为的意愿。例如,妇女甲不想和乙发生性关系,而乙强行与甲发生性关系,乙的行为就违背了甲的意愿。又如,即使妇女甲本来想和乙发生性关系,但不希望在公共场所发生性关系,但乙偏偏要在公共场所与甲发生性关系,乙也构成强奸罪。再如,妇女甲愿意和乙发生性关系,但要求乙使用安全套,但是乙不愿意,直接奸淫了甲,这也违背了甲的意愿。

2. 奸淫幼女

奸淫幼女与普通强奸的区别主要体现在以下方面:首先,奸淫幼女的对象是未满 14 周岁的女性。这里的年龄是法律规定的硬性界限,不能根据幼女的发育情况改变。其次,无论幼女是否愿意发生性关系,都不影响强奸罪的成立——即使幼女愿意发生性关系,这种性行为也是被刑法禁止的。最后,行为人知道对方是幼女。一般来讲,只要跟幼女发生性关系,就可以推定行为人知道对方是幼女。但是,行为人确实不知对方不满14周岁的，不构成奸淫幼女罪。

3. 本罪的处罚

《刑法》第236条规定，以暴力、胁迫或者其他手段强奸妇女的，处3年以上10年以下有期徒刑。奸淫不满14周岁的幼女的，以强奸论，从重处罚。强奸妇女、奸淫幼女，有下列情形之一的，处10年以上有期徒刑、无期徒刑或者死刑：(1)强奸妇女、奸淫幼女情节恶劣的；(2)强奸妇女、奸淫幼女多人的；(3)在公共场所当众强奸妇女、奸淫幼女的；(4)二人以上轮奸的；(5)奸淫不满10周岁的幼女或者造成幼女伤害的；(6)致使被害人重伤、死亡或者造成其他严重后果的。

五、非法拘禁罪

(一)典故

【牛郎盗衣】传说天上有个织女星，还有一个牵牛星。织女和牵牛情投意合，心心相印。可是，天条律令是不允许私自相恋的。织女是王母的女儿，王母将牵牛贬下凡尘，令织女不停地织云锦以作惩罚。

织女的工作，便是用一种神奇的丝在织布机上织出层层叠叠的美丽的云彩，并随时间和季节的不同变幻它们的颜色，称为"天衣"。自从牵牛被贬之后，织女常常以泪洗面，愁眉不展地思念牵牛。她坐在织布机旁不停地织着美丽的云锦以期王母大发慈悲，让牵牛早日返回天界。

一天，几个仙女恳求王母想去人间碧莲池一游，王母心情正好，便答应了她们。她们见织女终日苦闷，便一起向王母求情让织女共同前往，王母也心疼受惩罚的女儿，便令她们速去速归。

话说牵牛被贬下凡之后，出生在一个农民家中，取名叫牛郎。后来父母去世，他便跟着哥嫂度日。哥嫂待牛郎非常刻薄，要与他分家，只给了他一头老牛和一辆破车，就这样，便和牛郎分家了。

此后，牛郎和老牛相依为命，他们在荒地上开垦农田，耕田种地，盖房屋。一两年后，他们营造出一个小小的家，勉强可以糊口度日。可是，除了那头不会说话的老牛以外，冷清清的家只有牛郎一个人，日子过得相当寂寞。然而牛郎并不知道，那头老牛原是天上的金牛星。

这一天，老牛突然开口说话了，它对牛郎说："牛郎，今天你去碧莲池一趟，那儿有些仙女在洗澡，你把那件红色的仙衣藏起来，穿红仙衣的仙女就会成为你的妻子。"牛郎见老牛口吐人言，又奇怪又高兴，便问道："牛大哥，你真会说话吗？你说的是真的吗？"老牛点了点头，之后牛郎便悄悄躲在碧莲池旁的芦苇里，等候仙女们的来临。

不一会儿，仙女们果然翩翩飘至，脱下轻罗衣裳，纵身跃入清流。牛郎便从芦苇里跑出来，拿走了红色的仙衣。仙女们见有人来了，忙乱纷纷地穿上自己的衣裳，像飞鸟般地飞走了，只剩下那个因没有衣服无法逃走的仙女，她正是织女。织女见自己的仙衣被一个小伙子抢走，又羞又急，却又无可奈何。这时，牛郎走上前来对她说，要她答应做他妻子，他才能还给她衣裳。织女定睛一看，才知道牛郎便是自己日思夜想的牵牛，便害羞地答应了他。这样，织女便做了牛郎的妻子。

【思考】根据刑法，对于牛郎的行为应当如何评价？

（二）解说

牛郎织女的故事一直以来在人们心目中都是爱情的典范。两人鹊桥相会的传说也缔造了中国的情人节。但是，如果将这一故事放到现实中，牛郎的行为可能违反了法律。牛郎将织女的衣服藏起来，导致织女因为羞耻心而无法离开碧莲池，也就相当于限制了织女的行动自由，所以涉嫌非法拘禁罪。

（三）非法拘禁罪的基本要点

1. 非法拘禁罪的构成要件是故意非法拘禁他人或者以其他方法非法剥夺他人的人身自由。这里的“人身自由”是指现实的自由。如果甲将房间里睡着的乙关起来，但在乙醒过来之前又把门打开，则甲不属于非法拘禁。另外，被害人不需要认识到有人对自己实施了非法拘禁行为，只要意识到自己的自由被剥夺即成立非法拘禁。例如，司机甲对乘客乙谎称车辆刹车系统出问题，一直不停车，乙信以为真。此时，乙没有认识到甲非法拘禁自己，但意识到自己的人身自由受到限制的事实（不能下车），所以仍然可以认为乙的人身自由受到侵犯。

非法拘禁的行为既可以是直接拘束身体的行为，如捆绑，也可以是间接剥夺身体活动自由的行为，如将人监禁于一定的场所。剥夺人身自由的方法既可以是有形的，也可以是无形的。例如，甲将妇女乙洗澡时的换洗衣服拿走，使其基于羞耻心而无法走出浴室的行为就是无形的方法。另外，剥夺人身自由的行为必须是非法行为。如果是司法机关根据法律规定对有犯罪事实和重大嫌疑的人依法采取限制人身自由的强制措施的行为，则不具有非法性，当然也不可能构成非法拘禁罪。例如，民警甲看见乙正在抢劫，便上前将其制服并且按照法定程序拘留和逮捕，甲不会构成非法拘禁罪。但是，如果甲发现不应拘留和逮捕乙，仍然不予释放，继续羁押，则是故意实施违法拘禁行为，可以构成非法拘禁罪。

2. 本罪的主观要件是故意，即行为人明知自己的行为会发生剥夺他人身体自由权利的结果，并希望或者放任这种结果的发生。

3. 本罪的处罚。根据《刑法》第 238 条的规定，非法拘禁他人或者以其他方法非法剥夺他人人身自由的，处 3 年以下有期徒刑、拘役、管制或者剥夺政治权利。具有殴打、侮辱情节的,从重处罚。犯前款罪,致人重伤的,处3年以上10年以下有期徒刑;致人死亡的,处10年以上有期徒刑。使用暴力致人伤残、死亡的,依照故意伤害罪、故意杀人罪的规定定罪处罚。为索取债务非法扣押、拘禁他人的,依照前两款的规定处罚。国家机关工作人员利用职权犯前3款罪的,依照前3款的规定从重处罚。

六、拐卖妇女、儿童罪

(一)典故

【翠仙避险】《聊斋》中有一个人物叫云翠仙,她的母亲随随便便地就把她嫁给了一个市井无赖梁有才。因为翠仙家里有钱,给的嫁妆不少。梁有才从此坐享温饱,每日招呼一些无赖饮酒、赌博,还偷妻子的首饰去赌。翠仙多次劝阻,梁有才不但不听,还很不耐烦。翠仙无法,只好天天守着箱子,像防贼一样。一天,赌徒们敲门找梁有才,看见了云翠仙,非常吃惊,劝梁有才将云翠仙卖掉换银子。梁有才同意了,便托宦官把妻子卖给官府的妓院。宦官亲自来看人,见了云翠仙,非常高兴,怕不能到手,便立下字据,支了800串钱,事情就办成了。翠仙佯装同意,但提出临走前回娘家一趟。回到家后,翠仙将梁有才的恶行告知母亲。翠仙的家里人得知实情后将梁有才毒打一顿,赶了出去。

【思考】根据刑法,对于梁有才的行为应当如何评价?

(二)解说

在上面的故事中,梁有才将自己的妻子出卖,非常无耻。这种行为除了应当受到道德谴责外,还会触犯刑法中的拐卖妇女罪。云翠仙并不愿意将自己出卖,而梁有才不由分说就找来买家并签下合同,实际上是拐卖云翠仙。拐卖妇女罪在我国是非常严重的罪名，犯罪人有可能被判处死刑。

（三）拐卖妇女、儿童罪的基本要点

1. 本罪的构成要件是拐骗、绑架、收买、贩卖、接送、中转妇女、儿童。本罪是选择性罪名，可分解为拐卖妇女罪和拐卖儿童罪。如果行为人只拐卖妇女，则认定为拐卖妇女罪。如果行为人只拐卖儿童，则认定为拐卖儿童罪。如果行为人既拐卖妇女，又拐卖儿童，则认定为拐卖妇女、儿童罪。这里的妇女、儿童不限国籍。妇女包括两性畸形人，但不包括人妖。儿童是指不满 14 周岁的人群。出卖捡拾的婴儿或者亲生子女，均构成拐卖儿童罪。例如，甲和乙是夫妻，因不务正业而生活困窘。他们想了个生财之道，就是生孩子然后出卖给别人。他们连续生了 5 个孩子，均卖出，两人最终被判处拐卖儿童罪。

本罪的行为内容包括拐骗、绑架、收买、贩卖、接送、中转妇女儿童。拐骗是指以欺骗、利诱等方法将妇女、儿童拐走，如为了出卖而收养子女；绑架是指使用暴力、胁迫或者麻醉等方法劫持、控制妇女、儿童，如为了出卖而抢夺儿童；收买是指以出卖为目的买取妇女、儿童；贩卖是指直接出卖妇女、儿童；接送是指为拐卖妇女、儿童的罪犯接收、运送妇女、儿童；中转是指为拐卖妇女、儿童的罪犯提供中途场所或者机会。上述行为只要完成，就构成拐卖妇女、儿童罪。例如，甲为人贩子接送被拐卖的妇女乙，在控制乙的人身自由后，准备将乙出卖，但在出卖前被公安机关抓获，此时甲仍然成立拐卖妇女罪的既遂。

2. 本罪的主观要件是故意，且有出卖目的。出卖目的不等于营利目的。无论行为人是否想通过拐卖行为赚钱，只要他有出卖妇女、儿童的想法，就有出卖目的。为了报复他人而按照“一人 10 元”的价格出卖妇女、儿童的，也成立本罪。

3. 本罪的处罚。《刑法》第 240 条规定，拐卖妇女、儿童的，处 5 年以上 10 年以下有期徒刑，并处罚金。有下列情形之一的，处 10 年以上有期徒刑或者无期徒刑，并处罚金或者没收财产；情节特别严重的，处死刑，并处没收财产：(1) 拐卖妇女、儿童集团的首要分子；(2) 拐卖妇女、儿童 3 人以上的；(3) 奸淫被拐卖的妇女的；(4) 诱骗、强迫被拐卖的妇女卖淫或者将被拐卖的妇女卖给他人迫使其卖淫的；(5) 以出卖为目的，使用暴力、胁迫或者麻醉方法绑架妇女、儿童的；(6) 以出卖为目的，偷盗婴幼儿的；(7) 造成被拐卖的妇女、儿童或者其亲属重伤、死亡或者其他严重后果的；(8) 将妇女、儿童卖往境外的。

七、绑架罪

(一) 典故

【分一杯羹】在楚汉相争时期，刘邦和项羽形成对峙之势。项羽担心长期对峙下去对他不利，于是抓了刘邦的父亲，扬言刘邦不投降就杀了他父亲炖成肉羹吃。刘邦知道后跟项羽说，我们是结拜兄弟，我的父亲也就是你的父亲，如果杀了的话就分一杯羹给他。项羽后来听从项伯的劝告没有动手杀人。

【思考】根据刑法，如何评价项羽要挟刘邦的行为？

(二) 解说

在上面的故事中，项羽将刘邦的父亲抓了，并以此要挟刘邦投降。换句话说，刘邦的父亲是人质，刘邦则作为与人质相关的第三人被要求去做某一事情。以挟持人质的方式要求第三人满足特定目的的行为，符合我国刑法中绑架罪的构成要件。因此，项羽的行为涉嫌绑架罪。

（三）绑架罪的基本要点

1. 绑架罪的构成要件是使用暴力、胁迫或者麻醉方法劫持或以实力控制他人。绑架罪侵害的法益是被绑架人在本来的生活状态下的身体安全和行动自由。绑架行为的实质是使被害人处于行为人或第三人的实力支配之下，没有特定形式的限制。绑架可以通过捆绑、压制等暴力手段，也可以通过暴力胁迫他人使其不能反抗，还可以通过药物麻醉、偷盗婴儿等胁迫方式完成。绑架行为未必非得将被害人带离原来的生活场所。

2. 本罪的主观方面包括以下几点：（1）具有故意，行为人对于侵害他人身体安全与行动自由的结果，具有希望或放任态度，否则不构成绑架罪。例如，甲和乙串通，意图敲诈勒索乙的父母，便编造乙被绑架的谎话吓唬乙的父母。乙的父母因害怕孩子受伤便将钱给了甲。这个时候甲没有侵害乙身体安全和行动自由的故意，不构成绑架罪，但构成敲诈勒索罪（没有绑架的勒索）。（2）具有利用被绑架人的近亲属或者其他人对被绑架人安危的忧虑的意思，否则不构成绑架罪。例如，甲抓了乙，让乙打电话跟其父母要钱。乙跟其父母说发生交通事故急需用钱，让他们把钱打到卡上，甲拿着卡直接提款。因为甲并没有利用第三人担心被绑架人安危的意思，因而不构成绑架罪，但构成抢劫罪（直接抢了乙的钱）。（3）具有向第三人勒索财物或者满足其他不法要求的目的。一般来讲，绑架人都是以勒索财物为目的的，但是，勒索财物并非绑架罪的唯一目的。很多恐怖分子绑架人质，往往是为了达到政治上的诉求，如要求释放被关押的同伙。只要具有将他人绑架为人质的意图，即可认定绑架罪的目的因素。

3. 绑架罪的处罚。《刑法》第 239 条规定，以勒索财物为目的绑架他人的，或者绑架他人作为人质的，处 10 年以上有期徒刑或者无期徒刑，并处罚金或者没收财产；情节较轻的，处 5 年以上 10 年以下有期徒刑，并处罚金。犯绑架罪，又杀害被绑架人的，或者故意伤害被绑架人，致人重伤、死亡的，处无期徒刑或者死刑，并处没收财产。

八、侮辱罪、诽谤罪

（一）典故

【三姓家奴】在《三国演义》中张飞大骂吕布为“三姓家奴”：吕布本身姓吕，因父亲早逝，便认并州刺史丁原为义父，后杀了丁原，投降董卓，拜为义父，之后为了貂蝉，又不惜与义父反目，杀了董卓；一个生父，两个义父，吕布历经三姓，是以称“三姓”，古代讲究从一而终，讲究“忠”“孝”，像吕布这样的行为很为人不齿，家奴是比较低贱的，是以被张飞骂为“三姓家奴”。

【思考】根据刑法，如何评价张飞辱骂吕布的行为？

【武植受冤】与《水浒传》的版本不同，实际上关于武大郎的情况另有说法。大郎武植，系山东清河县武家那村人。他自幼崇文尚武，才力超群，少年得志中了进士，在山东阳谷做了知县。资助过武大郎的一位同窗好友因怀才不遇，家境日渐贫寒。于是，千里迢迢来投靠武大郎欲谋一官半职，以摆脱困境。开始，他受到盛情款待，可过了半年也没听其提及做官之事，他便认为“武大郎乃真忘恩负义之辈”，一气之下，不辞而别。在回家路上，他编写了许多谩骂讽刺武大郎的小故事、歇后语，见村贴村，逢店贴店，村村说唱，乡乡张贴，谣言惑众，极尽对武植恶意中伤污辱诋毁之能事。

另外，曾被武植治罪过的乡里恶少西门庆助纣为虐，与其同流合污，于是沿途传遍了有关武大郎的粗鄙之词，“武清官”的形象被毁于一旦。谁知，待他回到家中，武大郎早已派人送来了银钱，帮他修房盖屋，置买良田。这时，他才发现武大郎绝非知恩不报，而是不以权谋私。他赶忙返回去撕掉自己贴的纸条，但悔之晚矣，它们就像泼出去的水，再也收不回来。加上一些文人墨客的借题发挥，因而谬言一传再传。

【思考】根据刑法，如何评价武植好友以及西门庆污蔑武植的行为？

（二）解说

在“三姓家奴”的典故中，张飞辱骂吕布，似乎显得正气凛然。但是，这种行为在现代刑法中并非合法行为。无论吕布为人如何，他的人格尊严都受到法律保护。即使张飞说的是事实，其公然辱骂也贬低了社会对吕布的评价。根据我国法律,张飞的行为涉嫌侮辱罪。

在“武植受冤”的典故中,武植的好友以为武植忘恩负义,从而捏造事实丑化武植的形象,并且长期以来引发社会对武植的错误评价,已经涉嫌我国刑法中的诽谤罪。

(三)侮辱罪、诽谤罪的基本要点

1. 侮辱罪的构成要件是使用暴力或者其他方法,公然败坏他人名誉。侮辱是指对他人予以轻蔑的价值判断的表示,所表示的内容通常与他人的能力、德性、身份、身体状况等相关。即使行为人所表示的内容是众所周知的事实,但只要该内容是毁损他人名誉的事实,就属于侮辱。例如,甲知道乙有重度残疾,便到处张贴海报宣传乙是个残疾人,使乙名誉受损。甲的行为便涉嫌侮辱罪。另外,侮辱行为必须公然进行,即采用不特定或者多数人可能知道的方式对他人进行侮辱。如果行为人自己写日记侮辱别人,而不公开日记内容,则不构成侮辱罪。

2. 诽谤罪的构成要件是散布捏造的事实,足以败坏他人名誉。捏造,是指无中生有、凭空制造虚假事实。所捏造的事实,是有损对他人的社会评价的、具有某种具体内容的事实。但是,单纯的捏造行为不是本罪的实行行为,将捏造的事实予以散布,才是诽谤的实行行为。例如,甲在自己的电脑中建立文档捏造乙的犯罪事实,不构成本罪。只有将这些事实散布出去,甲才构成诽谤罪。

3. 侮辱罪和诽谤罪的处罚。根据《刑法》第 246 条的规定,犯侮辱罪、诽谤罪的,处 3 年以下有期徒刑、拘役、管制或者剥夺政治权利。犯本罪的,告诉的才处理。所谓“告诉才处理”,是指只有被害人向公安机关或者其他司法机关控告行为人的侮辱或者诽谤事实,才可以追究行为人的刑事责任。例如,在“胯下之辱”的典故中,韩信并没有向司法机关控告侮辱他的屠夫,在“武植受冤”的典故中,武植也没有控告诽谤他的朋友，那么，这些行为人都不会受到刑罚的惩处。

第二节　侵犯财产的犯罪

一、抢劫罪

（一）典故

【罗宾汉劫富济贫】在12～13世纪著名的十字军东征的时候，英格兰的理查王被俘，留在国内的约翰王子趁机篡权，并拒绝赎回理查王。而与他狼狈为奸的诺丁汉郡长也趁机强占了忠心于理查王的罗宾汉家的领地，更试图染指他的心上人玛丽安。罗宾汉被迫躲进舍伍德森林，后以此为基地，领导一支农民起义军到处劫富济贫，最终成功赎回理查王，粉碎了约翰王子等人的阴谋。

【思考】根据刑法，如何评价罗宾汉的劫富济贫行为？

（二）解说

罗宾汉是英国的传奇人物，他的事迹有多个版本。无论哪一个版本的描述，都少不了浓墨重彩地渲染罗宾汉劫富济贫的义举。从故事的可读性角度来看，劫富济贫的情节的确足够吸引人，尤其在动荡的年代中，劫富济贫往往是英雄人物的标签。但是，就纯粹的法律评价而言，罗宾汉的劫富行为则涉嫌抢劫罪。我们生活在和平的社会主义社会，贫富之间并无敌对关系，不可能因为他人富有便对其仇视，堂而皇之地劫取其财产。如果以压制他人反抗的手段劫取他人财物，就是抢劫行为，可能构成抢劫罪。

（三）抢劫罪的若干要点

1. 本罪的构成要件是：当场使用暴力、胁迫或者其他强制方法，强取公私财物。暴力、胁迫或者其他强制方法，是手段行为；强取公私财物，是目的行为。

暴力方法，是指对被害人的身体施以打击或强制，借以排除被害人反抗的行为。例如，甲为了劫取乙的财物，便趁着乙去银行提款的时候上前痛打乙一顿，将钱抢走，甲便构成抢劫罪。胁迫方法，是指以恶害内容相通告，使被害人产生恐惧心理而不敢反抗的行为。这种胁迫应达到足以压制对方反抗的程度。例如，甲将乙拉到一旁打了几个耳光，逼着乙交出100万元。甲的行为构成抢劫罪。但是，如果甲只是向乙大声一吼，乙就赶紧将身上的钱交给甲，因为甲的行为不足以压制乙的反抗，所以甲不构成抢劫罪，而可能构成敲诈勒索罪。其他方法，是指暴力、胁迫以外的造成被害人不能反抗的强制方法。例如，甲应邀进入乙的住宅后，将乙反锁在房间内，然后将其放在大厅以及其他房间的财产拿走，则甲的行为构成抢劫罪。

强取财物，是指违反被害人的意志将财物转移给自己或者第三

者占有。强取方式既可能是直接夺取,也可能是迫使被害人交付财产的间接夺取。例如,甲打晕了乙后直接拿走乙的财产,构成直接夺取财产的抢劫罪。又如,甲拿刀架在乙的脖子上,迫使乙将钱包拿出来,属于间接夺取财物的抢劫罪。强制行为与强取行为之间应当有因果关系,否则不构成抢劫罪或者抢劫罪的既遂。例如,甲将乙打晕之后拿了乙的钥匙,然后跑到距离乙 3 公里以外的住宅,用钥匙开了乙的门锁,进屋拿走乙的财产。在本案中,甲打晕乙拿走钥匙的行为,属于抢劫行为(针对钥匙)。但是,甲对乙的打击行为不可能导致乙丧失对其住宅内财产的占有,不能认定甲对乙的打击行为为针对乙住宅内的财产的抢劫行为,但可能构成盗窃罪。又如,甲抢劫银行,挟持人质乙的过程中划了乙一刀,在旁边的丙看见乙受伤,心生怜悯主动将钱给甲,让其放了乙。甲的强制行为对于丙来讲并无实质性的影响,丙只是出于怜悯之心交付财物,不算是受到胁迫,因此,甲拿到财产也不是强制行为引起的结果。但是,因为甲挟持乙的行为指向乙的财物,已经是抢劫罪的着手,在未实现目的的情况下,构成抢劫罪的未遂。

2. 抢劫罪的主观要件是故意,且要求具有非法占有目的。抢劫的故意,是指行为人明知自己的抢劫行为会发生侵犯他人人身与财产的危害结果,并且希望或者放任这种结果的发生。非法占有目的,是指行为人有排除他人占有的目的以及对他人财产有利用的意思。如果行为人只是想借用他人财物,强行夺走后又很快归还,则不构成抢劫罪。但是，如果行为人夺走财物后使财物的价值消耗殆尽，就仍然具有非法占有目的。例如，甲将乙当年的高考复习资料抢走并用于自己复习，然后等到高考结束之后将这些资料归还给乙，则甲具有非法占有目的。

3. 抢劫罪的特殊情形。根据《刑法》的规定，有两种特殊情形，可以在不符合上述构成要件的场合构成抢劫罪。其一，事后抢劫。《刑法》第 269 条规定，犯盗窃、诈骗、抢夺罪，为窝藏赃物、抗拒抓捕或者毁灭罪证而当场使用暴力或者以暴力相威胁的，依照抢劫罪定罪处罚。根据该刑法条款的规定，即使行为人不具有抢劫故意，也会构成抢劫罪。这种情形在理论上称为事后抢劫。例如，甲意图扒窃乙的钱包，乙发现后一把抓住甲，甲为了摆脱乙的纠缠，将乙打倒在地，然后逃跑。在此案中，甲对乙使用暴力的时候并不是为了取得财物，而是为了逃跑，可以说不具有抢劫故意。但是，根据《刑法》第 269 条的规定，甲为了抗拒抓捕而当场使用暴力构成抢劫罪（事后抢劫）。其二，携带凶器抢夺。《刑法》第 267 条规定，携带凶器抢夺的，依照抢劫罪定罪处罚。抢夺罪与抢劫罪在构成要件上相去甚远，前者的构成要件中的行为是对财物使用暴力,但不足以压制被害人的反抗,而后者构成要件中的暴力是对人使用暴力,足以压制被害人的反抗。但是,根据《刑法》第267条的规定,在行为人携带凶器抢夺他人财物的场合,即使其使用的暴力不足以压制被害人反抗,也应当按照抢劫罪认定。例如,甲在腰间藏着一把匕首,伺机抢夺路人的财产,发现乙的衣着光鲜,断定其肯定有钱,便冲上去瞬间将乙的提包抢走,并立即逃跑。

凶器分为两种情形,一种是性质上的凶器,另一种是方法上的凶器。2000年11月17日最高人民法院颁布的《关于审理抢劫案件具体应用法律若干问题的解释》第6条规定,携带凶器抢夺,是指行为人随身携带枪支、爆炸物、管制刀具等国家禁止个人携带的器械进行抢夺或者为了实施犯罪而携带其他器械进行抢夺的行为。根据该规定,只要行为人携带枪支等禁止性物品,又对携带这些物品的事实有认识,就是携带凶器。如上例中甲携带的匕首就属于管制刀具,所以甲属于携带凶器。但是,如果行为人携带的攻击性物品是日常的生活用品,就要考虑很多因素,包括物品的杀伤机能的高低、物品供杀伤他人使用的可能性、一般人对该物品所具有的危险感、物品被携带的可能性大小。也就是说，要综合判断行为人所携带的物品是否会成为用于犯罪的方法或者工具。例如，一个卖猪肉的商贩甲在卖完猪肉之后带着菜刀回家，看到一个有钱人乙拿着一堆现金逛街，顿时萌生歹念，便上前夺走乙手上的金钱，并拼命逃掉。在此案中，菜刀是有杀伤力的物品，但是，卖猪肉的商贩携带菜刀是正常的事情，一般人看见卖猪肉的人带着菜刀外出也不会感到恐惧。因此，甲带着的菜刀很难认定为携带凶器，对其抢夺行为一般不宜按照抢劫罪认定。

4. 抢劫罪的处罚。《刑法》第 263 条规定，以暴力、胁迫或者其他方法抢劫公私财物的，处 3 年以上 10 年以下有期徒刑，并处罚金。有下列情形之一的，处 10 年以上有期徒刑、无期徒刑或者死刑，并处罚金或者没收财产：(1)入户抢劫的；(2)在公共交通工具上抢劫的；(3)抢劫银行或者其他金融机构的；(4)多次抢劫或者抢劫数额巨大的；(5)抢劫致人重伤、死亡的；(6)冒充军警人员抢劫的；(7)持枪抢劫的；(8)抢劫军用物资或者抢险、救灾、救济物资的。

二、盗窃罪

(一)典故

【窃符救赵】魏安釐王二十年(公元前 257 年)，秦昭王已经击破了赵国的长平军，又进兵包围赵国首都。信陵公子的姐姐是赵惠文王弟弟平原君的夫人，她多次送给魏王和公子书信，向魏国求救。魏王派晋鄙将军带领十万部众援救赵国，却怕秦国报复而让军队停留在邺城安营，名义上是救赵，实际上是观望双方的态度。一个隐士，大梁夷门的守门人侯嬴向信陵君献计："我听说晋鄙的兵符常放在魏王的卧室内，而如姬最受魏王的宠幸，进出魏王的卧室，作一番努力能把兵符偷出来。我听说如姬的父亲被人杀害,如姬悬赏了三年,想求人为她父亲报仇,但没有找到。于是如姬对公子哭诉,公子派门客斩了她仇人的头,献给如姬。如姬为公子去死都在所不辞,不过没有机会罢了。公子只要一开口求她,她一定会答应。那么拿到虎符,夺过晋鄙的军权,可以向北援救赵国,向西打退秦军,这是王霸的功业啊!”公子听从了他的计策,求如姬,如姬果然盗得晋鄙的兵符给了公子。公子又听从侯生的计策,带原隐居在屠市中当屠夫的朱亥一起去。到了邺城,公子假传魏王的命令取代晋鄙。晋鄙合上兵符,仍怀疑这件事,抬头看着公子说:“我现在拥有十万军队,驻扎在边境上,这是国家的重任,现在你单车前来代替我,怎么回事?”晋鄙想不听从。朱亥拿出袖里藏着的40斤重的铁椎,打死了晋鄙,公子于是掌管了晋鄙的军队,然后挑选精兵8万人,进兵攻击秦军。秦军解围而去,于是解救了邯郸,保全了赵国。

【思考】根据刑法,应如何评价信陵君窃符救赵的行为?

(二)解说

“窃符救赵”是战国时期著名的历史典故。在这个故事中,魏军不仅成功击败秦军救援了赵国,也巩固了魏国在当时的地位。一般认为,信陵君以国家利益为重,个人生死荣辱为轻是优良品德,因而广受称颂。但是,就盗窃虎符的行为来看,显然是违背了魏王当时的

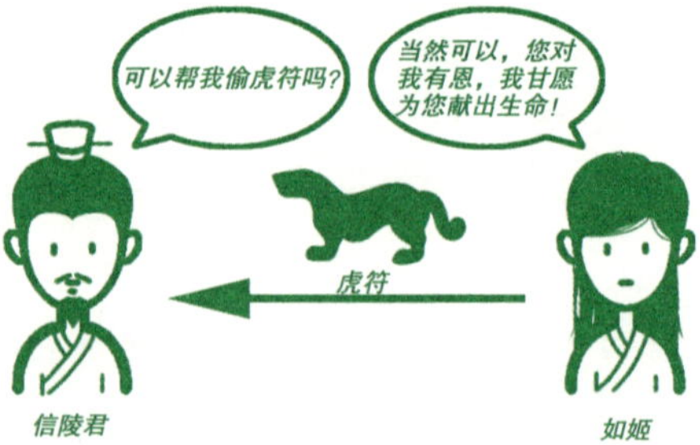

意愿。在古代，这形同谋反。当然，信陵君和如姬的行为符合魏国利益，因而从现代刑法观念来看，通常不会被认定为危害国家利益的犯罪。但是，就我国目前的刑法规定而言，违背被害人的意愿转移财物的占有，是盗窃罪的构成要件行为。因此，如姬盗窃虎符的行为，即使不构成背叛国家罪，也很可能会构成我国刑法中的盗窃罪。信陵君教唆如姬窃取虎符，则涉嫌盗窃罪的教唆。

(三)盗窃罪的基本要点

盗窃罪，是指以非法占有为目的，窃取他人占有的数额较大的财物，或者多次盗窃、入户盗窃、携带凶器盗窃、扒窃的行为。盗窃罪是案发率最高的犯罪，我国刑法在规定了抢劫罪之后就规定了盗窃罪。

1. 本罪的构成要件是窃取他人占有的数额较大的财物，或者多次盗窃、入户盗窃、携带凶器盗窃、扒窃。本罪的对象是财物，包括有体物、无体物以及财产性利益。所谓有体物，是指金钱、首饰、汽车等可移动之物。例如，甲偷偷将乙的钱包拿过来放在自己的口袋，这个行为属于盗窃。所谓无体物，是指燃气、电力等自然界存在的而不具有特定形体，通过一定的容器可以对其具有管理可能性的物。例如，《刑法》第 265 条规定，以牟利为目的，盗接他人通信线路、复制他人电信码号或者明知是盗接、复制的电信设备、设施而使用的，按照盗窃罪处罚。所谓财产性利益，是指不是物体，但在观念上他人可进行事实支配的特定利益。例如，甲破解了乙的银行密码以及 U 盾信息，将乙在银行的存款划给自己；又如，甲破解了乙的网络游戏密码，将乙在网络游戏中的武器装备转移到自己的账户中。

盗窃罪的对象必须是他人占有的财物，对于自己占有的他人财物不能成立盗窃罪。占有是指事实上的支配，不仅包括物理支配，还包括社会观念上推定的支配状态。例如，甲随身携带的钱包，是在甲物理支配下的财物。又如，甲放在家里的台式电脑，即使在甲离开家的时候，也在社会观念上推定甲在事实上可以支配该电脑。再如，甲将自行车放在公共停车点，但忘记锁车，甲在一般观念上是可以支配该自行车的，别人未经同意骑走该自行车属于盗窃。

有些时候，行为人表面上占有了某一物品，但实际上被害人并未完全丧失对该财物的支配。主要包括两种情形：其一，封缄物的占有。封缄物，是指以密封的包装进行封存的物品，如放在纸箱里的古董，纸箱用胶带密封。如果被害人将封缄物交给行为人保管，行为人只占有包装，并不占有包装里面的财物。例如，甲将装满金条的保险箱交给乙保管，乙将保险箱破坏后拿出里面的金条去卖。在此案中，乙对保险箱处于占有状态，但并未占有里面的金条，因此，乙拿金条的行为属于盗窃。其二，占有辅助。所谓占有辅助，是指表面上行为人对他人的财物已经有实际上的控制，但实际上只起到辅助被害人占有财产的作用。例如，甲委托乙帮忙搬家。甲骑自行车，乙骑三轮车运载物品。甲在前面带路，乙在后面跟着。乙在途中悄悄地掉头并拐弯，将甲的东西拿走。这个时候，虽然被害人的财物在乙的车上，但甲一路随行，并未丧失对财物的占有。也就是说，乙只是甲对财物占有的辅助人，并未真正占有财物。因此，乙拿走甲的财物的行为属于盗窃。

盗窃行为很多时候都是以秘密的方式实施，但是，秘密窃取并不是盗窃的行为要素。只要行为人违背被害人的意志转移其对财物的占有，就可能是盗窃行为。例如，甲骑自行车摔倒，不能动弹，而他的手提包摔到一米远的地方。这个时候，甲并未丧失对其手提包的占有。乙路过时，看见这个场景，上去拿甲的手提包。甲见状大声喝止。乙不理会拿起手提包就跑。在这个案件中，乙没有隐藏自己的行为，直接将甲的手提包拿走，也属于盗窃。

盗窃的行为方式多种多样，一般盗窃行为必须以“数额较大”为限定因素。那么，何为“数额较大”？根据 2013 年最高人民法院、最高人民检察院《关于办理盗窃刑事案件适用法律若干问题的解释》第1条的规定，盗窃公私财物价值1000元至3000元以上的，应当认定为“数额较大”。也就是说，盗窃价值不满1000元的财物，一般不构成盗窃罪。例如，甲盗窃了乙800元，原则上司法机关不得追究甲的刑事责任，而行政机关只能以行政违法为由对甲进行行政处罚。

《刑法》还规定了几种特殊的盗窃类型，包括多次盗窃、入户盗窃、携带凶器盗窃和扒窃。对于这些类型的盗窃行为，不需要有“数额较大”的要求。例如，甲在火车站偷拿了乙身上的钱包，里面有500元，甲可能构成盗窃罪，受到刑法的惩罚。又如，甲携带匕首去偷东西，不论数额多少，都可以构成盗窃罪。关于这些特殊盗窃类型的认定，最高人民法院、最高人民检察院《关于办理盗窃刑事案件适用法律若干问题的解释》作出如下规定：其一，2年内盗窃3次以上的，应当认定为“多次盗窃”。其二，非法进入供他人家庭生活，与外界相对隔离的住所盗窃的，应当认定为“入户盗窃”。其三，携带枪支、爆炸物、管制刀具等国家禁止个人携带的器械盗窃，或者为了实施违法犯罪携带其他足以危害他人人身安全的器械盗窃的，应当认定为“携带凶器盗窃”。其四，在公共场所或者公共交通工具上盗窃他人随身携带的财物的，应当认定为“扒窃”。

2.本罪的主观要件是故意，且具有非法占有目的。只有行为人认识到自己所窃取的是他人占有的财物，才能认定盗窃罪。误认为自己占有、所有的财物而取回的，不构成盗窃罪。例如，甲和乙拿着外形一样的提包过火车站的安检，甲将乙的提包当作自己的拿走，甲不构成盗窃罪。另外，盗窃罪的成立，要求行为人具有非法占有他人财物的目的。甲盗用他人财物，一般不构成盗窃罪。但是，对于盗用他人财物而导致财物价值遭受重大损失的情况，仍然构成盗窃罪。根据最高人民法院、最高人民检察院《关于办理盗窃刑事案件适用法律若干问题的解释》第10条的规定，偷开他人机动车的，按照下列规定处理：(1)偷开机动车，导致车辆丢失的，以盗窃罪定罪处罚；(2)为盗窃其他财物，偷开机动车作为犯罪工具使用后非法占有车辆，或者将车辆遗弃导致丢失的，被盗车辆的价值计入盗窃数额；(3)为实施其他犯罪，偷开机动车作为犯罪工具使用后非法占有车辆，或者将车辆遗弃导致丢失的，以盗窃罪和其他犯罪数罪并罚；将车辆送回未造成丢失的，按照其所实施的其他犯罪从重处罚。例如，甲为了抢劫银行而偷乙的车作为犯罪工具，甲开车在抢完银行后将车遗弃，导致该车辆丢失。甲构成抢劫罪和盗窃罪，两罪并罚。

3. 本罪的处罚。《刑法》第264条规定，盗窃公私财物，数额较大的，或者多次盗窃、入户盗窃、携带凶器盗窃、扒窃的，处3年以下有期徒刑、拘役或者管制，并处或者单处罚金；数额巨大或者有其他严重情节的，处3年以上10年以下有期徒刑，并处罚金；数额特别巨大或者有其他特别严重情节的，处10年以上有期徒刑或者无期徒刑，并处罚金或者没收财产。

三、诈骗罪

（一）典故

【完璧归赵】公元前283年，赵惠文王时期，赵国得到楚国的和氏璧。秦昭王听说这件事，派人送给赵王一封信，说愿意把15座城给赵国，请求换取和氏璧。赵王跟大将军廉颇及许多大臣商量：想把这块宝玉给秦国，又怕得不到秦国的城，白白受欺骗；想不给吧，又担心秦兵打过来。主意拿不定，想找个可以派遣去回复秦国的人，又找不到。宦官头目缪贤推荐其门客蔺相如出使。于是赵王召见蔺相如，并派蔺相如带着和氏璧向西进入秦国。

秦王坐在章台宫接见蔺相如。蔺相如捧着和氏璧呈献给秦王，但发现秦王并无割让城池的意思，便谎称和氏璧有瑕疵，要指点给秦王看，从而拿回和氏璧。拿到和氏璧后，蔺相如扬言如果秦王要骗取或强取和氏璧，他就将和氏璧撞碎在大殿上。秦王怕他撞碎和氏璧，就婉言道歉，请求他不要把和氏璧撞碎，并召唤负责的官吏察看地图，指点着说要把从这里到那里的15座城划归赵国。蔺相如估计秦王只不过是以欺诈的手段假装把城划给赵国，实际不能得到，就谎称秦王必须先斋戒5天，同时打发他的随从穿着粗布衣服，怀揣那块璧，从小道逃走，把它送回赵都。最终，秦王并没有割让15座城，而赵国仍然拥有和氏璧。

【思考】根据刑法，如何评价秦王谎称以15座城换取和氏璧的行为？

（二）解说

上述典故中，割让城池只是秦王骗取和氏璧的借口，其实秦王根本没有与赵国进行交易的打算。只要秦王拿到和氏璧，割让城池的事情就会不了了之。也就是说，秦王虚构了与赵国交易的事实，让赵王陷入错误认识，赵王虽然怀疑其中有诈，但还是基于错误认识委托蔺相如处分和氏璧，导致和氏璧落入秦王手中。这完全符合诈骗罪的行为构造。在秦王拿到和氏璧的那一刻起，就控制了和氏璧，其诈骗行为既遂。蔺相如将和氏璧拿回来的行为属于自救行为，不妨碍诈骗行为的成立。

（三）诈骗罪的基本要点

诈骗罪，是指以非法占有为目的，使用欺骗方法，骗取数额较大的公私财物的行为。诈骗罪（既遂）的基本构造为：行为人实施欺骗行为—对方（受骗者）产生（或继续维持）错误认识—对方基于错误认识处分财产—行为人或第三人取得财产—被害人遭受财产损失。

1. 本罪的构成要件是使用欺骗方法骗取数额较大的公私财物。诈骗罪的对象必须是人。动物、机器不能成为诈骗罪的行为对象。例如，甲穿了乙的衣服，模仿乙的行为向乙的狗发出指令。这条狗便将乙的财产带给甲。甲并不构成诈骗罪，因为甲的行为没有针对人，而是针对狗。这种情况下，甲的行为不属于诈骗罪中的欺骗行为，因而不能构成诈骗罪，一般以盗窃罪追究甲的刑事责任。另外，被骗的人应当是有判断能力，可以处分财产的人。例如，甲欺骗6岁的儿童乙，让乙将其父亲的名贵古董拿给他。由于乙不具有辨认能力，所以甲的行为也不符合诈骗罪的构成要件，而可能构成盗窃罪。

欺骗行为是使对方陷入处分财产的认识错误的行为，包括两种类型：一是虚构事实；二是隐瞒真相。虚构事实是指捏造虚假的、不存在的事实。例如，甲拿着一个普通花瓶给乙，说："这是明代的青花瓷。"乙信以为真，便以高价买下。甲捏造了出售的花瓶是古董的事实，并以此骗取乙的钱财，符合诈骗罪的行为构造。隐瞒真相是指有义务告诉给付财物的对方真实信息，但没有告诉。例如，甲将偷回来的赃物卖给乙，那么，甲有义务告诉乙这是赃物，如果甲不履行这个义务，乙在不知情的情况下购买了赃物，甲就是欺骗了乙。

欺骗行为可能会使人产生认识错误，从而处分财产。如果欺骗行为没有使人发生认识错误，诈骗罪就不能成立。例如，甲拿着镀金的首饰冒充纯金首饰欺骗乙，而乙一眼就看穿了，那么，甲的欺骗行为就没有完成，不能成立诈骗罪的既遂。如果被骗人发生认识错误，可能会处分财产,如上例中的乙,如果真的误以为甲兜售的是纯金首饰,则可能会以高价买下。那么,给付钱的行为,就是处分财产。

被骗人处分财产后,会使自己或者他人遭受财产损失。例如,甲被骗,花钱买了假的钻石,则甲的财产受到损失。又如,甲骗乙的保姆说乙让他过来拿手提电脑,保姆信以为真,便将乙的手提电脑交给甲。此时,受到损失的是乙,而不是乙的保姆,这种情形叫作三角诈骗,甲的行为仍然可以构成诈骗罪。根据《刑法》规定,只有诈骗的财产达到数额较大的标准,才会对行为人进行处罚。最高人民法院、最高人民检察院《关于办理诈骗刑事案件具体应用法律若干问题的解释》第 1 条规定,诈骗公私财物价值 3000 元至 10,000 元以上的,认定为数额较大。

2. 本罪的主观要件是故意,且具有非法占有目的。与抢劫罪和盗窃罪一样,诈骗罪的行为人必须故意实施欺骗行为并引起他人财产损失的结果。如果行为人只是过失地欺骗别人,则不构成诈骗罪。例如,甲以高价购买了一幅字画,以为是张大千的真迹,但其实只是一幅赝品。乙后来也看中了这幅字画,甲在不辨真伪的情况下又将这幅字画以更高的价格卖给了乙,因为甲不是故意欺骗乙,因而不构成诈骗罪。

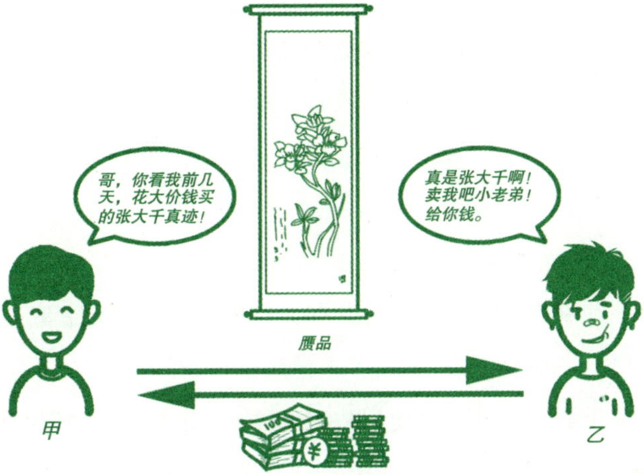

3. 诈骗罪的处罚。《刑法》第266条规定，诈骗公私财物，数额较大的，处3年以下有期徒刑、拘役或者管制，并处或者单处罚金；数额巨大或者有其他严重情节的，处3年以上10年以下有期徒刑，并处罚金；数额特别巨大或者有其他特别严重情节的，处10年以上有期徒刑或者无期徒刑，并处罚金或者没收财产。本法另有规定的，依照规定。

四、敲诈勒索罪

（一）典故

【敲竹杠】在清代末年，市场上的小额交易，以铜钱为单位，店家接钱后便丢在用竹杠做成的钱筒内，晚上结账时倒出来，谓之“盘钱”。当地的地痞流氓常去店铺勒索钱财，不用开口，只是恶狠狠地敲拍竹钱筒，店主见之，便知来意，慌忙掏钱“孝敬”。

【思考】根据刑法，如何评价地痞流氓“敲竹杠”的行为？

（二）解说

在上述典故中，店主对地痞流氓的“孝敬”，显然不是心甘情愿的。店主之所以这么做,是因为害怕地痞流氓会找他麻烦。但是,地痞流氓敲拍竹钱筒的行为并未达到抢劫罪所要求的压制被害人反抗的程度。地痞流氓发出一定的威胁信号,使店主陷于恐慌心理,从而交付财物,实际上是通过敲诈索取财物的行为,符合我国刑法规定的敲诈勒索罪的行为构造。

(三)敲诈勒索罪的基本要点

敲诈勒索罪,是指以非法占有为目的,对他人实施威胁或者恐吓,索取公私财物数额较大或者多次敲诈勒索的行为。

1. 本罪的构成要件是使用胁迫手段,使对方产生恐惧心理,进而取得财产。所谓敲诈勒索,是指向对方实施一定暴力或者胁迫,要求其处分财产的行为。但是,这里的暴力和胁迫不要求达到足以压制被害人反抗的程度;否则,可能会认定为抢劫罪而非敲诈勒索罪。例如,甲和乙是大学生,甲知道乙家里有钱,想敲他一笔。某日,甲强拉乙到校园的角落,打了乙两个耳光,要求乙以后每逢初一和十五都要交保护费 200 元,否则就给乙"颜色"看看,乙不想惹麻烦,便定期交钱了事。在此案中,甲虽然使用了暴力,但并非当场取财,而且暴力的程度又不是特别严重,不足以压制乙的反抗,因而不构成抢劫罪。但是,甲的行为使乙产生恐惧心理,并且乙基于恐惧心理交付财物,符合敲诈勒索罪的行为构造。如果是甲对乙拳打脚踢,然后让乙立

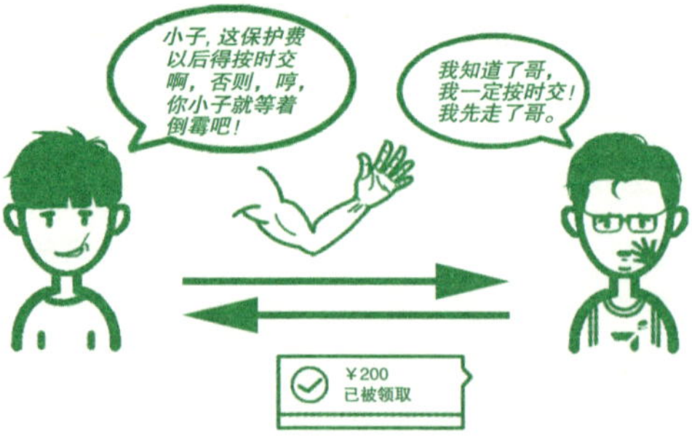

即回家拿钱,这种行为则足以压制乙的反抗,构成抢劫罪。

敲诈勒索罪要求勒索的数额达到“较大”的程度,或者行为人多次实施敲诈勒索行为。根据2013年最高人民法院、最高人民检察院《关于办理敲诈勒索刑事案件适用法律若干问题的解释》的规定,敲诈勒索公私财物价值2000元至5000元以上的,属于数额较大。所谓多次敲诈勒索,是指2年内敲诈勒索3次以上的情形。

2. 本罪的主观要件是故意,且要具有非法占有目的。

3. 本罪的处罚。《刑法》第274条规定,敲诈勒索公私财物,数额较大或者多次敲诈勒索的,处3年以下有期徒刑、拘役或者管制,并处或者单处罚金;数额巨大或者有其他严重情节的,处3年以上10年以下有期徒刑,并处罚金;数额特别巨大或者有其他特别严重情节的,处10年以上有期徒刑,并处罚金。

五、侵占罪

(一)典故

【路不拾遗】唐朝的时候,有一个做买卖的人途经武阳(今邯郸大名、馆陶一带),不小心把一件心爱的衣裳丢了,他走了几十里路后才发觉,心中十分着急。这时候,有人劝慰他说:“不要紧,我们武阳境内路不拾遗。你回去找找看,一定可以找得到。”丢衣裳的人半信半疑。他心里想:这可能吗?转而又一想,找找也无妨。于是他转身回去,果真找到了他丢失的衣裳。

【思考】根据刑法,如果有人捡走别人留下来的东西据为己有,应当如何评价?

(二)解说

路不拾遗不仅是良好道德的反映,同时也是基本的法律底线。

将别人遗留在路边的东西拿走并据为己有,是对他人财产权的侵犯。虽然别人已经失去了对财物的控制,但是,仍然具有相关财物的所有权。拿走这些遗留的财物,就会侵犯他人的所有权,涉嫌构成我国刑法中的侵占罪。

(三)侵占罪的基本要点

侵占罪,是指将代为保管的他人财物非法占为已有,数额较大,拒不退还的,或者将他人的遗忘物、埋藏物非法占为已有,数额较大,拒不交出的行为。

1. 侵占可以分为对委托物的侵占和对脱离占有物的侵占。

对委托物的侵占包括以下要点:首先,行为主体必须是代为保管他人财物的人,或者说是他人财物的占有者。例如,甲让乙帮忙保管自己的家传名画,乙拿到画后便赠与自己的女朋友。此时,乙侵占了甲的委托物。其次,行为对象是自己代为保管的他人财物。其中对于封缄物的委托,被委托人的占有通常只及于包装,而不包括包装里面的物品。例如,甲委托乙保管上了密码锁的旅行箱,乙用锤子将密码锁敲烂,拿走旅行箱里面的现金以及其他贵重物品。在此案中,甲委托乙保管旅行箱,但并未将里面的内容交给乙,因此,乙对旅行箱的破坏行为属于侵占,而对于里面的现金以及其他贵重物品的取得行为属于盗窃。最后,行为内容是侵占。一般来讲,如果被害人向行为人索要被侵占的财物,而行为人拒不返还的,属于侵占。但是,拒不返还并不是侵占的唯一形式,只要行为人实施的具体行为说明他已经将被委托的财物非法占为已有,不会再返还,就可以认定为侵占。例如,甲将一些金条委托给乙保管,乙拿到金条后便去卖掉,即使甲不要求乙返还金条,乙的行为也构成侵占。

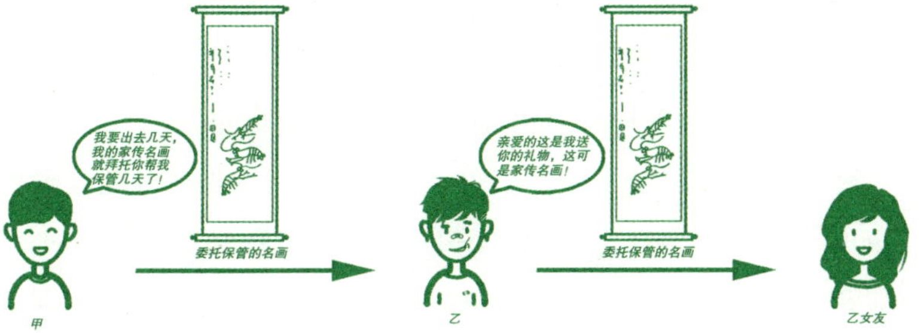

脱离占有物包括遗忘物和埋藏物。遗忘物一般被理解为他人暂时忘记所在地之物，但是，不排除财物所有人永远想不起来所在地的遗失物。例如，甲带着手机去郊游，但玩着玩着发现手机不见了，然后反复找了好几遍，都找不到，后来甲就重新买了一台新手机。其实，手机就掉在路边的草丛里。在这种情况下，这台手机属于遗失物，也可能成为侵占罪的对象。如果有人捡了这台手机而非法占为己有的话，就可能构成侵占罪。埋藏物是指埋藏于地下或者藏于他物之中的财物，藏在墙缝中、沉在水下的财物，也应属于埋藏物。侵占罪中的埋藏物，应当是被害人遗忘的埋藏物。如果被害人知道财物大概的埋藏地点，就是占有物，而非脱离占有物。例如，甲在地下埋藏了一千克的黄金，乙发现后偷偷将黄金挖出来据为己有。在甲想不起来黄金所在地的情况下，乙的行为属于侵占。然而，如果甲知道黄金的埋藏点，乙就侵犯了甲对黄金的占有，构成盗窃罪。

侵占罪的成立要求行为人侵占的财物达到“数额较大”的程度，否则不构成本罪。

2. 本罪的主观要件是故意，且具有非法占有目的。

3. 本罪的处罚。《刑法》第270条规定，将代为保管的他人财物非法占为己有，数额较大，拒不退还的，处2年以下有期徒刑、拘役或者罚金；数额巨大或者有其他严重情节的，处2年以上5年以下有期徒刑，并处罚金。将他人的遗忘物或者埋藏物非法占为己有，数额较大，拒不交出的，依照前款的规定处罚。本条罪，告诉的才处理。

第三节 其他犯罪

一、放火罪

（一）典故

【火烧连营】蜀汉章武元年（221年），刘备为报吴夺荆州、关羽被杀之仇，率大军攻吴。吴将陆逊为避其锋，坚守不战，双方成对峙之势。蜀军远征，补给困难，又不能速战速决，加上入夏以后天气炎热，以致锐气渐失，士气低落。刘备为舒缓军士酷热之苦，命蜀军在山林中安营扎寨以避暑热。陆逊看准时机，命士兵每人带一把茅草，到达蜀军营垒时边放火边猛攻。蜀军营寨的木栅和周围的林木为易燃之物，火势迅速在各营蔓延。蜀军大乱，被吴军连破40余营。陆逊火烧连营的成功，决定了夷陵之战（猇亭之战）蜀败吴胜的结果。

【思考】根据刑法，如何评价陆逊的放火行为？

（二）解说

陆逊在两军对垒中施计火烧连营，取得大胜，名传千古。但是，从另一个角度看，火的破坏力和危险性也表露无遗。在森林中放火，很容易引起火势蔓延，危害极大。一起森林大火，通常就会有人因此丧生。因此，刑法对放火行为进行了严厉的规制。如果陆逊不是在战争中放火，就很可能会构成放火罪，承担刑事责任。

（三）放火罪的基本要点

放火罪，是指故意引起火灾，危害公共安全的行为。

1. 本罪的构成要件是实施放火行为，危害公共安全。放火是指故意点燃对象物，从而引发火灾的行为。火灾是指基于燃烧所造成的灾害，具有蔓延性。刑法对放火的行为方式没有限制，既可以是作为，也可以是不作为。例如，向他人住宅泼洒汽油然后点燃，属于作为。又如，不小心打翻油瓶引起火灾，置之不理而离开，是不作为。放火的行为必须危害公共安全。也就是说，放火的行为必须危害不特定或者多数人的生命、健康以及财产安全。例如，放火烧毁有人正在工作的工厂，就会危及多数人的生命安全，可以构成放火罪。又如，放火烧毁无人居住、四周也空荡荡的茅草屋，不会危及多数人或者不特定人的生命、健康以及财产安全，因而不会构成放火罪。

一般认为，放火罪是危害公共安全的犯罪，比侵犯个人利益的故意杀人罪和故意伤害罪更为严重。因此，在放火导致他人死亡、重伤的场合，按照放火罪处理，而不另行认定为故意杀人罪和故意伤害罪。例如，甲明知道乙在屋内的情况下放火烧乙的房子，从而致使乙死亡，甲构成放火罪（致人死亡）。

2. 本罪的主观要件是故意。也就是说，行为人明知自己的放火行为会发生具体的公共危险，并且希望或者放任这种危险结果发生。

3. 放火罪的处罚。根据《刑法》第 114 条的规定，犯放火罪，尚未造成严重后果的，处 3 年以上 10 年以下有期徒刑。根据《刑法》第 115 条的规定，犯放火罪，致人重伤、死亡或者使公私财产遭受重大损失的，处 10 年以上有期徒刑、无期徒刑或者死刑。

二、聚众斗殴罪

(一)典故

【广客之争】1854~1867年,广东土著广府人与客家人爆发了一次大规模的持械斗殴事件。1854年,在太平天国起义的影响下,广东天地会发动了一次反清起义。起义军自称“洪兵”,即洪门造反军之意。洪兵起义的军队以土著广府人为主,起义军开始围攻广州城。当时的两广总督叶名琛坐困孤城,岌岌可危。而大清国内忧外患,太平天国等国内叛乱四处皆是,没有兵将可调,那时候比较流行团练、募勇,也是朝廷应对危机的法宝。叶名琛刚开始是大量募勇,可战事持续不停,政府财政赤字,没钱了。叶名琛就以官衔官职为诱饵,鼓动有钱的乡绅出钱招募族人与朝廷官军携手作战。

在这个过程中,由客家人组成的客勇应运而生。在协助政府军镇压“洪兵”的过程中,鹤山、高要、开平等地的部分客勇乘机公报私仇,对在日常生活中有些摩擦矛盾的广府人进行打击报复,烧杀抢夺了不少广府人。

广府民系一些豪强乡绅一看,这样下去还得了?要联合起来反抗客家人崛起才对。于是就联合周边的广府民众,制造谣言,说客家人要反客为主了,要杀尽我们广府人。于是周边开平、恩平、鹤山、高明也跟着举旗而起,开始跟客家人“玩命”了。客家人也不让步,谁怕谁啊,也挑选壮丁对干起来,你来我往,至此民间最大、最惨烈的土客持械私斗正式爆发。

一时之间,双方真刀真枪干,越干仇恨越深,仇恨越深就越停不下来,这场斗祸起于五邑地区,蔓延至云浮、肇庆、阳江、茂名等地,这一斗就是血雨腥风的13年,斗祸导致双方死亡人数达到数十万人之多。

【思考】广府土著和客家人之间的械斗在刑法上应做何种评价？

（二）解说

上述广府人和客家人持续多年的械斗行为，是以聚集多人的方式进行斗殴，符合《刑法》第292条规定的聚众斗殴罪。同时，多次聚众斗殴、聚众斗殴人数多，规模大，社会影响恶劣的、在公共场所或者交通要道聚众斗殴，造成社会秩序严重混乱的；持械聚众斗殴等情节会导致刑罚的加重。上述广府人和客家人的械斗完全符合上述情节。按照《刑法》的规定，应受严厉处罚。再者，根据《刑法》第292条第2款的规定，在致人死伤的情况下，聚众斗殴罪就会转化为故意杀人罪和故意伤害罪。由于上述典故中的斗殴行为导致大量人员死伤，也有构成故意杀人罪和故意伤害罪的可能。

（三）聚众斗殴罪的基本要点

1. 本罪的构成要件是聚集多人攻击对方身体或者相互攻击对方身体的行为。聚众斗殴是多人参与的行为，但是，不要求斗殴的双方都有3人以上。例如，甲、乙、丙3人和丁对打，也构成聚众斗殴。聚众斗殴包括聚众斗和聚众殴。例如，甲、乙、丙3人合攻丁，打得难分难解，是聚众斗。又如，甲、乙、丙追打丁，是聚众殴。聚众斗殴一般是双方参与，但也不排除三方或者四方混斗混殴的情形。

根据《刑法》的规定，聚众斗殴致人重伤、死亡的，以故意伤害罪、故意杀人罪论处。也就是说，在聚众斗殴的场合，如果其中一方的成

员对另一方的成员造成死亡、重伤的结果，无论是出于故意还是过失，首要分子和直接责任人都会直接按照故意杀人罪、故意伤害罪认定。

2. 本罪的主观要件是故意，即对聚众斗殴行为会发生扰乱社会秩序的后果有认识，而且对此后果持希望或者放任态度。如果打斗一方的成员是因为遭到他人不法袭击而进行反抗，则没有扰乱社会秩序的故意，不构成聚众斗殴罪。

3. 本罪的处罚。根据《刑法》第 292 条的规定，聚众斗殴的，对首要分子和其他积极参加的，处 3 年以下有期徒刑、拘役或者管制；有下列情形之一的，对首要分子和其他积极参加的，处 3 年以上 10 年以下有期徒刑：(1) 多次聚众斗殴的；(2) 聚众斗殴人数多，规模大，社会影响恶劣的；(3) 在公共场所或者交通要道聚众斗殴，造成社会秩序严重混乱的；(4) 持械聚众斗殴的。聚众斗殴，致人重伤、死亡的，依照故意伤害罪、故意杀人罪的规定定罪处罚。

三、寻衅滋事罪

(一) 典故

【胯下之辱】淮阴有一个年轻的屠夫，他侮辱韩信，说道："你虽然长得高大，又喜欢带剑，但内心却是很懦弱的啊。"并当众侮辱他说："假如你不怕死，那就刺死我；不然，就从我的胯下爬过去。"韩信仔细注视他一会儿后，俯下身子从对方的胯下爬过去。集市上的人都讥笑他，以为韩信的胆子真的很小。

【思考】根据刑法，如何评价淮阴屠夫的行为？

(二) 解说

淮阴屠夫当着众人胁迫韩信从其胯下爬过去，可以说符合侮辱罪的构成要件。不过,从屠夫的行为性质来看,已经不是单纯的侮辱行为。屠夫随意当众侮辱韩信,不仅侵犯了韩信的人格尊严,而且对社会秩序造成了不良影响。看到韩信被随意侮辱,周边民众很可能会感到社会不稳定,从而破坏社会的安宁。因此,我国刑法对这种行为以寻衅滋事罪进行规制。

(三)寻衅滋事罪的基本要点

1. 本罪的构成要件是寻衅滋事,扰乱社会秩序的行为,包括:(1)随意殴打他人,情节恶劣的。殴打,是指对他人行使有形力,造成他人身体痛苦的行为。殴打不以造成伤害为前提,但是,造成伤害的暴力行为当然能够认定为殴打。例如,甲刚刚被老师批评,看见乙路过,便上前将乙打了一顿出气,即使乙没有受伤,甲的行为也算是寻衅滋事。(2)追逐、拦截、辱骂、恐吓他人,情节恶劣的。追逐一般是指以暴力等手段迫使他人基于恐惧而逃跑,且紧追不放的行为。例如,甲看见乙长得漂亮,过去挑逗,乙看见后拔腿就跑,甲在后面紧追不放,甲的行为便属于寻衅滋事中的追逐。所谓拦截,一般是指以物理手段阻拦、堵截他人,使他人行动受阻的行为。所谓辱骂,一般是指以贬低人格的语言诋毁他人的行为。所谓恐吓,一般是指通过威胁性的语言或者行动使他人产生恐惧感的行为。(3)强拿硬要或者任意损毁、占用公私财物,情节严重的。强拿硬要是指违背他人意志强行取得他人财物的行为。例如,甲乘坐出租车,到达目的地后以暴力迫使司机乙放弃收费,甲的行为构成强拿硬要。(4)在公共场所起哄闹事,造成公共场所秩序严重混乱的。公共场所是指不特定人或者多数人可以自由出入的场所。起哄闹事是指通过语言、举动等方式扰乱公共场所秩序,使公共场所的活动不能正常进行,或者妨碍不特定人或者多数人在公共场所的有序活动。例如,甲在菜市场买菜,认为对方的菜不新鲜,便打翻对方的菜摊,而且将菜市场的道路堵塞，导致菜市场秩序严重混乱的行为。

2. 本罪的主观要件是故意。

3. 本罪的处罚。《刑法》第293条规定，有下列寻衅滋事行为之一，破坏社会秩序的，处5年以下有期徒刑、拘役或者管制：(1)随意殴打他人，情节恶劣的；(2)追逐、拦截、辱骂、恐吓他人，情节恶劣的；(3)强拿硬要或者任意损毁、占用公私财物，情节严重的；(4)在公共场所起哄闹事，造成公共场所秩序严重混乱的。纠集他人多次实施前款行为，严重破坏社会秩序的，处5年以上10年以下有期徒刑，可以并处罚金。

四、受贿罪、非国家工作人员受贿罪

(一)典故

【公仪休嗜鱼】公仪休很喜欢吃鱼，当了鲁国的国相后，全国各地的人都送鱼给他，他都一一谢绝了。他的弟子劝他说："老师，您这样喜爱吃鱼，可别人送上门来，为什么不要呢？"公仪休听了，回答道："正因为我喜爱吃鱼，才不能随便接受别人送来的鱼。如果我因为这点小利小贿而被罢免了国相，这样我就不能满足这个嗜好了。如果我廉洁奉公，不接受别人的贿赂，就不会被免掉职位，也就能常常吃到鱼了。"

【思考】根据刑法，如果公仪休收受他人送来的鱼，应当如何评价？

(二)解说

公仪休是鲁国的宰相，身居高位，用现在的话来讲，是高级公务员。如果他收受他人送来的贿赂，就会涉嫌受贿罪。当然，并不是说只有国家工作人员收受贿赂才会受到刑法的惩罚。其他行业中的工作人员（如一般的公司职员），如果收受贿赂，也会构成犯罪，只不过罪名不是受贿罪，而是非国家工作人员受贿罪。

（三）受贿罪、非国家工作人员受贿罪的基本要点

1. 受贿罪的构成要件是国家工作人员利用职务上的便利，索取他人财物，或者非法收受他人财物为他人谋取利益。例如，甲是某中学的校长，向乙索取 10 万元人民币，并声明只有收了钱才给乙的儿子安排入学资格，此时，甲的行为构成受贿罪。受贿罪的主观要件是故意。

2. 非国家工作人员受贿罪的构成要件是公司、企业或者其他单位的工作人员利用职务上的便利，索取他人财物或者非法收受他人财物，为他人谋取利益。例如，甲是某学校的教师，收了乙 1000 元，答应会好好照顾乙的女儿，此时，甲的行为构成非国家工作人员受贿罪。非国家工作人员受贿罪的主观要件是故意。

3. 受贿罪、非国家工作人员受贿罪的处罚。根据《刑法》第 386 条的规定，对犯受贿罪的，根据受贿所得数额及情节，分别依照下列规定处罚：（1）贪污数额较大或者有其他较重情节的，处 3 年以下有期徒刑或者拘役，并处罚金。（2）贪污数额巨大或者有其他严重情节的，处 3 年以上 10 年以下有期徒刑，并处罚金或者没收财产。（3）贪污数额特别巨大或者有其他特别严重情节的，处 10 年以上有期徒刑或者无期徒刑，并处罚金或者没收财产；数额特别巨大，并使国家和人民利益遭受特别重大损失的，处无期徒刑或者死刑，并处没收财产。对多次贪污未经处理的，按照累计贪污数额处罚。根据《刑法》第 163 条的规定，公司、企业或者其他单位的工作人员，利用职务上的便利，索取他人财物或者非法收受他人财物，为他人谋取利益，数额较大的，处 3 年以下有期徒刑或者拘役，并处罚金；数额巨大或者有其他严重情节的，处 3 年以上 10 年以下有期徒刑，并处罚金；数额

特别巨大或者有其他特别严重情节的,处10年以上有期徒刑或者无期徒刑,并处罚金。公司、企业或者其他单位的工作人员在经济往来中,利用职务上的便利,违反国家规定,收受各种名义的回扣、手续费,归个人所有的,依照前款的规定处罚。国有公司、企业或者其他国有单位中从事公务的人员和国有公司、企业或者其他国有单位委派到非国有公司、企业以及其他单位从事公务的人员有前两款行为的,依照受贿罪及其处罚规定定罪处罚。

五、行贿罪、对非国家工作人员行贿罪

(一)典故

【子罕退玉】《左传》记载,襄公十五年,有人得到了一块洁白无瑕的美玉,便立即跑去献给大夫子罕。子罕说:"美玉是你的宝贝,不贪是我的宝贝。假如我收了你的宝贝,那么咱俩就都没有宝贝了,你还是拿走吧。"

【思考】根据刑法,对于给子罕送玉的人应当如何评价?

(二)解说

在上述典故中,持有美玉的人给子罕送上宝贵的美玉,一般都是有事相求。子罕作为大夫,即现在所说的国家工作人员。根据我国《刑法》,为了谋取不正当利益,给付国家工作人员财物的行为,属于行贿。当然,假如子罕不是国家工作人员,而是其他行业的人员,那么,对其给付财物的行为会涉嫌对非国家工作人员行贿罪。

(三)行贿罪、对非国家工作人员行贿罪的基本要点

1. 行贿罪的构成要件是为谋取不正当利益,给予国家工作人员以财物。例如,2007年,王某某向一家大型国企的总经理钟某(国家工作人员)请托,希望自己的公司能被高价收购。后来,钟某违规决

定该国企以2.6亿元人民币的高价收购王某某公司50%的股份。王某某为了感谢钟某,向钟某指定的妻弟的银行账户转账500万元。经查,王某某通过行贿非法获利共计2.15亿元,犯行贿罪,被判处有期徒刑10年6个月,追缴违法所得2.15亿元。①

2. 对非国家工作人员行贿罪的构成要件是为谋取不正当利益,给予公司、企业或者其他单位的工作人员以财物。例如,甲为了承包某公司的工程,便给予该公司的项目负责人乙100万元,从而获得承包工程的机会,其中甲的行为涉嫌对非国家工作人员行贿罪。该罪的主观要件是故意。

3. 行贿罪、对非国家工作人员行贿罪的处罚。《刑法》第164条规定,数额较大的,处3年以下有期徒刑或者拘役,并处罚金;数额巨大的,处3年以上10年以下有期徒刑,并处罚金。

《刑法》第390条第1款规定,对犯行贿罪的,处5年以下有期徒刑或者拘役,并处罚金;因行贿谋取不正当利益,情节严重的,或者使国家利益遭受重大损失的,处5年以上10年以下有期徒刑,并处罚金;情节特别严重的,或者使国家利益遭受特别重大损失的,处10年以上有期徒刑或者无期徒刑,并处罚金或者没收财产。

① 参见国家监察委员会、最高人民检察院《关于印发行贿犯罪典型案例的通知》(2022年3月31日发布)。

第五章　犯罪的追究

第一节　犯罪追究的机构和程序

一、谁去追究犯罪行为

【案例】陈某与李某为同一国有钢铁企业职工，两家在同一道大门进出，常为生活琐事发生口角，多年积怨。陈家的两个儿子成年后也成为该国有企业职工，均在车间从事技术操作工作。两家矛盾依旧。一天，李某把陈家的摩托车撞倒了，陈家的次子向李某索赔未果。次日，陈家兄弟在过道上把上班的李某拦住，向其索赔，遭李某拒绝。兄弟二人合力对李某进行毒打，致李某重伤。企业领导认为，事情重大，建议李某的爱人方某找司法机关处理。方某向公安机关报案。公安机关认为，这是企业内部职工的斗殴事件，案件事实也比较清楚，无须采用侦查手段，在邻居中作一般的调查了解，直接找法院告就行了，遂作出不立案决定。人民检察院以国有企业职工不是国家工作人员为由，也不予受理。方某向法院控告时，人民法院认为伤害情况严重，不属于轻微刑事案件，法院不能直接受理。

【思考】公安机关作出的不立案决定正确吗？人民检察院的说法对吗？本案中被害人能否向人民法院提起自诉？

上述案例主要涉及的是刑事诉讼中谁去追究犯罪的问题，即立案管辖的问题，所要解决的是应当由公检法机关中的哪一个机关立案受理的问题。要回答这些问题,我们首先要明确公安机关、人民检察院和人民法院之间的分工,也就是确定哪些刑事案件由公安机关立案侦查,哪些刑事案件由人民检察院立案侦查,哪些刑事案件不需要经过侦查,而由人民法院直接受理。这也就是刑事诉讼中的立案管辖问题。

立案管辖主要是根据公检法机关各自的性质和诉讼职能,刑事案件的性质、轻重和复杂程度等决定的。我国《刑事诉讼法》第 19 条对立案管辖范围作了规定。此外,刑事诉讼法还对不同地域、不同级别的机关之间的分工作了规定。

(一)公安机关:犯罪基本归我管

《刑事诉讼法》第 19 条第 1 款规定:“刑事案件的侦查由公安机关进行,法律另有规定的除外。”这里所说的“法律另有规定”包括国家安全机关办理危害国家安全的刑事案件、军队保卫部门侦查军队内部发生的刑事案件、监狱侦查罪犯在监狱内犯罪的案件。除法律特别规定的这些案件外,刑事案件由公安机关负责立案侦查。

公安机关是国家的治安保卫机关,肩负维护社会秩序、保障公民安全的职责,并具有同犯罪做斗争的丰富经验和必要的专门侦查手段。因此,法律把绝大多数需要侦查的刑事案件交由公安机关立案侦查,是与公安机关的性质、职能和办案条件相适应的,也是完全符合同犯罪做斗争的需要的。

(二)人民检察院:职务犯罪归我管

《刑事诉讼法》第 19 条第 2 款规定:“人民检察院在对诉讼活动实行法律监督中发现的司法工作人员利用职权实施的非法拘禁、刑讯逼供、非法搜查等侵犯公民权利、损害司法公正的犯罪,可以由人民检察院立案侦查。对于公安机关管辖的国家机关工作人员利用职权实施的重大犯罪案件,需要由人民检察院直接受理的时候,经省级以上人民检察院决定，可以由人民检察院立案侦查。”

这里所说的“国家工作人员”是指国家机关中从事公务的人员。国有公司、企事业单位、人民团体中从事公务的人员和国家机关、国有公司、企事业单位委派到非国有公司、企事业单位、社会团体从事公务的人员，以及其他依照法律从事公务的人员，都以国家工作人员论。

人民检察院是国家的法律监督机关，对国家工作人员是否遵守法律负有特殊的监督责任。所以，法律规定这些案件由人民检察院立案侦查，是同人民检察院的性质及其法定职责相适应的。

一个重要的变化是，职务犯罪侦查权自2018年《刑事诉讼法》修正后不再属于人民检察院。

（三）人民法院：自诉案件归我管

《刑事诉讼法》第19条第3款规定：“自诉案件，由人民法院直接受理。”人民法院直接受理的刑事案件只限于自诉案件。所谓自诉案件，是指由被害人本人或者其近亲属向人民法院起诉的案件，不必经过立案侦查，也不必由人民检察院提起公诉。根据《刑事诉讼法》第210条的规定，自诉案件包括下列三类案件。

1. 告诉才处理的案件。告诉才处理的案件是指只有经被害人或者其法定代理人告诉人民法院，人民法院才立案受理的刑事案件，包括侮辱、诽谤案，暴力干涉婚姻自由案，虐待案，侵占案。如果被害人死亡或者丧失行为能力，其法定代理人、近亲属有权向人民法院起诉，人民法院应当依法受理。这类案件犯罪情节轻微，案情都比较简单，不需要侦查即可查清案件事实，适宜由人民法院直接受理。

2. 被害人有证据证明的轻微刑事案件。这类刑事案件包括故意伤害案(轻伤)、重婚案、遗弃案、侵犯通信自由案、非法侵入住宅案、生产、销售伪劣商品案(严重危害社会秩序和国家利益的除外)、侵犯知识产权案(严重危害社会秩序和国家利益的除外)、属于《刑法》分则第四章、第五章规定的,对被告人可以判处3年有期徒刑以下刑罚的其他轻微刑事案件。被害人直接向人民法院起诉的,人民法院应当依法受理。对其中证据不足、可以由公安机关受理的,或者认为对被告人可能判处3年有期徒刑以上刑罚的,应当告知被害人向公安机关报案,或者移送公安机关立案侦查。

3. 被害人有证据证明对被告人侵犯自己人身、财产权利的行为应当依法追究刑事责任,而公安机关或者人民检察院不予追究被告人刑事责任的案件。这类案件从性质上说原属于公诉案件范围,若成为自诉案件,必须具备三个条件:一是被害人有足够证据证明;二是被告人侵犯了自己的人身、财产权利,应当追究被告人刑事责任;三是公安机关或者人民检察院不予追究,并已经作出书面决定。这类刑事案件的范围很广,既包括公安机关或人民检察院不立案侦查的案件或撤销的案件,也包括人民检察院决定不起诉的案件。这是为了加强对公安机关、人民检察院立案工作的制约,维护被害人的合法权益,解决司法实践中存在的"告状难"的问题。

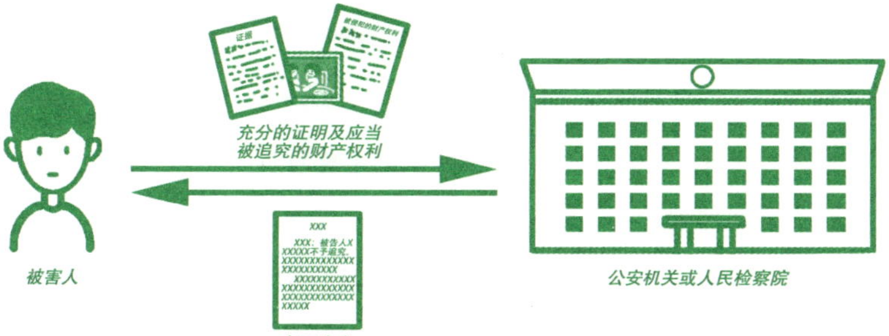

上述案例中的案件符合提起自诉的条件，人民法院应予受理。因为，该案行为人虽是国有企业职工，但不属于国家工作人员，因此，不属于人民检察院直接立案侦查的案件范围。本案被害人重伤，也不属于直接向法院提起自诉的范围。因此，应当由公安机关进行侦查，也就是说，本案中公安机关的做法是错误的。在公安机关和检察机关都不受理的情况下，本案已经符合提起自诉的条件，人民法院应予受理。此外，人民检察院的做法也不对。人民检察院作为法律监督机关，应当要求公安机关说明不立案的理由，并予以审查监督，符合立案条件的，应当通知公安机关立案。

（四）交叉管辖怎么办

有些复杂的案件分别属于不同的机关管辖，对此要分别进行处理。公安机关侦查的刑事案件涉及人民检察院管辖的案件时，应当将属于人民检察院管辖的刑事案件移送人民检察院。人民检察院侦查直接受理的刑事案件涉及公安机关管辖的刑事案件时，应当将属于公安机关管辖的刑事案件移送公安机关。涉嫌的主罪属于哪个机关管辖，就以该机关为主侦查，另一个机关予以配合。

公安机关或人民检察院在侦查过程中，如果发现被告人还犯有属于人民法院直接受理的罪行时，应分情况进行处理。对属于告诉才处理的案件，可以告知被害人向人民法院直接提起诉讼；对属于人民法院可以受理的其他类型自诉案件的，可以立案进行侦查，然后在人民检察院提起公诉时，随同公诉案件移送人民法院，由人民法院合并审理；侦查终结后不提起公诉的，则应直接移送人民法院处理。

刑事诉讼法关于立案管辖的规定，明确划分了人民法院、人民检察院和公安机关各自直接受理刑事案件的职权范围。办案机关必须严格执行，既不能越权受理不属于自己管辖的案件，也不能放弃职守把属于自己管辖的案件推出不管。但是，为了及时、有效地与犯罪做斗争，便利和保护人民群众行使控告、检举的权利，公安司法机关对于控告、举报和犯罪人的自首，不管是否属于自己管辖，都应当接受，不得互相推诿。对于不属于自己管辖的，应当移送有管辖权的司法机关处理；对于不属于自己管辖而又必须采取紧急措施的，应当先采取紧急措施，然后再移送有管辖权的司法机关处理。

（五）地域管辖和级别管辖

在明确了公安机关、检察机关和人民法院的分工之后，我们可能还会疑惑，那么多公检法机关，有不同地域的、有不同级别的，到底该哪个机关管辖呢？这个问题，刑事诉讼法也作出了规定。

首先，案件由哪个地方的机关管辖，也就是地域管辖问题。刑事案件由犯罪地的公安机关管辖，如果由犯罪嫌疑人居住地的公安机关管辖更为适宜的，可以由犯罪嫌疑人居住地的公安机关管辖。犯罪地包括犯罪行为发生地和犯罪结果发生地。居住地包括户籍所在地、经常居住地。几个公安机关都有权管辖的刑事案件，由最初受理的公安机关管辖。必要时，可以由主要犯罪地的公安机关管辖。例如，对于青少年多发的盗窃、抢劫机动车案件，由案件发生地的公安机关立案侦查，赃车流入地的公安机关应当予以配合。跨地区系列盗窃、抢劫机动车案件，由最初受理的公安机关立案侦查；必要时，可由主要犯罪地的公安机关立案侦查，或者由上级公安机关指定立案侦查。了解了公安机关的地域管辖，人民检察院和人民法院的管辖问题也就解决了，因为只要找到管辖案件的公安机关所在地的人民检察院和人民法院就行了。

其次，案件由哪个级别的机关管辖，也就是级别管辖问题。《刑事诉讼法》第 20～24 条规定了刑事案件的级别管辖。基层人民法院管辖第一审普通刑事案件，但是依法由上级人民法院管辖的除外。中级人民法院管辖危害国家安全、恐怖活动案件；可能判处无期徒刑、死刑的案件。高级人民法院管辖的第一审刑事案件，是全省（自治区、直辖市）性的重大刑事案件。最高人民法院管辖的第一审刑事案件，是全国性的重大刑事案件。上级人民法院在必要的时候，可以审判下级人民法院管辖的第一审刑事案件；下级人民法院认为案情重大、复杂需要由上级人民法院审判的第一审刑事案件，可以请求移送上一级人民法院审判。

二、如何追究犯罪

【案例】被告人王某甲，男，生于 1987 年 1 月 10 日。2001 年 5 月下旬的一天 20 时许，被告人王某甲伙同张某、杨某在某市蔡县五一刀削面馆附近小巷里，采取殴打、威胁的手段，抢劫蔡都镇中学学生朱某某 50 元。第二天 20 时许，被告人王某甲伙同张某、杨某、吴某在五一刀削面馆门口，抢劫蔡都镇农民刘某某现金 280 元。2002 年 11 月 20 日 21 时许，被告人王某甲伙同刘某、程某、邓某、马某等人在上蔡县城仓巷，抢劫放学回家的学生王某乙、柳某现金共计 150 元。经上蔡县公安机关立案侦查，被告人王某甲因涉嫌抢劫罪于 2002 年 11 月 22 日被公安局刑事拘留，经检察院批准，于 2003 年 1 月 8 日被逮捕。经法院不公开开庭审理，判决被告人王某甲犯抢劫罪，判处有期徒刑 5 年，并处罚金 2000 元。判决生效后，王某甲被送往未成年犯管教所执行刑罚。

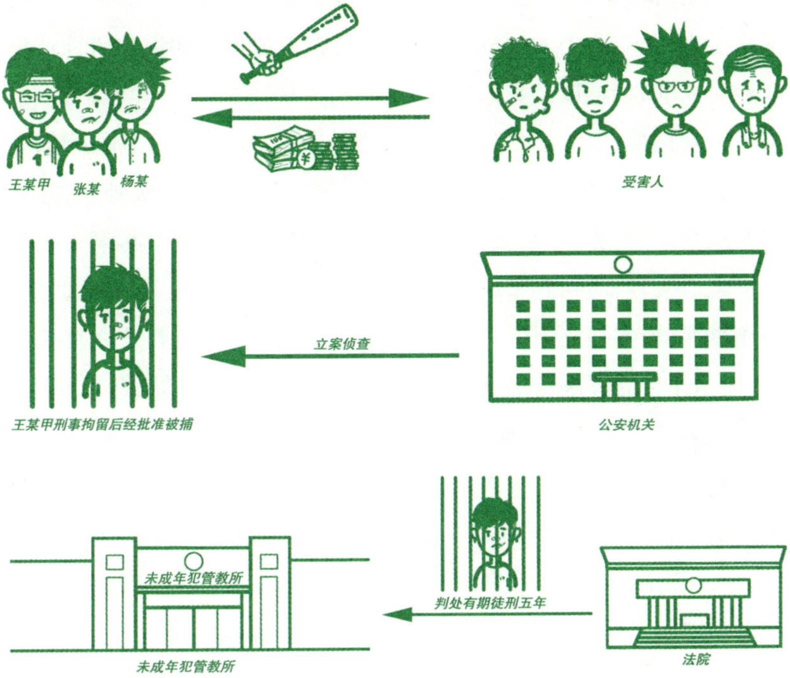

这是一个刑事案件的处理所经历的全部程序，包括立案、侦查、审查起诉、审判和执行。下面我们就来介绍追究犯罪的具体程序。

（一）刑事普通程序怎么走

根据《刑事诉讼法》的规定，我国普通刑事诉讼程序包括立案、侦查、审查起诉、审判和执行。

1. 第一个环节——立案

立案是指公检法等机关，对报案、控告、举报和犯罪嫌疑人自首以及自诉人的起诉等材料进行审查，认为有犯罪事实发生并需要追究刑事责任时，决定将其作为刑事案件进行侦查或审判的一种诉讼活动。立案是办理刑事案件的必经程序，是刑事诉讼活动开始的标志。立案阶段案件线索来源包括有关机关直接发现的犯罪事实或犯罪嫌疑人、单位或个人的报案或举报、被害人的报案和控告、自诉、犯罪嫌疑人的自首，以及其他途径。

公安机关、人民检察院或者人民法院对于报案、控告、举报，都应当接受。对于不属于自己管辖的案件，应当移送主管机关处理，并且通知报案人、控告人、举报人；对于不属于自己管辖而又必须采取紧急措施的案件，应当先采取紧急措施，然后移送主管机关。当认为有犯罪事实，需要追究刑事责任的，就达到了立案条件。符合立案条件的，应当作出立案决定书，标志着案件正式立案。

2. 第二个环节——侦查

对于公诉案件，在侦查机关立案以后就进入侦查环节。侦查的目的是找到犯罪嫌疑人并收集能够证明案件事实的证据。侦查的主体是法定的侦查机关，包括公安机关、检察机关、国家安全机关、军队保卫部门和监狱。

为了弄清事实真相和收集证据，侦查机关有权采取专门调查工作，包括讯问犯罪嫌疑人、询问证人、勘验、检查、搜查、扣押物证书证、鉴定、通缉等活动。为了防止犯罪嫌疑人串供、毁灭证据、逃跑、自杀等妨碍诉讼的活动，可以采取强度不同的强制措施，包括拘传、取保候审、监视居住、拘留和逮捕。

犯罪嫌疑人在被侦查机关第一次讯问后或者从采取强制措施之日起，可以聘请律师为其提供法律咨询、代理申诉、控告。

侦查机关经过一系列侦查活动，发现不应对犯罪嫌疑人追究刑事责任的，应当作出撤销案件的决定，并制作撤销案件决定书。犯罪嫌疑人已被逮捕的，应当立即释放，发给释放证明书，并且通知原批准逮捕的人民检察院。认为案件事实已经查清，证据确实、充分，依法应当追究犯罪嫌疑人刑事责任的，应当写出起诉意见书，连同案卷材料、证据以及辩护律师提出的意见，一并移送同级人民检察院审查决定，同时将案件移送情况告知犯罪嫌疑人及其辩护律师。被害人提出附带民事诉讼的，应当记录在案；移送审查起诉时，应当在起诉意见书末页注明。

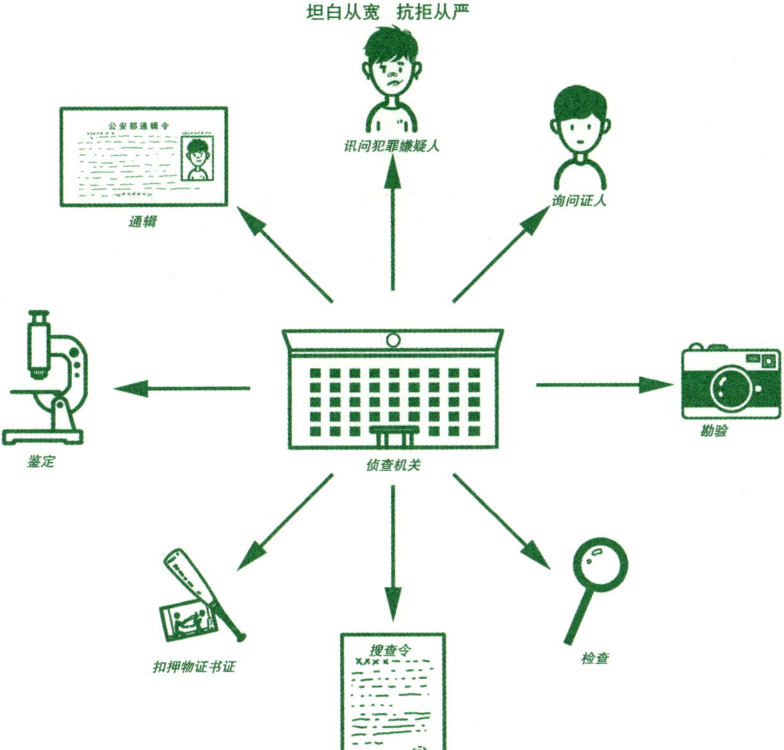

3. 第三个环节——审查起诉

凡需要提起公诉的案件，一律由检察院审查决定。检察院接到侦查机关移送审查起诉的案件以后，案件进入到审查起诉阶段。在这一阶段，检察院对案件进行全面审查，以查明犯罪事实、情节是否清楚，证据是否确实、充分，犯罪性质和罪名的认定是否正确；有无遗漏罪行和其他应当追究刑事责任的人;是否属于不应追究刑事责任的;有无附带民事诉讼;侦查活动是否合法。

检察院审查案件,应当讯问犯罪嫌疑人,听取辩护人、被害人及其诉讼代理人的意见,并记录在案。检察院认为可能存在以非法方法收集证据情形的,可以要求侦查机关对证据收集的合法性作出说明。人民检察院审查案件,对于需要补充侦查的,可以退回公安机关补充侦查,也可以自行侦查。

人民检察院认为犯罪嫌疑人的犯罪事实已经查清,证据确实、充分,依法应当追究刑事责任的,应当作出起诉决定。犯罪嫌疑人没有犯罪事实,或者有法定不起诉情形的,人民检察院应当作出不起诉决定。对于犯罪情节轻微,依照刑法规定不需要判处刑罚或者免除刑罚的,人民检察院可以作出不起诉决定。

对于不起诉决定,公安机关有权提起复议、复核,被害人有权提出异议,被不起诉人有权提出申诉。

4. 第四个环节——审判

人民法院对提起公诉的案件进行审查后,对于起诉书中有明确的指控犯罪事实的,应当决定开庭审判。除法律规定的特殊情形外,人民法院审判第一审案件应当公开进行。

开庭审理一般包括开庭、法庭调查、法庭辩论、被告人最后陈述、评议和宣判等环节。法庭审理后,根据已经查明的事实、证据和有关的法律规定,分别作出以下判决:案件事实清楚,证据确实、充分,依据法律认定被告人有罪的,应当作出有罪判决;依据法律认定被告人无罪的,应当作出无罪判决;证据不足,不能认定被告人有罪的,应当作出证据不足、指控的犯罪不能成立的无罪判决。

人民法院对于自诉案件进行审查后,犯罪事实清楚,有足够证据的案件,应当开庭审判;缺乏罪证的自诉案件,如果自诉人提不出补充证据，应当说服自诉人撤回自诉，或者裁定驳回。自诉人经两次依法传唤，无正当理由拒不到庭的，或者未经法庭许可中途退庭的，按撤诉处理。刑事诉讼法对自诉案件还规定了和解、调解、反诉等内容。

基层人民法院管辖的案件，案件事实清楚、证据充分，被告人承认自己所犯罪行，对指控的犯罪事实没有异议，对适用简易程序没有异议的，可以适用相对简化的简易程序审判。

宣告判决，一律公开进行。判决宣告后，如果没有上诉和抗诉，则该判决生效并交付执行。被告人、自诉人和他们的法定代理人，不服地方各级人民法院第一审的判决、裁定，有权上诉。检察院认为一审判决、裁定确有错误的时候，应当提出抗诉。有效的上诉和抗诉可以启动二审程序。

第二审人民法院应当就第一审判决认定的事实和适用法律进行全面审查，不受上诉或者抗诉范围的限制。二审审理后，可以作出维持原判、改判、撤销原判发回原审人民法院重新审判这几种处理裁判。二审法院作出的裁判是终审裁判，一般情况下，刑事诉讼程序到此终结。

5. 第五个环节——执行

执行则指刑事执行机关为实施已经发生法律效力的判决和裁定所确定的内容而进行的活动。人民法院负责对无罪、免于刑事处罚、罚金、没收财产和死刑立即执行判决的执行；监狱负责对有期徒刑、无期徒刑和死刑缓期 2 年执行判决的执行；未成年犯管教所负责对已满 14 周岁不满 18 周岁的已决罪犯的关押；看守所代为负责被判处有期徒刑，在被交付执行刑罚前剩余刑期在 3 个月以下的罪犯；公安机关负责对拘役、剥夺政治权利的执行；社区矫正机构负责管制、宣告缓刑、假释或者暂予监外执行的执行。

(二)刑事特别程序是什么

《刑事诉讼法》在第五编规定了“特别程序”,由此,在我国现行的刑事诉讼程序之中形成了普通程序与特别程序并存的局面。普通程序是特别程序的前提和基础;特别程序是在普通程序基础之上建构起来的刑事程序,不能脱离刑事诉讼法对普通程序的一般性规定和基本诉讼规律。特别程序包括未成年人刑事案件诉讼程序,当事人和解的公诉案件诉讼程序,缺席审判程序犯罪嫌疑人、被告人逃匿、死亡案件违法所得的没收程序,依法不负刑事责任的精神病人的强制医疗程序。其中,未成年人刑事案件诉讼程序对未成年人有重大意义。

《刑事诉讼法》将散见于各类规范之中的有关未成年人刑事诉讼程序系统化,形成了我国独具特色的未成年人刑事诉讼程序。未成年人刑事案件诉讼程序规定对犯罪的未成年人实行教育、感化、挽救的方针,坚持教育为主、惩罚为辅的原则。据此,特别程序在指定辩护、未成年犯罪人情况调查、对未成年犯罪人羁押措施的适用、未成年犯罪人的讯问与审判、未成年犯罪人犯罪记录的封存与查询等方面作出了具体规定以保护未成年人的权利。

《刑事诉讼法》及相关司法解释对未成年人案件的审判组织作出了特别规定。审理未成年人刑事案件,应当由熟悉未成年人身心特点、善于做未成年人思想教育工作的审判人员进行,并应当保持有关审判人员工作的相对稳定性。未成年人刑事案件的人民陪审员,一般由熟悉未成年人身心特点,热心教育、感化、挽救失足未成年人工作,并经过必要培训的工会、共青团、妇联、学校、未成年人保护组织等单位的工作人员或者有关单位的退休人员担任。中级人民法院和基层人民法院可以设立独立建制的未成年人案件审判庭。高级人民法院应当在刑事审判庭内设立未成年人刑事案件合议庭。具备条件的，可以设立独立建制的未成年人案件审判庭。

《刑事诉讼法》第 282 条规定了对未成年人的附条件不起诉制度。对于未成年人涉嫌《刑法》分则第四章、第五章、第六章规定的犯罪，可能判处 1 年有期徒刑以下刑罚，符合起诉条件，但有悔罪表现的，人民检察院可以作出附条件不起诉的决定。根据《刑事诉讼法》第 283 条、第 284 条的规定，在考验期内由人民检察院对被附条件不起诉的未成年犯罪嫌疑人进行监督考察。附条件不起诉的考验期为 6 个月以上 1 年以下。考验期满，人民检察院可以撤销附条件不起诉的决定，提起公诉或者是不起诉。

《刑事诉讼法》第 286 条还规定了犯罪记录封存制度。犯罪时不满 18 周岁，被判处 5 年有期徒刑以下刑罚的，应当对相关犯罪记录予以封存。犯罪记录被封存的，不得向任何单位和个人提供，但司法机关为办案需要或者有关单位根据国家规定进行查询的除外。依法进行查询的单位，应当对被封存的犯罪记录的情况予以保密。犯罪记录封存制度能避免前科带来的负面影响，有利于犯罪的未成年人平等地享有与其他正常人一样的权利，使其尽快回归社会。

第二节　犯罪追究中的辩护权利

一、辩护

【案例】小美是一女高中生，上学期间，她与一男生恋爱。在交往了一段时间之后，小美怀孕了。两人商量后决定堕胎，但是堕胎计划直到即将分娩时还未进行。怀孕 9 个多月后，小美上课时突然觉得腹痛难忍，懵懵懂懂地就在学校厕所生下了孩子。小美怕被别人发现，紧张之下竟捂住了婴儿的口鼻……被学校发现后，小美面临涉嫌故意杀人的指控。

北京某律所律师接受北京市法律援助中心的指派为小美涉嫌故意杀人罪提供法律援助。在开庭时,律师提出案发时小美是未成年人,依法应当对其从轻减轻处罚;小美自动投案,如实供述犯罪经过,有自首情节;其当庭认罪,犯罪情节较轻,主观恶性不深;此前一贯表现良好,无前科劣迹,具备监护帮教条件等8项辩护意见。最终,法院完全采纳了律师的辩护意见,以故意杀人罪判处小美有期徒刑3年,缓期3年。

【思考】案例中是谁在行使辩护权?他/她行使辩护权的依据是什么?什么样的人能得到法律援助?

近年来,不少律政剧被搬上了电视荧幕,我们常常可以看到身穿法袍的法官郑重地敲下法槌主持庭审活动,公诉人与辩护人神情激昂各抒己见。随着“网络庭审直播”“网上调解室”等司法公开项目的推进,辩护人巧言善辩的形象已深入人心。辩护人的日常工作是与“辩护”和“辩护权”紧密联系的。

(一)辩护权的产生和发展

刑事诉讼中的辩护是指犯罪嫌疑人、被告人及其辩护人为反驳控诉,根据事实和法律,提出能够证明犯罪嫌疑人、被告人无罪、罪轻或应当减轻、免除刑事责任的材料和意见,维护犯罪嫌疑人、被告人的诉讼权利和其他合法权益的诉讼活动。辩护权就是受到刑事追诉的人直接或间接进行这些辩护活动的权利。辩护权的行使主体包括犯罪嫌疑人、被告人及其辩护人。

追溯刑事诉讼法的历史,我们不难发现,早期的辩护权制度在古希腊时期就已经出现了萌芽。古希腊著名的哲学家苏格拉底的《最后的辩护》就是最好的佐证。公元前399年,雅典人以信奉新神、腐化青年和颠覆人民传统认识为由对苏格拉底进行审判并判处死刑。

苏格拉底在法庭上为自己作了这样一段辩护,他先是针对原告对他的控诉逐条反驳,声明原告所作的都是虚假的指控,然后通过细数自己的经历陈述对自己有利的事实。苏格拉底的辩护词在内容上可以视为现代诉讼中答辩书的雏形。这一制度在中世纪受到压制后又随着资产阶级革命的胜利被赋予现代意义而再次活跃在诉讼活动中,并在今天仍保持着旺盛的生命力。

辩护权制度在新中国的构建也并非一帆风顺。1954 年“被告人有权获得辩护”被写入《宪法》,标志着辩护权作为我国的一项宪法原则得到正式确立。同年,《人民法院组织法》也对辩护权的行使作出了基本规定。“文化大革命”期间,辩护制度被扼杀。直到十一届三中全会后,“拨乱反正”工作的有序开展使辩护制度得以重见天日。1979 年《刑事诉讼法》重申了辩护权这一宪法权利和律师制度,《刑事诉讼法》在 1996 年和 2012 年的两次重大修正也以辩护制度的修正为重点。此外,1996 年《律师法》的出台在很大程度上丰富了辩护权的内容,《律师法》在 2012 年和 2017 年的两次修正进一步完善了我国的辩护制度。

辩护权作为刑事诉讼的一项基本权利,也是宪法规定的基本人权,是法律赋予犯罪嫌疑人、被告人的专属的诉讼权利。辩护权的自由行使是犯罪嫌疑人、被告人在诉讼活动中的主体地位的重要保障。

(二)辩护人的范围

《刑事诉讼法》规定,可以被委托为辩护人的人包括:律师,人民团体或者犯罪嫌疑人、被告人所在单位推荐的人,犯罪嫌疑人、被告人的监护人、亲友。

我们常常可以看到辩护律师在庭审中侃侃而谈,凭借自己的专业知识和经验维护着被告人的合法权益。律师作为辩护人队伍的主力军,在刑事辩护中发挥着相当重要的作用。除此之外,根据《刑事诉讼法》的规定，实践当中，也会有其他人员作为辩护人，主要包括下面两类。

一类是人民团体或者犯罪嫌疑人、被告人所在单位推荐的人。这里所说的人民团体主要是指工会、共青团、妇联等群众性团体。中华全国律师协会统计的数据显示，我国律师队伍日益壮大，但是国民人均拥有律师比例与发达国家相比，仍有较大的差距。在这样的背景下，让部分不具有律师身份的但熟悉诉讼实践或法律知识的人帮助犯罪嫌疑人、被告人行使辩护权也是具有可行性的。

还有一类就是犯罪嫌疑人、被告人的监护人、亲友。在刑事诉讼中，这两类人更容易获得当事人的信任，能够更好地稳定当事人的情绪，双方的沟通也就更顺畅，从而能够更好地维护当事人的合法权益。

需要注意的是，正在被执行刑罚或者依法被剥夺、限制人身自由的人，不得担任辩护人。公诉案件中，侦查阶段只有律师才能受托成为当事人的辩护人，其他人则被排除在外；在检察院提起公诉之后，非律师的辩护人才可介入。

（三）辩护的种类

由于权利行使主体、权利的来源不同，我国刑事诉讼理论将辩护分为三类。

1. 自行辩护

自行辩护是指犯罪嫌疑人、被告人自己针对指控进行反驳和辩解，维护自己的合法权益。显而易见，这类辩护权的享有者和直接行使者都是受到刑事追诉的犯罪嫌疑人、被告人本人。正因为无须第三人（如律师或亲友）的介入，犯罪嫌疑人、被告人在刑事诉讼的任何阶段都可以为自己进行辩解。犯罪嫌疑人、被告人亲身经历过指控的事实，由他们本人进行辩护，无疑是最直接、高效的辩护方式。

2. 委托辩护

委托辩护是指犯罪嫌疑人、被告人委托律师或其他人为自己辩护。绝大多数的刑事案件是由国家机关主动对犯罪活动进行侦查，对行为人采取强制措施、提起公诉、进行审判和执行。由于犯罪嫌疑人、被告人往往被采取强制措施，无法进行必要的收集取证活动；绝大多数的当事人是不熟悉法律的普通人，缺乏辩护的能力和经验；他们和案件有直接的利害关系，办案人员对其辩护不重视等原因，他们仅仅通过自行辩护难以充分地行使辩护权，因此需要委托他人帮助自己行使辩护权。

身处不利情况的当事人为了尽可能地摆脱困境，经常会向自己熟悉的亲友寻求帮助，或是将辩护权委托给更加专业的职业律师代为行使。犯罪嫌疑人、被告人在押的，其监护人、近亲属也可以代为委托辩护人。这里的监护人是指对未成年人、精神病人的人身、财产及其他合法权益承担监督、保护职责的人，如未成年人的父母、精神病人的配偶等。近亲属是指夫、妻、父、母、子、女、同胞兄弟姐妹。

《刑事诉讼法》规定，犯罪嫌疑人自被侦查机关第一次讯问或者采取强制措施之日起，有权委托辩护人；在侦查期间，只能委托律师作为辩护人。被告人有权随时委托辩护人。为了保障当事人对辩护权的充分正确行使，法律还规定了公安司法机关负有在限定的时间内对还没有委托辩护人的当事人进行提示告知的义务，告知其有权委托辩护人。侦查机关在第一次讯问犯罪嫌疑人或者对犯罪嫌疑人采取强制措施的时候，应当告知犯罪嫌疑人有权委托辩护人。人民检察院自收到移送审查起诉的案件材料之日起 3 日以内，应当告知犯罪嫌疑人有权委托辩护人。人民法院自受理案件之日起 3 日以内，应当告知被告人有权委托辩护人。犯罪嫌疑人、被告人在押期间要求委托辩护人的，人民法院、人民检察院和公安机关应当及时转达其要求。

一名被告人只可以委托一名至两名辩护人。一名辩护人不得为两名以上的同案被告人或犯罪事实存在关联的被告人辩护。

3. 法律援助辩护

任何人都有委托辩护人的权利,该权利不因贫困而被迫放弃。为了防止犯罪嫌疑人、被告人由于经济困难等原因无法聘请辩护人,国家提供了法律援助辩护。

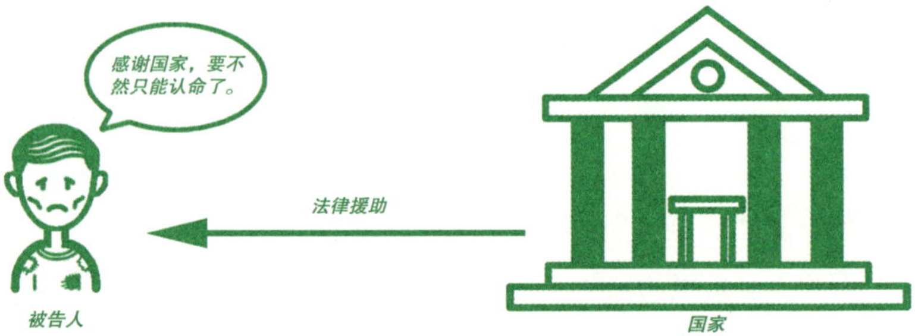

法律援助是指由政府设立的法律援助机构组织法律援助律师,为经济困难或特殊案件的人给予无偿法律服务的一项法律保障制度。法律援助辩护适用于从侦查、审查起诉到审判的各个刑事诉讼阶段。法律援助辩护的前提是犯罪嫌疑人或被告人没有委托辩护人。法律援助辩护只能由律师进行,其他辩护人不能从事法律援助辩护。法律援助辩护可分为通知法律援助和申请法律援助。

通知法律援助是指只要满足了某些法定条件,公检法机关就应当通知法律援助机构为犯罪嫌疑人、被告人指派律师提供辩护。《刑事诉讼法》规定了以下几种情形:(1)犯罪嫌疑人、被告人是盲、聋、哑人,或者是尚未完全丧失辨认或者控制自己行为能力的精神病人;(2)犯罪嫌疑人、被告人是未成年人;(3)犯罪嫌疑人、被告人可能被判处无期徒刑、死刑。只要符合以上任一情形,不论当事人的经济状况如何，公检法机关都应通知法律援助机构，法律援助机构也应当无条件指派律师为其提供法律援助。上述案例涉及的就是通知法律援助辩护。小美是未成年人，没有委托辩护人，属于法院应当指派律师为其提供法律援助的情形。律师接受法律援助机构的指派帮助犯罪嫌疑人、被告人行使辩护权时，辩护权行使主体是该律师。律师行使辩护权依据的正是通知法律援助制度。

虽然不属于必须提供法律援助的情形，但具有下列情形之一，且被告人没有委托辩护人的，人民法院也可以通知法律援助机构指派律师为其提供辩护：(1)共同犯罪案件中，其他被告人已经委托辩护人；(2)有重大社会影响的案件；(3)人民检察院抗诉的案件；(4)被告人的行为可能不构成犯罪；(5)有必要指派律师提供辩护的其他情形。

申请法律援助是指犯罪嫌疑人、被告人由于经济困难或者其他原因没有委托辩护人的，本人及其近亲属可以向法律援助机构提出申请，对符合条件的，法律援助机构应当指派律师为其提供辩护。法律援助作为针对犯罪嫌疑人、被告人的一项国家救济行为，有利于当事人行使辩护权，体现了司法活动中法律面前人人平等的精神。

申请法律援助以犯罪嫌疑人、被告人提出申请为前提。办案机关收到在押的犯罪嫌疑人、被告人提出的法律援助申请后，应当及时将其申请转交所在地的法律援助机构，并通知申请人的监护人、近亲属或者其委托的其他人员协助提供有关证件、证明等相关材料。

二、辩护人的权利

【案例】2006 年 7 月 27 日，福建省某村的两户居民出现中毒症状，其中两人经抢救无效身亡。公安机关侦查后，认为念某有重大作案嫌疑，经检察院批准将其逮捕。念某在 8 年里收到了 4 次死刑判决和 3 次撤销判决，终于在 2014 年被宣布无罪释放。这场耗时 8 年的投毒案能够迎来一个公正的结果，与被告人的辩护团队是分不开的。

念某律师的辩护词主要内容如下：首先，律师认为主要作案手段或主要情节上没有相应的证据支持，指控的犯罪手段不能发生相应的犯罪结果，对证据的解释并不科学、合理，指控被告人向被害人家的水壶嘴内投放剧毒鼠药是完全错误的。其次，律师还提出了相关侦查人员涉嫌刑讯逼供、隐匿和伪造证据，相关的非法证据应当坚决予以排除等意见。

【思考】律师如何获取案件信息和证据？律师如何维护念某的诉讼权利？

该案提出的问题就涉及辩护权的内容。刑事诉讼的过程就是辩护权的行使过程，辩护权的内涵正是在一次次的诉讼实践中不断丰富的。辩护权的有效行使是以完善的辩护权体系为前提的。我国刑事诉讼中辩护人的权利主要有会见通信权、阅卷权、调查取证权等。

(一)会见通信权

“会见难”曾是普遍的现象,尤其是在侦查阶段,公安机关和检察机关往往会以各种借口阻挠律师会见。即使通过了申请,侦查人员仍有可能对会见全程进行监视监听,对谈话内容进行限制,甚至录音、录像。

《刑事诉讼法》针对这些现象作出了修正。除特定类型的案件之外,辩护律师只要持律师执业证书、律所证明和委托书或法律援助公函要求会见在押的犯罪嫌疑人、被告人的,看守所就应及时安排会见。其他辩护人经人民法院、人民检察院许可,也可以同在押的犯罪嫌疑人、被告人会见和通信。会见过程不受监听,办案机关也不得派工作人员在场。辩护律师会见在押的犯罪嫌疑人、被告人,可以了解案件有关情况,提供法律咨询等;自案件移送审查起诉之日起,可以向犯罪嫌疑人、被告人核实有关证据。辩护律师会见犯罪嫌疑人、被告人时不被监听。看守所不得截留、复制、删改委托人与辩护律师的通信。

(二)阅卷权

律师想要充分发挥辩护的作用,必须保证自己全面掌握案件事实和证据。律师获取所需的案件材料的途径包括自行调查或委托检察院、法院调查取证,查阅公检法所掌握的诉讼文书和证据材料。

我国国家机关和辩护人个人收集证据了解案情的条件与能力天然存在失衡。赋予辩护人查阅公检法等机关收集的案卷资料的权利,能够最大限度地弥补被告方力量的不足,保障犯罪嫌疑人、被告人以及辩护人的知情权,从而更有针对性地进行准备,真正实现有效辩护。公检法将已经整合的证据材料直接交给律师查阅，也能够避免律师耗费精力重复收集证据，能够节约诉讼资源。

《刑事诉讼法》第40条规定，辩护律师自人民检察院对案件审查起诉之日起，可以查阅、摘抄、复制本案的案卷材料。其他辩护人经人民法院、人民检察院许可，也可以查阅、摘抄、复制上述材料。案卷材料包括案件的诉讼文书和证据材料。复制的方法包括复印、拍照、扫描等。

（三）调查取证权

俗话说，“打官司就是打证据”。正如前面所说，辩护人获取案件信息的途径之一就是调查取证。客观存在的证据是最有说服力的，调查取证是律师进行辩护活动的基础。在诉讼活动中，辩护人有权出示证据证明自己所主张的事实或借此反驳对方的主张，与会见通信权一样，这是辩护人开庭前进行防御准备的重要活动。

调查取证权是指律师有权向司法行政机关以外的单位和个人收集调取证据。《刑事诉讼法》第43条规定：“辩护律师经证人或者其他有关单位和个人同意，可以向他们收集与本案有关的材料，也可以申请人民检察院、人民法院收集、调取证据，或者申请人民法院通知证人出庭作证。辩护律师经人民检察院或者人民法院许可，并且经被害人或者其近亲属、被害人提供的证人同意，可以向他们收集与本案有关的材料。”辩护律师调查取证时，根据取证对象的不同，需要履行的手续是不同的。如果取证对象是被害人或者其近亲属、被害人提供的证人，调查取证不仅需要取证对象本人同意，还需要经人民检察院或者人民法院许可。《刑事诉讼法》第41条规定：“辩护人认为在侦查、审查起诉期间公安机关、人民检察院收集的证明犯罪嫌疑人、被告人无罪或者罪轻的证据材料未提交的，有权申请人民检察院、人民法院调取。”

（四）申诉控告权

申诉控告是指辩护人在依法行使诉讼权利的过程中，认为公检法机关及其工作人员的行为侵犯了其合法权益时，有权向同级或者上一级人民检察院提出重新处理相关问题或者对不法行为人作出处罚的请求。近年来，随着一部分冤案被平反，保障律师依法行使诉讼权利已成为社会各界的共识。律师在执业活动中，维护了犯罪嫌疑人、被告人的利益，却无法同时兼顾被害人或其他利害关系人的利益。正是由于律师职业的特殊性，导致律师权利被侵犯的事件仍然时有发生。有的律师在庭审中被呵斥、辱骂、强行驱逐，有的律师被利益受损者打击报复，有的甚至被陷害入狱。保障律师及其近亲属的合法权益，保证诉讼活动正常有序进行已是迫在眉睫。向负有监督职能的司法机关请求司法救济能够在一定程度上保障律师顺利履行职责。

在上述案例中，律师通过阅卷、调查取证等提出了案件可能的真相，反驳了控方的指控。发现侦查人员可能损害被告人的权利后，律师为被告人进行申诉控告，并向法院提出排除非法证据的意见，从而维护了被告人的合法权益。

（五）提出意见权

在刑事诉讼过程中，国家机关及其工作人员也会出错，辩护人作为犯罪嫌疑人、被告人利益的维护者，更能站在犯罪嫌疑人、被告人的角度关注案件进展，防止国家机关滥用权力而影响案件的公正审理。在刑事诉讼的各个阶段，律师都可以提出意见。比如，在审查起诉阶段，辩护人对是否起诉的问题提出书面意见的，检察院必须把意见附卷；在死刑复核阶段，辩护律师提出要求的，最高人民法院应当听取其意见。

（六）拒绝辩护权

拒绝辩护权的主体既可以是犯罪嫌疑人、被告人，也可以是辩护人。由于辩护权从源头上说是犯罪嫌疑人、被告人的权利，因此当他们拒绝辩护人的辩护时，法律并没有对其多作限制。所以《刑事诉讼法》第 45 条规定："在审判过程中，被告人可以拒绝辩护人继续为他辩护，也可以另行委托辩护人辩护。"被告人当庭拒绝辩护人辩护，要求另行委托辩护人或者指派律师的，合议庭应当准许。被告人拒绝辩护人辩护后，没有辩护人的，应当宣布休庭；仍有辩护人的，庭审可以继续进行。重新开庭后，被告人再次当庭拒绝辩护人辩护的，可以准许，但被告人不得再次另行委托辩护人或者要求另行指派律师，由其自行辩护。被告人属于应当提供法律援助情形的，重新开庭后再次当庭拒绝辩护人辩护的，不予准许。

律师作为受到职业伦理和法律规范严格要求的人员，只有具备法定事由才能够主动解除委托关系，具体包括：委托事项违法、委托人利用律师提供的服务从事违法活动、委托人故意隐瞒与案件有关的重要事实。

法律虽然赋予律师拒绝辩护的权利，但是律师在诉讼过程中也不得滥用这一权利。在委托人与律师发生不一致的认识时，不得动辄退出辩护；在委托人隐瞒的事实不会对辩护活动产生严重影响时，不得以此为借口拒绝辩护。即使出现了法定的拒绝辩护的情形，也应当给予处于弱势地位的委托人一定的准备时间，保证其有时间委托其他律师接替工作。

04 第四篇

为什么需要国际条约

地球上存在200多个国家和地区，2000多个民族，各个国家和民族之间在宗教、政治、文化、经济等各方面存在巨大的差异，甚至连肤色、语言、习俗都大相径庭。随着全球化的不断深入，这些国家之间如何和平相处？如何处理国家之间的不同主张？如何解决各个国家所面临的诸如全球变暖等共同的问题？这些都属于国家之间关系的范畴，这些问题的解决需要依赖国家之间所共同遵守的规则和制度。国际法律规则便是其中的一种规则。

第一章　是否存在国家之外的法律

第一节　什么样的法律可以称为国际法

一、国际法和国内法有哪些不同

古希腊时期有很多城市国家,它们彼此独立但来往频繁;因此,相互之间交往所形成的原则、规则和制度的范围较为广泛,这与近代国际法颇有相似之处。但是,这些规范带有浓厚的宗教色彩,体系上与近代国际法区别很大。经过古代罗马国际法的不断发展,又在"市民法"之外,形成一套被称为"万民法"的法律,用来调整罗马人民和与罗马友好国家的人民之间的关系;这套法律对后来的国际法有深远的影响。但它在本质上仍是罗马的法律,不是国家之间的法律。

根据上述事例我们不难发现,随着国家之间往来的密切,就产生了一些能够约束双方的原则、规则和制度,用以维护交往过程中的良好秩序。为什么"万民法"不是国际法? 其实很简单,国际法律规则的主要表现形式为国际法。国际法是规范国际法主体之行为的法律规范,并且不属于国内法的总称,①是一个独立的法律体系;而"万民法"仍局限于调整外国人以及外国人与罗马人之间的关系。

① ÖHVR Ⅰ,Rn.6.转引自[德]魏智通主编:《国际法》(第5版),吴越、毛晓飞译,法律出版社2012年版,第12页注释[65]。

显然，国内法与国际法存在本质区别。接下来，我们将介绍如何区分国内法与国际法。

首先，调整对象不同。国内法律关系的调整对象主要是个人、法人、非法人的组织和国家机构。国际法律关系的调整对象是国家、国际组织和为争取民族独立的政治实体。其中，国家是国际法律关系最主要的调整对象。但值得注意的动向是，随着晚近国际法的发展，个人也在少数的一些国际法律关系中成为调整对象。

其次，法律的制定者不同。各国国内设有立法机关，一个国家的国内法往往由立法机关制定，因此立法机关是国内法的制定者。但国际社会并未设立立法机关，并不存在任何超越国家的国际立法机关，故国际法的制定者是国家。国家通过相互之间的协议制定国际法。

最后，实施的依据和方式不同。各国国内都设立了法院、军队、警察以保证法律的强制实施。但国际上并不存在超越国家的强制机关；国际法的实施主要依靠国家本身，依靠它们自身的行动。虽然国际社会也存在国际法院和其他国际裁判或仲裁的法庭等争端解决机构，但它们并没有强制管辖权，也不能强制国家遵守裁决。只有基于国家的意愿，在国家承认了争端解决机构的管辖权时，它们才能行使管辖权。即使如此，享有管辖权的机构所作出的裁决，也只能由国家自觉执行，而不能由争端解决机构强制执行。

二、国际法是如何产生的

17 世纪荷兰的政治思想家、近代国际法的创始人格劳秀斯，15 岁就已经获得奥尔良大学法学博士学位。原本，一个天才少年沿着毫无波澜的轨迹过着平静的生活，直到 1604 年，因为荷兰卷入了一场国际争端，他执笔撰写了一部巨作《论印度》为祖国辩护，在不知不觉中开创了国际法。

国际法的原则、规则和规章第一次出现的地方和最初的表现形式，就是国际法的渊源。将了解渊源作为切入点，可以帮助我们认识哪些法律可以被称为国际法。学者们通常将国内法的法律渊源区分为形式渊源（formal source）和实质渊源（material source）。形式渊源是为制定具有一般适用性并对特定对象具有法律约束力的规则的法律程序和方式。实质渊源为规则的存在提供依据，即一旦被证实，就具有一般适用的法律约束力规则的地位（简单来说，就是具有约束力的法律规范，包括成文法和习惯法）。在国际法中，从某种意义上来讲，形式渊源并不存在，①真正重要的是实质渊源，它们是国家间有关特定规则或做法之合意（consensus）存在的极为重要的依据。

传统的国际法的渊源主要是指《国际法院规约》第38条所指的内容：

一、法院对于陈诉各项争端，应依国际法裁判之，裁判时应适用：

（子）不论普通或特别国际协约，确立诉讼当事国明白承认之规条者。

（丑）国际习惯，作为通例之证明而经接受为法律者。

① 参见［英］伊恩·布朗利等：《国际公法原理》，曾令良等译，法律出版社2007年版，第3页。

（寅）一般法律原则为文明各国所承认者。

（卯）在第五十九条规定之下，司法判例及各国权威最高之公法学家学说，作为确定法律原则之补助资料者。

二、前项规定不妨碍法院经当事国同意本"公允及善良"原则裁判案件之权。

上述是《国际法院规约》第38条的中文翻译，英文的表达方式与中文有所不同，理解起来较为费劲。其中第1款包含的4项内容用中文简洁地表达，就是国际条约、国际习惯、一般法律原则、司法判例及权威公法学家的学说。这4项内容只要存在，国际法院就可以以此作为判决案件的依据，因具有一般适用的法律约束力规则的地位而成为法律渊源。但在这4项渊源中，国际条约和国际习惯是主要的渊源，一般法律原则、司法判例及权威公法学家的学说只是辅助渊源。

《国际法院规约》第38条所列举的渊源至今仍是国际法最主要的渊源。但随着时代的变迁，国际法的渊源也得以发展，所以，不能将其列举的渊源作为国际法渊源的全部。只要达成合意，新的国际法渊源完全可能形成。[①] 一些国际组织的决议，包括联合国大会的决议，只要是在设立国际组织的基本文件中获得了授权，国际组织作出的决议也可以成为国际法的渊源。

三、国际法上权利和义务的承担者

国际法以有独立主权的国家为基础。在1648年欧洲三十年战争结束，《威斯特伐利亚和约》订立以后，欧洲出现了为数众多的独立主权国家。这个和约标志着近代国际法的产生，使国际法的发展进

① 参见［德］魏智通主编：《国际法》（第5版），吴越、毛晓飞译，法律出版社2012年版，第57页。

入了一个新的阶段。

在国际法上，能够承担权利和/或义务的主体，即国际法的主体，其行为直接受国际法调整，[①]主要包括国家、国际组织和一些特殊的国际法主体。随着晚近国际法的发展，个人也在少数的一些国际法律关系中成为主体。

1. 国家是国际法的原初主体、基本主体和主要主体。作为国际法主体的国家，通常应具有常住人口、界定的领土、政府和与其他国家建立关系的能力。[②] 国家的这种与其他国家建立关系的能力包括缔约能力。缔约能力是国际人格最重要的表现，也是国家主权的一个属性。一个实体，不管地理面积多小或其资源多有限，只要具备国家地位的标准就是国际法意义上的国家。例如，哥斯达黎加、卢森堡、冰岛、圣马力诺和列支敦士登都是国际法意义上的国家，它们都缔结了不少的条约。

2. 国际组织[③]是国际法的派生主体。它的形成以国家间国际法条约为基础，是长期或在一定时间内，为实现共同目标的国家联合。国际组织拥有自己的机构，并且被赋予依据条约确定的任务而自行履行职能的权利。[④] 根据设立国际组织的基本文件或组织规章，国际组织具有一定的缔约能力。

---

① Verdross/Simma，Universelles Võlkerrecht，3. Aufl. 1984，22. 转引自［德］魏智通主编：《国际法》（第 5 版），吴越、毛晓飞译，法律出版社 2012 年版，第 137 页。

② 《关于国家权利与义务的蒙得维的亚公约》（Montevideo Convention on the Rights and Duties of States）于 1933 年 12 月 26 日第七届美洲国家国际会议期间在乌拉圭首都蒙得维的亚签署。其第 1 条规定，作为一个国际法所承认之国家应具备以下资格：（1）常住人口；（2）界定的领土；（3）政府；（4）与其他国家建立关系的能力。

③ 作为国际法主体的国际组织，仅仅是指政府间的国际组织。那些非政府间的国际组织（NGOs）是国内法主体，而非国际法主体。

④ 参见［德］魏智通主编：《国际法》（第 5 版），吴越、毛晓飞等译，法律出版社 2012 年版，第 139 页。

3. 除上述两种主要存在的主体外，还有一些特殊类型的国际法主体。它们是指法律上接近于国家的或为争取民族独立的政治实体等，其在有限的范围内，有缔结条约的能力。依据条约解决争端有时会产生政治实体，如但泽自由市。它有固定的领土、人口、国际关系上的若干法律能力和一定的自主权，所以很像一个国家。① 民族解放运动组织在独立之前就已经可以在联合国大会行使权利并参加国际条约的谈判，如参加 1977 年在日内瓦举行的关于发展人道主义战争法的谈判。②

4. 个人在国际法中的主体地位日益上升。传统国际法并不承认个人是国际法主体，认为个人在国际法上应由国家来代表。甚至在当下，个人在国际法上的地位仍然没有定论。但无可否认的是，随着国际法的人本化发展，③越来越多的国际法律规范对个人赋予权利和提起解决争端或参加其他程序的能力，并且对个人施加了一定的义务。

国际法赋予个人权利以及行为能力，近年来比较突出的表现有：(1) 人权的全球性和区域性承认。《联合国宪章》《世界人权宣言》对人权予以承认；欧洲共同体以及欧洲联盟的运行提供了条约规定可以直接适用于个人的范例。以《建立欧洲共同体条约》为代表的条约体系直接规定了很多个人的权利以及国家在此承担的义务，很多以这一条约和其他条约为基础而制定的次级立法对此进行了更为详尽

---

① 参见［英］伊恩·布朗利等：《国际公法原理》，曾令良等译，法律出版社 2007 年版，第 56 页。

② 参见［德］魏智通主编：《国际法》（第 5 版），吴越、毛晓飞等译，法律出版社 2012 年版，第 144 页。

③ 参见曾令良：《现代国际法的人本化发展趋势》，载《中国社会科学》2007 年第 1 期。

的规定。(2)个人在经济领域的活动受到了国际法的重视。《联合国海洋法公约》规定的国际海底区域平行开发制度,允许个人和国家一同参加国际海底区域的勘探开发活动。(3)允许个人在某些国际机构以当事人身份要求解决争端。如《解决国家与他国国民间投资争议公约》允许外国投资者(既包括他国自然人,也包括他国法人)依据该公约所设的国际投资争端解决中心对作为公约缔约国的东道国提起基于投资而产生的争端;《联合国海洋法公约》规定的解决争端的法律方法中,包括仲裁和司法解决都允许个人和法人与有关缔约国以平等的地位参与争端解决程序。此外,联合国的行政法院、国际劳工组织的行政法院受理联合国及其专门机构的公务人员对其所处机构的处分不服而提起的诉讼。①

国际法施予个人的义务,则表现为一些国际组织和国际条约直接规定了个人的义务。如国际原子能机构规定了对于原子能进行管制的计划;这一计划不仅适用于国家,同样也适用于个人。欧洲联盟在经济领域的一系列指令和条例详尽地规定了个人的行为模式。值得注意的是,国际法也有对个人追究刑事责任的规范和实践。第二次世界大战以前,针对海盗行为、奴隶买卖、贩卖人口、非法毒品交易、恐怖主义行为等,有关国际条约就规定无论哪一个国家和国际法庭都可以行使刑事管辖权(如任何国家的军舰都可以在公海上抓捕海盗),对犯罪行为予以惩治,而罪犯所属国负有不得干涉的义务。第二次世界大战以后,国际社会对于种族灭绝罪、战争罪等国际罪行确定了国际刑事责任。战犯的所属国有义务抓捕和审判战犯;有关国家有权利根据条约要求惩处战犯;战犯的本国有义务承认或不干

① 参见何志鹏:《人的回归:个人国际法上地位之审视》,载《法学评论》2006年第3期。

涉这种处罚,必要时应当予以协助。针对战争罪犯而成立的纽伦堡国际军事法庭与远东国际军事法庭确立了国际法上关于个人违反国际法的犯罪行为应该承担个人责任的原则。

第二节 并非疏而不漏

2011 年 10 月 27 日,国务院发布了《中国特色社会主义法律体系》白皮书,宣告中国特色社会主义法律体系已经形成,今后的任务只需推动法律体系的不断完善。也就是说,在我们国家,国内事务和争端都有相应的法律予以规范,可以通过适用相应的法律得以解决。

但在国际社会中,既没有统一的立法机构、执法机构,也没有能够综合考虑和平衡国际社会整体利益、推动法律发展和建设的行政机构,所以容易引发法律之间以及法律和社会之间不协调的问题。国际法的不成体系或者碎片化特征明显。早在 2002 年,联合国国际法委员会第 54 届会议决定将“国际法的碎片化:国际法的多样化和扩展引起的困难”列为长期工作方案的专题,成立了专门研究组,对该问题展开系统的研究。该研究组于 2006 年联合国国际法委员会第 58 届会议上提出了《国际法的碎片化:国际法多样化和扩展引起的困难》的报告,该报告的主要观点和结论最后收录为会议报告的第 12 章。①

【思考】什么是国际法的不成体系?包括了哪些方面?产生了哪些问题?

不成体系就是指国际法各领域越来越明显的专门化和板块化现

① 参见《国际法的碎片化:国际法多样化和扩展引起的困难》,载联合国网 2022 年 7 月 21 日,http://www.un.org/law/ilc/index.htm。

象,即发展出越来越多的分支或部门或专门类别。这些类别、部门和分支无法用一个统一的上下级体系排列,加之国际法律关系主体在不同领域的交叉和变化,在国际法所涵盖的诸多领域,法律原则适用等问题上出现了重叠、不协调和冲突。[①] 具体而言,国际法的不成体系表现为以下两个方面:

一是国际法的部门化和框架化。随着国际交往的增加,现代国际法的调整范围已经扩展到国家间的经济关系、文化关系、法律关系等国际关系的其他领域,其规范所及上至外层空间,下达海床洋底,几乎包括人类生活的各个方面。国际法的规则、规章和制度也呈现出部门化或领域化的发展趋势。这些事项已经成为空间法、极地法、原子能法、环境法、人权法、知识产权法、贸易法、金融法、投资法、产品责任法、劳工法、旅游法、组织法、发展法、刑法等高度专门化的法律所管辖的领域,[②]并在其独有的领域各有自己的原则和机构,形成了一个个新的独立的国际法部门。这是国际法多元化的一个表现。

二是国际法的区域化。[③] 由于全球性、普遍性的国际法形成难度较高,同一区域的国家基于共同的利益要求,往往会寻求形成区域国际法。这些区域国际法因调整的是同一类国际关系,所以在内容上难以避免有一定的重复。同时,区域之间的利益又不尽相同,这就可能导致在内容上存在矛盾的情况。

---

① 参见莫世健:《国际法碎片化和国际法体系的效力》,载《法学评论》2015 年第 4 期。

② See Report of the Study Group of the International Law Commission (Finalized by M. Koskennieni), *Fragmentation of International Law: Difficulities Arising from the Diversification and Expansion of International Law*, 13 April 2006, A/CN. 4/L. 682, p. 11.

③ 参见古祖雪:《现代国际法的多样化、碎片化与有序化》,载《法学研究》2007 年第 1 期。

第二章 带你走进"条约"的世界

第一节 你都了解哪些条约

1982年12月,历时9年的第三次联合国海洋法会议,在牙买加的蒙特哥湾落幕。这次国际多边谈判,通过了拥有17个部分共320条款项以及9个附件的庞大海洋法体系,也就是《联合国海洋法公约》。从南海到东海,因海洋权益问题而被我们熟悉的术语,如12海里领海、专属经济区、大陆架划界等,均源自这部公约,由此也开始形成了新的国际海洋秩序。

条约是至少两个国际法主体在原则上按照国际法产生、改变或废止相互间权利义务的意思表示的一致,①它是《国际法院规约》中位于第一位的渊源。条约的历史可以追溯到遥远的古代。公元前1296年,埃及第十九王朝法老拉姆西斯二世与赫梯国王哈图希里三世缔结的一项具有军事同盟性质的条约,被认为是迄今所发现的最古老的条约之一。中国春秋时期,诸侯国在相互交往中产生了缔结条约的现象。公元前651年,齐桓公与诸侯相会于葵丘(今河南兰考)并签订盟约,规定同盟国之间互不侵犯,共同对付外敌。这个盟约被认为是条约史上已知的最早的"互不侵犯条约"。公元前421

① 参见李浩培:《条约法概论》,法律出版社2003年版,第1页。

年，雅典人和斯巴达人曾签订被称为古代希腊外交文献范本的《尼西阿斯和约》。19 世纪以后，随着资本主义生产关系的扩大和资产阶级革命的胜利，条约有了很大的发展。到了第二次世界大战之后，大批曾受殖民统治的地区独立成为现代意义上的国家，国际组织日益活跃，各种类型和性质的国际条约剧增。

那么，谁有资格缔结条约呢？条约的缔结者包括国家、国际组织和一些特殊的国际法主体。个人、法人等虽然享有一些国际法上的权利，承担一些国际法上的义务，但无权缔结条约。

第二节　冠以别名的"条约"

条约是至少两个国际法主体按照国际法产生、改变或废止相互间权利义务一致的意思表示。符合这个定义的，实质上都是条约，但不一定都用条约这个名称。在国际实践中，除条约这一名称外，还有其他的名称。

1. 条约。这是最正式的一种名称，一般适用于解决比较重大的政治、经济、法律等问题，如和平条约、友好条约、人口条约、领土条约、投资条约等。使用这一名称的条约，往往要经过烦琐的谈判、签署、批准和文书交换等程序。

2. 公约。指在国际组织主持之下或一些国家为解决某一重大问题而举行的国际会议上谈判达成的专门规定特定事项的多边条约。在国际实践中，公约通常用于参加国数目众多的多边条约。国际社会公约众多，涉及领土、外交、人权等各方面。在联合国主持之下订立的较为重大的公约包括《公民权利和政治权利国际公约》《儿童权利公约》《联合国海洋法公约》《维也纳外交关系公约》等。[1]

3. 协定。一般有效期较短，内容较不重要，主要用于解决某一方面具体问题，如自由贸易区协定、关于在国界水流中捕鱼的协定、关于河流方面规定的协定。1944 年芝加哥国际民用航空会议制定的《国际民用航空临时协定》就是有效期较短的协定，其在《国际民用航空公约》生效后就失效了。

4. 议定书。大多是一个主条约的附属文件，以补充、说明、解释或改变主条约的规定，通常采用"附加议定书"或"最后议定书"的名称。

5. 文件。通常是指国际会议上通过的，规定一般国际法规则或解决一般国际问题的多边条约，常使用"总文件"或"最后文件"这样的词。前者如《关于和平解决国际争端的日内瓦总文件》，后者如 1815 年《维也纳公会最后文件》。

6. 宣言。宣言有三种：一是两国或数国会谈后或某一国际会议召开后，就重大国际问题发表的不规定具体权利和义务的声明，这种宣言不属于条约；二是两国或数国不仅就一些重大国际问题发表声明，还规定了权利义务，且对有关国家具有法律拘束力，如《开罗宣言》；三是有的宣言本身就是一个条约，规定国家的行为规则，如 1856 年的《巴黎海战宣言》。

7. 换文。由两国政府的代表分别发出或交换内容相同或相类似的两个或多个文件。这些文件表明双方就特定事项缔结了条约。在英文中称为"构成协定的换文"。

---

① 我国外交部网站上有中国签订条约、公约的统计。

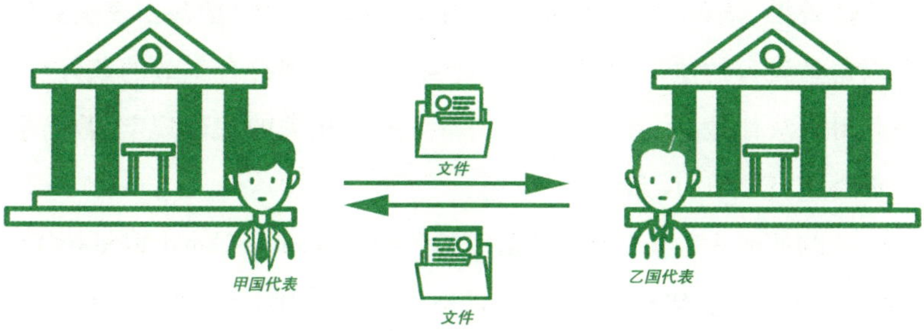

8. 宪章、盟约、规约。为了赋予国际组织的组织条约以庄严的名称，实践中使用了"宪章""盟约""规约"等词语。使用"宪章"一词的包括《联合国宪章》《美洲国家组织宪章》《国际军事法庭宪章》等；使用"盟约"一词的有《国际联盟盟约》《阿拉伯国家联盟盟约》等；使用"规约"一词的有《国际法院规约》《欧洲理事会规约》等。

除上述名称外，实践中条约的名称还可以采用临时协定、谅解备忘录、补充协定、联合公报等。

在学理上，根据缔约方数目的多寡，条约可以分为双边条约和多边条约。两方签订的条约是双边条约，多方签订的条约为多边条约。许多情况下，双边条约的参加国就是两国，一边一国。但是在某些情况下，双边条约的参加国并非只有两国，而是有多国，只不过这些国家可以被归类为两个当事方。例如，1947 年 2 月 10 日的对意和约，一方是苏联、美国、英国、中国等国，另一方为意大利。多边条约则是对很多国家或任何国家都开放的条约。

第三节　条约的生效、效力、国内执行

一、条约的生效

条约生效是指一个条约在法律上成立，因而发生拘束各当事国

的法律效果,该条约的规定即成为各当事国的法律,是各当事国必须予以善意履行的法律状态。也就是说,条约达到符合生效的条件后,即获得了法律效力,可以要求各当事方遵守相关的法律规定;若当事方不遵守,就会违反条约。

条约何时生效?《维也纳条约法公约》(Vienna Convention on the Law of Treaties)1969 年 5 月 23 日签订于维也纳,于 1980 年 1 月 27 日生效。我国于 1997 年 9 月 3 日交存加入书(《维也纳条约法公约》于 1997 年 10 月 3 日对我国生效),但我国对《维也纳条约法公约》第 66 条持有保留意见,并宣布台湾地区 1970 年 4 月 27 日的签署非法、无效。可见,条约生效的方式和日期,可以由当事方在谈判、协商时取得一致的意见,并规定在条约中。实践中,按简易程序缔结的双边条约,一般从签字之日起生效;按复杂程序缔结的双边条约,一般从缔约双方交换批准书之日起生效。但由于缔约双方可以自由地规定条约生效的方式和日期,因此实践中还采用在签署后经过一定期间生效等多种生效方式。①

条约如何生效?多边条约的生效方式有很多。与双边条约只需双方同意不同,多边条约一般都要求一定数目的国家以一定的方式表示同意受该条约的拘束后,经一定期间才发生效力。例如,《联合国国际货物买卖合同公约》(CISG)第 99 条第 1 款规定,本公约在第十件批准书、接受书、核准书或加入书等交存之日起 12 个月后的次月的第 1 天生效。第十件法律文书于 1986 年 12 月 11 日提交,因此该公约于 1988 年 1 月 1 日生效。全球性公约大多是开放性条约,在其生效后,也允许其他国家加入。这些后加入的国家,公约往往也需要经过一定的时间才对其生效。对于 CISG 生效后交存加入书的国

---

① 参见李浩培:《条约法概论》,法律出版社 2003 年版,第 173 ~ 175 页。

家而言,公约从其交存加入书起 12 个月后的次月的第 1 天才对其生效。①

二、条约的效力

1. 条约信守原则,是条约法上一个最重要的基本原则,称为条约必须信守原则,或称为条约神圣原则。缔结条约以后,各方必须按照条约的规定,善意履行自己的权利和义务。②

条约必须信守原则是一个基本原则。在国际实践中,由于并没有类似于国内的执行机关可以强制条约的执行,如果不实行条约必须信守原则,各国就可能因为追求自己的利益而置条约于不顾,最终导致国际社会陷入混乱甚至冲突之中。因此,条约必须信守的重要意义在于为国家间的相互信赖创造条件,维护国际社会的和平和稳定。

善意履行条约应以善意解释条约为前提。例如,罗马皇帝瓦勒里安在许诺向敌国安提阿归还半数船舶后,竟将其许诺歪曲解释为归还每一船舶剖成两半后的一半。显然,罗马皇帝的这种解释属于歪曲解释,导致了不善意履行条约的结果。

当然,条约必须信守原则不是绝对的,在一些情况下条约可以不履行。例如,缔约后情况发生重要变化,再按原条款的文字履行将对当事国一方有失公平,该方就有权终止或退出条约,或者基于国家自保权也可不履行条约。事实上,平等互利才是条约得到信守的真正保证。③

---

① 例如,截至 2017 年 6 月 15 日,阿塞拜疆为 CISG 的最新缔约国,其于 2016 年 5 月 3 日交存加入书,CISG 于 2017 年 6 月 1 日起对其生效。

② 参见王铁崖:《国际法》,法律出版社 1995 年版,第 345 页。

③ 参见李浩培:《条约法概论》,法律出版社 2003 年版,第 286 页。

2. 相对效力原则，是指条约一般只对缔约国发生效力，不能约束第三国。为什么条约只对缔约国发生效力？因为缔约国承认了条约的效力，具有了同意受其约束的意思表示。但国际社会的“横向”特点，不存在凌驾于各国之上的立法机关，因此一般来说，各国都不能以一个双边或多边条约将权利义务强加于第三国。国家的同意是条约存在的重要前提；若无国家同意，条约的内容就对其无法律拘束力。因此，《维也纳条约法公约》第 34 条规定：条约未经第三国同意，对第三国既不创设义务也不创设权利。对第三国来说，条约只是他国之间的意思表示，对其不会产生法律后果。

为了应对可能出现的情况，《维也纳条约法公约》第 35 条规定：如果条约当事各国有意以该条约的一项规定作为第三国确立一项义务的方法，且该项义务经过该第三国以书面明示接受时，则该第三国即因此项规定而负有义务。根据该规定，若一个条约确实要规定第三国的义务，则必须符合两个条件：(1)条约的缔约国必须有在条约中规定第三国义务的意思表示；(2)该第三国必须以书面形式明确表示接受相关的义务。基于此，第三国承担的义务实际上并非条约直接加于它的，仍然是基于第三国同意的。

在实践中，也存在条约为第三国规定权利的情况。如 1919 年《凡尔赛和约》第 374 条规定，德国许诺自该和约实行起 10 年内，经瑞士政府和意大利政府协定后向其请求，即接受对 1909 年关于圣哥达铁路的国际公约的废止。这就相当于为瑞士规定了一个请求废止有关铁路公约的权利。

三、条约的执行

条约的执行指的就是条约的适用。条约生效后，就对当事国产生法律拘束力因此得以适用。

首先，条约可以由相应的国际机构予以执行。在国际社会，当条约的两个当事国就履行条约的权利义务产生争议时，可以将争议交给相应的争端解决机构，由该机构根据条约的规定作出裁决。例如，《国际货币基金协定》第 29 条规定，当国际货币基金组织的成员之间对协定条文的解释发生任何异议时，应即将争议提交执行董事会裁决；对裁决不服的，任何一方仍可以在裁决后 3 个月内要求将该异议提交理事会作最后裁决。但是，需要指出的是，由于国际法的发展还处于初级阶段，并非任何有关国际条约的争端都有相应的国际机构加以解决。即使国际机构作出的裁决使争端得以解决，但对裁决的执行也主要依赖于各当事国的自觉执行，国际机构并没有强制执行的权力。

其次，条约的当事国，应采取必要的措施，保证条约在其国家领土内得以适用。条约可以由当事国的立法、行政和司法机关予以适用。当然，根据条约的内容等实际情况，当事国可以自由决定由哪个机关适用，以及适用何种具体程序执行条约。

最后，当条约对一个当事国生效后，对于该当事国而言，就会涉及条约与国内法的相互间地位的问题。目前各国处理两者关系的制度有以下 4 种类型：

（1）国内法优于条约。适用此制度的国家，处理国内法与条约的关系时，将国内法居于首位，条约居于其次。采用这一制度的国家较少，那么原因何在？因为在该制度下，可能出现条约与国内法相抵触，而无法得到执行的局面。条约当事国因此违反了条约义务，而应当承担国际责任。目前，采用这一制度的典型国家是阿根廷。阿根廷第 48 号法律第 21 条规定：阿根廷法院和法官执行职务时，应依本条规定的优先顺序，适用宪法作为本国的最高法律，然后适用国会已经通过或可能通过的法律、与外国缔结的条约、各省的个别法律、本国过去适用的一般法律和国际法原则。①

（2）国内法与条约地位相同。采用这一制度的国家较多，如美国、德国等。1829 年，美国联邦最高法院在“福斯特诉尼尔森案”判决中认为，一项条约要成为“美国的法律”，并因此在美国法院中与立法机构的立法同等适用，该条约无须任何立法机构条款的协助，本身能够适用。即条约属于自动执行的情况下，与联邦立法机构的立法同等。在此制度之下，条约和国内法地位相同。但需指出的是，与条约地位相同的国内法一般排除宪法和联邦国家的各州法。因为宪法是一国最高的法律，其地位高于条约；联邦国家的州法被认为处于联邦法之下，其地位低于条约。

采用这一制度的国家，在条约和国内法两者

① 李浩培：《条约法概论》，法律出版社 2003 年版，第 324 页。

在内容等方面存在抵触的情况下，则采用后法优于前法的原则解决，即适用制定或缔结日期较晚的国内法或条约。在生效日期在后的国内法律与生效日期在先的条约相抵触时，适用国内法；生效日期在前的国内法与生效日期在后的条约相抵触时，适用条约。

（3）条约优先于国内法。中国、法国等国家采用该制度。例如，我国《民事诉讼法》第267条规定：中华人民共和国缔结或者参加的国际条约同本法有不同规定的，适用该国际条约的规定，但中华人民共和国声明保留的条款除外。这项规定表明，当我国民事法律与条约有不同规定时，除非我国有相关的保留声明，否则优先适用条约。需要指出的是，这些规定仅用于解决民事法律关系方面的法律适用问题，并非针对所有的法律关系。在外交、军事、行政管理、国际投资审查等非民事法律关系方面，我国并不存在优先适用条约的规定。

（4）条约优先于宪法。采用这一制度的国家，不仅承认条约优先于一般的国内法，还承认条约优先于本国的宪法。宪法是一国最高的法律，确立了本国国体、政体等重大的制度；若承认条约优先于宪法，当宪法与条约发生冲突时，优先适用条约，将对本国国内政治、经济产生重大影响。因此，很少有国家采用这一制度。①

① 目前采用这一制度的国家主要是荷兰。荷兰《宪法》第60条、第63条、第65条、第66条的规定构成了承认条约优先于宪法的制度。

第三章　是否存在世界政府

提问：在国际社会，是否存在世界政府？

回答：不存在。

原因：没有一个国家或国家集团拥有把自己的意志强加于整个国际社会的权力。国际社会中，在中央管理的层面上，还是处于相对的无政府状态和横向结构，组织规则处于十分低级的水平。①

国内法律制度高度发达，发展出复杂的组织规则，并且成立了复杂的机构。在制度设计方面，现代国家都遵循共同的模式，包括：除非存在自卫等紧急情况，否则所有成员都不得使用武力，合法的强制行动只能由国家采取；由专门的机构负责制定法律、法律裁判以及法律的执行等。虽然国际社会具有分权、分散的特点，但由于解决全球变暖等共同问题的内在需求，则要求存在某种组织化、机制化的社会形式，进行适度集中，共同管理，这就促进了国际组织的出现。国际组织是国家间多边关系发展的产物。现代意义的国际组织产生于19世纪，并在20世纪蓬勃发展。

国际组织从20世纪开始的发展经历了三个阶段：第一阶段为两次世界大战之间，设立了第一个具有广泛职能的世界性组织——国际联盟，并且涌现了国际劳工组织、国际常设法院等。第二阶段为第

---

① 参见［意］安东尼奥·卡塞斯：《国际法》，蔡从燕等译，法律出版社2009年版，第6页。

二次世界大战结束前夕至20世纪80年代末，是为国际组织发展史上的黄金时期。① 在此期间诞生了联合国，出现了一大批全球性、区域性政府间国际组织，国际非政府组织发展之快、规模之大更令人震惊。据统计，1909年时国际组织仅213个，到1956年为1117个，但到1990年就已经猛增到26,656个。其中20世纪80年代的10年间国际组织共增长12,383个，几乎相当于此前一个世纪国际组织数目之和。② 第三阶段为20世纪90年代至今，是国际组织全球化时代的发展阶段，也是国际社会组织化程度大幅度增强的阶段。国际社会的全球化，大大强化了国际组织的地位，也要求它们在形成和实施普遍性原则、规则和制度方面发挥更大的作用。1998年年底，国际组织总数高达48,350个，比1990年增长了81%。③ 截至2005年，国际组织达到57,964个，其中政府间国际组织为7306个，非政府间国际组织则高达50,658个，分别占全部国际组织的12.6%和87.4%。更为重要的是，国际组织的活动范围进一步扩大，涉及人类生活的所有方面。只要人类活动所及，就有相关国际组织的存在和活动。任何国家，无论大小强弱，都一定是不同国际组织的成员。它们之间，只有参加国际组织多寡的区别，没有是否参加的区别。

第一节　政府间国际组织和非政府间国际组织

政府间国际组织是在国际法基础上，由两个或以上的国际法主体（大多数为国家）为成员组成的并维护成员共同利益的独立

---

① 参见饶戈平：《论全球化进程中的国际组织》，载《中国法学》2001年第6期。

② ULA ed. Yearbook of International Organizations, 1992/1993, Vol. 1, p. 1669.

③ ULA ed. Yearbook of International Organizations, 1998/1999, Vol. 2, p. 1760.

组织。[①] 国际非政府组织是由各国的自然人或法人根据国内法订立协议而自愿成立或加入的,属于民间性质,在政治上、经济上独立于各国政府。它们的构成是国际性的,活动范围是跨国的,设有总部与常设机构,通常享有总部所在国的法人资格;它们是非营利的社会组织,自主经营,以服务于国际社会的公共利益为宗旨。[②] 二者的区别主要有如下三个方面:

一是成员组成。政府间国际组织的成员通常是国家,但并不排除其他国际法主体加入国际组织的可能性。同样,只要按照其成立条约具备加入资格以及国际法主体资格,一个政府间国际组织也可能成为另一个政府间国际组织的成员。但无论如何,只有国际法主体,才可以成为政府间国际组织的成员。非政府间国际组织的成员通常是个人或民间团体。

二是法律地位。政府间国际组织通常依据国际法设立,是国际法主体。虽然非政府间国际组织的行为具有跨国性,但其往往依据一国的国内法设立,是一国的国内法主体。

三是功能。政府间国际组织的权力源于国家的让渡和转移,因此,其行使的权力实际上是国家的权力,并且受国际法调整。但非政府间国际组织不能行使国家权力,不受国际法调整而是受国内法约束。

① 参见[德]魏智通主编:《国际法》(第5版),吴越、毛晓飞等译,法律出版社2012年版,第250页。

② 参见饶戈平:《论全球化进程中的国际组织》,载《中国法学》2001年第6期。

基于上述区别，本章接下来的论述针对政府间国际组织（以下统一称为国际组织）而展开。

第二节　国际组织的种类和作用

国际组织的种类大致可以分为三类：全球性国际组织、区域性国际组织和专业性国际组织。

全球性国际组织的成员以世界为范围，具有普遍性。它不论国家的社会政治制度、地理位置等因素，是对一切国家开放的国际组织。最著名的全球性国际组织是联合国。

区域性国际组织是某一地区国家参加且其职权也以该地区为限的国际组织。例如，阿拉伯国家联盟、非洲联盟等。

专业性国际组织活动主要限于某一专门领域，但是其成员既可以遍及全球，也可以限于某一地区。前者为全球性，后者为区域性。例如，世界知识产权组织、石油输出组织。

【思考】这些国际组织分别在国际法中扮演怎样的角色，有什么作用？

一是为国际社会提供论坛和谈判场所。国家之间需要交流、议事的渠道；国际组织作为一种常设的、固定的国际会议制度，是连接、沟通各成员国的场所。国际规则的制定、国际争端的解决，往往都是从国际组织的谈判桌上开始的。

二是作为国际立法的组织者和推动者。国际社会没有统一的凌驾于各国之上的立法机构。自第二次世界大战结束以来,涉及各个领域的国际公约和多边条约的发起、起草和通过,国际法原则、规则和制度的制定,都是由国际组织完成的。在国际组织通过和制定后,各国通过签署和批准等方式表示同意后,公约和多边条约才得以生效。因此,国际组织对国际立法发挥了极大的辅助作用。

三是作为国际事务的管理者和组织协调者。国际社会虽然不存在世界政府,但全球性或区域性共同的事务却需要管理和协调,国际组织即充当了管理者和协调者的角色。从一定意义上说,国际社会的现行秩序维系在很大程度上依靠国际组织。

除上述外,国际组织还是国际资源的分配者、和平解决国际争端的机构和国际和平与安全的维护者。①

第三节　国际组织的设立和法律人格

一、国际组织设立问题

根据国际法,国际组织的设立基础是某个国际条约,根据该条约,条约的成员有义务设立一个国际组织,并赋予其相应的职能。因此,成立条约是国际组织的设立基础。例如,联合国是依据《联合国宪章》设立的,世界贸易组织是根据《建立世界贸易组织的马拉喀什协议》设立的。成立条约规定了成员彼此之间在成立国际组织时的义务、国际组织的自身活动规则、组织与成员的关系以及成员之间的关系。

① 参见饶戈平:《全球化进程中的国际组织》,北京大学出版社 2005 年版,第 6～7 页。

国际法只承认国家具有天然的主体地位，是原本的国际法主体。国际组织的情况比国家复杂一些。首先，国际组织是由原本的法律主体创造出来的，不能自动取得国际法主体地位。其次，其能否取得资格，需要成员在成立条约中明确地授权或通过“暗含权力”理论加以推定。一般而言，国际组织在设立时总被授予国际法主体地位，但不排除少数国际组织由于特殊原因没有被授予完全国际法主体的地位。

国际法上采取有限授权原则，即国际组织的权限与目的由成立条约事先确定；国际组织只能在成立条约的授权范围内行使权力，不能扩大自身的决策权限。

二、国际组织具备哪些法律人格

国际组织的法律人格包含国际人格和国内人格两个方面。

国家拥有国际法承认的全部国际权利和义务，具有完全的国际人格，是主要的、典型的国际人格者。国际组织的国际人格由成立文件明示或暗示地授予，其权利、能力的性质和范围主要取决于国际组织职能的需要；其国际人格是有限制、有条件的，因此是不完全的国际人格者。同时，由于国际组织的国际人格取决于各自成立文件所规定的不同宗旨和职责，因此其法律地位和能力并不完全相同，而是各自拥有自己独特的权利能力和行为能力。

基于国际组织的国际人格，其国际层面的法律能力通常包括：缔结条约，接受和派遣外交使节，承认国际法主体，提出或接受国际求偿，就国际求偿诉诸法院，召开国际会议，保存和登记条约，颁发护照和国际旅行证件，承担船舶与航空器的注册以及使用组织的旗帜、信章和徽章等。但是，并不是说所有国际组织都完全拥有上述法律能力，其能够实施哪些行为最终还取决于成立文件的规定。

国内人格，简言之，是其在各国国内实施法律行为、享有权利和承担义务的能力。国际组织国内人格的取得与承认，要比其国际人格更加明确和简易。作为国际组织成立文件的缔约国的主权国家，都会在法律上或事实上承认国际组织在本国的人格。

国际组织的国内人格通常包含：订立合同、取得或处置动产或不动产、提起诉讼等。同时，为实现国际组织的职能，其国内人格还包括必要的特权和豁免，通常包括司法管辖豁免，判决的执行豁免，组织的房舍、财产和档案不受侵犯，货币和财政特权，通信自由等。

第四章　走近联合国

第一节　敲开联合国大门

一、认识联合国

联合国是依据《联合国宪章》而成立的全球性国际组织。1945 年，50 个国家的代表在旧金山参加联合国国际组织会议，并起草了《联合国宪章》。这些代表对 1944 年 8～10 月中国、苏联、英国和美国的代表在美国敦巴顿橡树园提出的建议进行了审议。1945 年 6 月 26 日，50 个国家的代表签署了《联合国宪章》。虽然当时波兰没有派代表参加此次会议，但后来也签署了《联合国宪章》，因而成为联合国 51 个创始会员国之一。在中国、法国、苏联、英国和美国以及大多数其他签字国批准《联合国宪章》之后，《联合国宪章》于 1945 年 10 月 24 日生效，联合国组织于同日正式成立；截至 2020 年，拥有 193 个会员国。

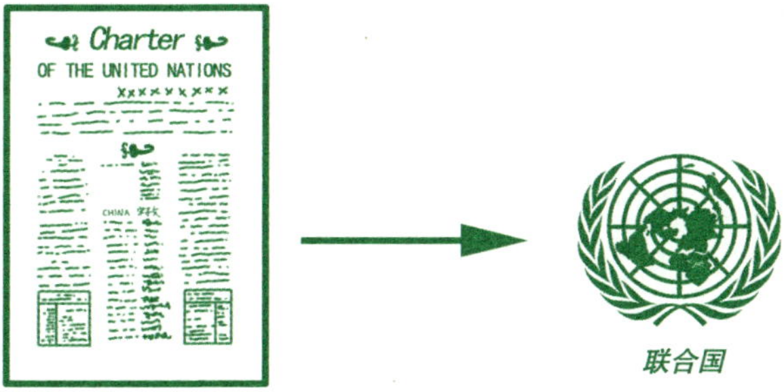

联合国宪章　　联合国

二、了解《联合国宪章》

《联合国宪章》是设立联合国的多边条约，它确立了联合国的宗旨、原则和组织机构设置，规定了成员国的责任、权利和义务，以及处理国际关系、维护世界和平与安全的基本原则和方法。除序言和结语外，共分19章111条。《国际法院规约》是《联合国宪章》的组成部分。

《联合国宪章》第23条、第27条和第61条的修正案由大会于1963年12月17日通过，于1965年8月31日生效。第61条的进一步修正案由大会于1971年12月20日通过，于1973年9月24日生效。第109条修正案由大会于1965年12月20日通过，于1968年6月12日生效。

第23条修正案将安全理事会成员从11国增至15国。第27条修正案规定安全理事会关于程序事项的决定应由9个(原先为7个)理事国的可决票作出，关于一切其他事项的决定则由9个(原先为7个)理事国的可决票，其中包括安全理事会5个常任理事国的同意票作出。

第61条修正案于1965年8月31日生效，将经济及社会理事会的成员从18国增至27国。该条的进一步修正案于1973年9月24日生效，将经济及社会理事会的成员从27国增至54国。

第109条修正案是修正该条第1项，规定会员国为审查本宪章，得以大会会员国2/3之表决，经安全理事会任何9个(原先为7个)理事国之表决，确定日期及地点举行全体会议。第109条第3项涉及大会第十届常会期间可能举行审查会议的问题，仍然保留原来的行文，“安全理事会任何七个理事国之表决”，1955年大会第十届常会和安全理事会根据该项规定采取了行动。

虽然联合国并非国家之上的中央政府，但根据《联合国宪章》第1条以及前言的规定，联合国的行动使命较为广泛，包括维护国际和平与安全、保护人权、提供人道主义援助、促进可持续发展和维护国际法6个方面。[1]

第二节　联合国的主要机关及运行

根据《联合国宪章》第7条的规定，联合国设立6个主要机关：大会、安全理事会、经济及社会理事会、托管理事会、国际法院(ICJ)和秘书处。这6个主要机关均设立于1945年联合国成立之时。

1. 大会，由联合国全部193个会员国组成，是唯一由全体成员参与的机构。它是联合国的主要审议、决策和代表性机关，就《联合国宪章》所涵盖的全部国际问题进行多边讨论的论坛。每年9月，会期一般为3个月，大会会员国齐聚纽约，在联合国大会会议厅召开年度会议，并举行一般性辩论，多国国家元首出席一般性辩论并发表讲话，人们称它为"马拉松"会议。

根据《联合国宪章》，大会的职权包括：(1)审议和核准联合国预算，并确定各会员国的财政摊款；(2)选举安全理事会非常任理事国

① 参见《联合国宪章》，载联合国网2021年9月19日，http://www.un.org/zh/sections/about-un/overview/index.html。

和联合国其他理事会及机关成员，并根据安全理事会的建议任命秘书长；(3)审议合作，维护国际和平与安全，包括进行裁军的一般原则，并就此提出建议；(4)讨论同国际和平与安全相关的任何问题，并就此提出建议，但涉及安全理事会正在商讨的争端或局势的情况除外；(5)讨论《联合国宪章》范围内的问题或影响到联合国任何机关的权力和职责的问题，并就此提出建议，但存在与上文相同的例外情形；(6)开展研究，提出建议，以促进国际政治合作，国际法的发展和编纂，人权和基本自由的实现，以及经济、社会、人道主义、文化、教育和健康领域的国际合作；(7)就可能损害国家间友好关系的任何局势提出和平解决的建议；(8)审议安全理事会和联合国其他机关的报告。

大会的表决采用一国一票制。每一会员国，都有一个投票权。大会对于重要问题——维持国际和平及安全、选举安全理事会非常任理事国、选举经济及社会理事会理事国、选举托管理事会理事国、准许新会员国加入、停止会员国权利及特权、对会员国进行除名、施行托管制度以及预算问题——的决定，必须由2/3多数通过。其他问题只须以简单多数通过。在此期间，大会传统上还就包括联合国改革的有关事项在内的各种实质性议题进行非正式协商。

虽然大会研究讨论与作出推荐的范围很广，但其决议通常只具备推荐性质，原则上不具有法律约束力。如果大会就国际安全与和平事务作出决议，还应尊重安全理事会的职权。它可以建议对某个国家采取包括军事行动在内的强制措施，但只有安全理事会才有权采取具有约束力的强制措施。但即使如此，并不能说明大会的决议没有任何法律意义。事实上，它指引了法律发展的方向，为讨论提供了机会，促进了国际标准的制定和国际法的发展。另外，即使大会决议对成员国的行为不具有法律约束力，也不能作为其行为具有正当性的依据，要知道在出现国际争端时，遵守决议的国家要比不遵守决议的国家处于有利的地位。此外，按照《联合国宪章》的规定，大会关于联合国内部的组织问题是具有法律约束力的。

2. 安全理事会，有 15 个理事国，包括 5 个常任理事国和 10 个非常任理事国，每个理事国有一个投票权。5 个常任理事国分别是中国、法国、俄罗斯、英国与美国。10 个非常任理事国由联合国大会选举，任期 2 年。选举非常任理事国既要考虑维护和平的要求，也要考虑成员在地理位置上的代表性。为了维持安全理事会的连续性，每年都要选举 5 个新的非常任理事国。常任和非常任理事国的区别主要体现在安全理事会的表决方面。虽然每个理事国只享有一个表决权并且作出决议至少要 9 票赞成，但如果就非程序性问题作出表决，则必须获得 5 个常任理事国的同意。也就是说，在实质问题上，5 个常任理事国均享有一票否决权，能够阻止决议的作出。实质问题包括维护或者重建和平、吸收新成员等措施。

根据《联合国宪章》的规定，安全理事会负有维护国际和平与安全的首要责任。具体而言，其职能和权力如下：(1) 依照联合国的宗旨和原则维护国际和平与安全；(2) 调查可能引起国际摩擦的任何争端或局势；(3) 建议调解这些争端的方法或解决条件；(4) 制订计划以处理对和平的威胁或侵略行为，并建议应采取的行动；(5) 促请各会员国实施经济制裁和除使用武力以外的其他措施以防止或制止侵略；(6) 对侵略者采取军事行动；(7) 就接纳新会员国以及各国加入《国际法院规约》的条件提出建议；(8) 在“战略地区”行使联合国的托管职能；(9) 就秘书长的任命向大会提出建议，并与大会共同选举国际法院的法官。

《联合国宪章》规定，所有理事国都有义务“接受和执行”安全理事会的决定。安全理事会率先断定对和平的威胁或侵略行为是否存在，促请争端各方以和平手段解决争端，并建议调整办法或解决问题的条件。在某些情况下，安全理事会可实行制裁，甚至授权使用武力，以维护或恢复国际和平与安全。

3. 经济及社会理事会，是就经济、社会和环境问题进行协调、政策审查和政策对话并提出建议，以及落实国际发展目标的主要机关；是联合国对可持续发展问题进行反思、辩论和创新思考的核心平台。经济及社会理事会作为联合国系统开展各项活动的中央机制，其下设立多个涉及经济、社会和环境领域的专门机构、附属监督机构和专家机构。

经济及社会理事会的任务与职权具有自主与协调两种性质。自主性质体现在第55条列举的关于国际经济与社会合作的全部领域内的讨论研究与依《联合国宪章》第62条第1款作出推荐的职权上，但它无权对其他机构、国际组织或者成员作出有约束力的决议。负责保持与联合国其他特别机构的协调是经济及社会理事会的另一职能。它是连接联合国大会与法律上独立的、又与联合国通过合同建立联系的特殊机构之间的纽带并维持着联合国"家族"。联合国的特别组织应当向其提交报告。

经济及社会理事会共有54个理事国，经大会以2/3多数选举产生，任期3年，每年更换18个理事国。每个理事国都有一个投票权。按照《联合国宪章》第67条第2款的规定，理事会实行多数表决制度并以到场表决的成员为准。只要赞成票达到28票，理事会就可以通过决议。

4. 托管理事会，依据《联合国宪章》第 73 条的规定，托管理事会设立时的任务是与联合国大会一道管理“那些还没有实现民族自我管理的区域”，即对由 7 个会员国管理的 11 个托管领土实行国际监督，并确保管理国采取适当措施为托管领土的自治或独立做好准备。托管的基础是联合国与国际法上有责任的有关国家签订的托管条约。截至 1994 年，所有托管领土都已取得自治或独立。托管理事会于 1994 年 11 月 1 日停止运作，但并没有解散，其仍然是联合国的一个机构。如果有必要，可以随时重新组织起来。

5. 位于荷兰海牙的国际法院既是联合国的主要机构，也是主要的司法机关，是联合国六大主要机关中唯一设在美国纽约之外的机关。国际法院有自身的规约，其职责是和平地解决国家之间的纠纷，并就正式认可的联合国机关和专门机构提交的法律问题提供咨询意见。

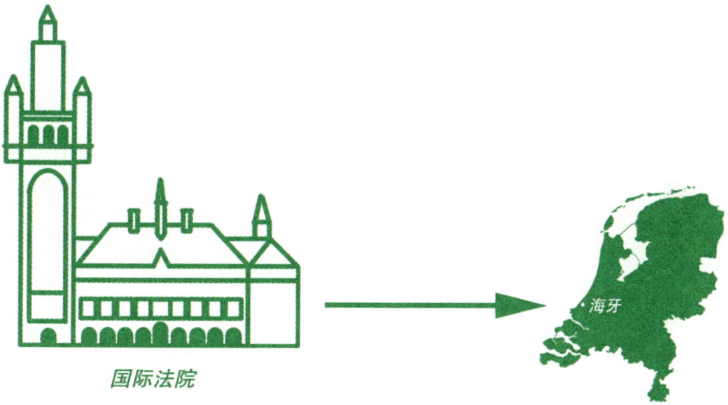

国际法院

荷兰

6. 秘书处，是联合国常设管理机构。由于秘书处的存在，联合国可以持续其工作并实施任务。根据《联合国宪章》第 98 条第 2 句的规定，联合国秘书长应该就秘书处的工作向大会提交年度报告。

秘书处由秘书长和在世界各地为联合国工作的数万名国际工作人员组成,负责处理大会和其他主要机关委任的各项日常工作。

联合国现在的秘书长是谁?现任联合国秘书长是安东尼奥·古特雷斯。他是联合国的首席行政长官,其任务包括行政性任务和政治职能。对其他机构人员的任命与管理、准备联合国预算开支计划、财务管理以及对外代表联合国都是行政性任务。政治职能则体现在《联合国宪章》第98条第1句以及第99条,其中第98条第1句规定:秘书长在大会、安全理事会、经济及社会理事会和托管理事会之一切会议,应以秘书长资格行使职务,并应执行各该机关所托付之其他职务。第99条规定:秘书长得将其所认为可能威胁国际和平及安全之任何事件,提请安全理事会注意。那么,秘书长是如何产生的呢?联合国大会在安全理事会推荐的基础上选举秘书长。因此安全理事会与大会必须达成一致,没有安全理事会推荐,大会就无法提名。同样,如果安全理事会推荐的人选不符合大会意愿,也无法在大会上得以选举。安全理事会推荐秘书长人选不属于程序问题,因此常任理事国有否决权。选举时,大会和安全理事会都采用秘密投票。

除秘书长外,秘书处还包括其他必要的工作人员。秘书处人员的招聘按照联合国大会制定的专职人员条例进行。秘书处的工作人员必须保持中立和独立,不能受本国利益的影响,同时享有一定的豁免权,其职务行为和言论免于追究法律责任。

上述联合国的主要机关都可以设立附属或辅助机构,因此构成了庞大的联合国家族。①

① 联合国家族的构成可参见联合国网站上的联合国系统示意图,载联合国网2021年9月19日,http://www.un.org/chinese/aboutun/chart.html。

第五章　国际争端如何解决

国家之间在某些问题上，由于各自政策和立场不同容易产生分歧或冲突。国际争端的主体主要是国家。由于国家之间不存在一个超国家的权力机关或裁判者来制定法律和解决争端，因此，国际上没有统一的国际司法机关体系，也没有统一的国际司法判决执行机制。

国际争端的解决主要取决于有关争端当事国的诚意、努力、同意和第三方的协助。国际争端对国家间正常关系、世界和平与安全、有关国家、人民利益和正常生活的影响，远远超过任何其他争端。解决国际争端的方法和程序是随着历史的发展而发展和变化的。1945 年在《联合国宪章》第 2 条形成了和平解决纠纷与禁止武力原则。第 33 条规定和平解决纠纷争端的方法包括谈判、调查、斡旋、调解、仲裁、法院审判等。谈判、调查、斡旋和调解都属于外交手段。其特征是争议当事人控制纠纷的事态，并可以接受或拒绝建议。所以，外交程序虽能解决纠纷，但结局往往无法预料。相反，采取仲裁或诉讼的争议各方有义务接受裁决的结果。

根据国际法，各种手段在法律上并无先后次序之分，否则将违背国家主权平等原则。国际社会存在一些国际争端解决机构（包括下文介绍的 3 个），它们在各自的组织框架内解决国际纠纷。国际法院并非唯一的国际司法机关，仅在 20 世纪 90 年代，就有 9 个国际审判法庭和9个准司法机构。[①] 同时,随着国际法的发展,个人也可以成为某些领域国际争端的当事人。

第一节 国际法院

国际法院是基于《联合国宪章》和《国际法院规约》于1946年4月设立的,是联合国的6个主要机构之一。国际法院由15名法官组成,每届任期9年,每3年改选1/3。法官的选任应考虑地区均衡,15名法官必须全部来自不同的国家,名额分配办法与安理会席位分配一致,代表世界各大文化与各主要法系。

一、国际法院的诉讼管辖权

国际法院的管辖权包括诉讼管辖权和咨询管辖权,但以诉讼管辖权为主。根据《国际法院规约》的规定,只有国家才能成为诉讼当事国,并且只有3类国家可以成为当事国:(1)联合国会员国;(2)非联合国会员国但根据《联合国宪章》的规定而成为《国际法院规约》当事国的国家;(3)非联合国会员国亦非《国际法院规约》当事国,但根据安理会决定的条件,事先向国际法院书记处交存一项声明表明愿意根据《联合国宪章》《国际法院规约》《国际法院规则》的条件接受国际法院的管辖,保证执行法院判决和承担《联合国宪章》第94条规定的会员国的一切义务,即可成为诉讼当事国。

国际法院管辖的案件范围为:(1)自愿管辖。争端发生后,当事国之间通过订立协议,一致同意将争端提交国际法院管辖的案件。

① Shane Spelliscy, *The Proliferation of International Tribunals: A Chink in the Amor*, Columbia Journal of Transnational Law, Vol. 40, p. 144(2001).

(2)协定管辖。在现行条约或协定中规定,将争端提交国际法院。这种规定在争端发生前就已经订立,是对将来可能发生的争端事先确定管辖权。(3)任择强制管辖。当事国可以通过发表声明,就某些争端,对于接受同样义务的任何其他国家,承认国际法院的强制管辖权,而无须另行订立特别协议。与前两种管辖中争端的双方当事国通过协商一致将争端交于国际法院管辖不同,任择强制管辖是国家的单方行为,对于将来可能发生的争端,如果争端的对方国家事先已经单方赋予了国际法院管辖权,则争端的双方无须在争端发生时或发生之后再进行协商,国际法院就已具有管辖权。目前有 74 个国家作出了这样的声明,接受任择强制管辖。其中一些声明带有保留,将特定种类的争端排除在外。[①]

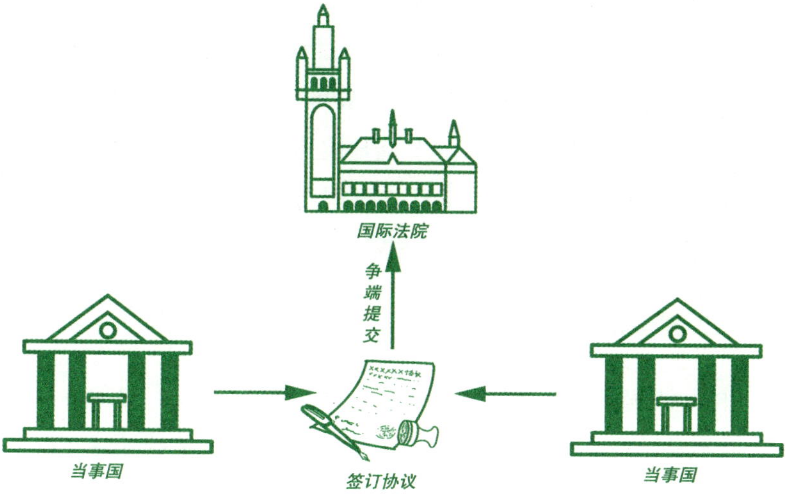

① 参见国际法院网 2021 年 9 月 19 日,http://www.icj-cij.org/files/the-court-at-a-glance/the-court-at-a-glance-ch.pdf。

二、国际法院的诉讼程序

1. 起诉。以提交请求书或特别协定的方式起诉。协定管辖和任择强制管辖之下通过提交请求书方式起诉。自愿管辖之下通过提交特别协定起诉。

2. 书面程序和口头程序。书面程序是指将诉状、答辩状连同可资佐证的各种文件及公文,送达国际法院和各当事国。书面程序结束后,进行口头程序,法院可安排日期进行口头辩论。

3. 评议及宣判。书面和口头程序结束后,法官即讨论判决。判决由出席开庭的法官表决并以过半数票决定。任何法官对判决的全部或部分有不同意见时,有权发表个别意见或反对意见,附于判决之后。判决应开庭宣读,并且是终局的,自宣读之日起生效,不得上诉。

除上述基本程序外,有些案件审理过程中还会包括临时保全措施、初步反对主张、参加和中止诉讼等特殊程序。从 1946 年起,法院已作出 137 个判决,所涉争端包括陆地边界、海洋划界、领土主权、禁止使用武力、国际人道法、禁止干涉别国内政、外交关系、人质事件、庇护权、国籍、监护、通行权和经济权利等问题。①

三、国际法院判决的执行

国际法院裁决的效力仅限于当事国以及国际法院判决的诉讼标的,并不及于其他案件。由于国际法院对争端的管辖权是建立在当事国同意的基础之上的,其裁决又具有一定的权威性,当事国对不遵守裁决的后果会有所顾虑,因此国际法院的裁决一般能得到较好的

---

① 参见国际法院网 2021 年 9 月 19 日,http://www. icj - cij. org/files/the - court - at - a - glance/the - court - at - a - glance - ch. pdf。

遵守。但在实践中，国际法院的裁决未得到遵守的情况还是存在的。例如，在1949年英国诉阿尔巴尼亚的“科孚海峡案”中，国际法院判决阿尔巴尼亚应当为英国舰队在科孚海峡中的触雷事件承担责任，并赔偿英国因此受到的损失。判决作出后，阿尔巴尼亚拒绝履行该判决，英国也没有办法使该判决得到执行。① 因为国际法院也没有设立专门的执行机构，不掌握用于强制执行的必要资源，不具备相应的执行能力。②

第二节　国际海洋法法庭

国际海洋法法庭，总部设在德国汉堡，是根据1994年11月16日生效的《联合国海洋法公约》而设立的。法庭由来自不同缔约国的21名法官组成，任期9年，可连选连任。国际海洋法法庭还设立了海底争端分庭，从21名法官中选派11名法官组成，每3年改选一次，可连选连任。

国际海洋法法庭的诉讼当事人可以是国际海底管理局、公约所有缔约国、作为勘探和开发海底矿物资源合同当事方的自然人或法人、规定将管辖权授予国际海洋法法庭的任何其他协定的当事者。当自然人或法人作为一方当事人解决争端时，需满足两个前提条件：(1)该争端已经用尽当地救济；(2)自然人或法人的担保国或国籍国应邀参加司法程序。

---

① 参见李浩培：《李浩培文选》，法律出版社2000年版，第477～478页。

② 从实践来看，国家拒绝执行国际法院判决的例子较为罕见。少有的几个例子除“科孚海峡案”外，还包括冰岛未履行“渔业管辖权案”，伊朗未履行“德黑兰人质案”。导致判决未被履行的原因大多涉及一定的政治因素。同样，由于政治因素的影响，也未发生强制执行判决的例子。

与国际法院相比,国际海洋法法庭所管辖的争端范围要窄得多。国际法院不仅受理法律性争端,也受理政治性争端,但国际海洋法法庭只受理海洋法争端,即使对海洋法争端,其管辖权仍受到限制。对其管辖权的限制规定在《联合国海洋法公约》第15部分第3节中。而且,对于《联合国海洋法公约》第11部分"区域"内的争端,除了缔约国之间关于解释或适用该部分及其附件的争端,国际海洋法法庭特别分庭应各方的请求具有管辖权之外,其他当事方之间的争端均由海底争端分庭管辖。

《联合国海洋法公约》第287条规定了4种导致有拘束力裁判的强制程序。这些程序的强制性体现在只要争端各方不能自行选择解决方法,任何一方都可将争端提交该程序,而不需要争端各方另行达成特别协议。这4种程序可以由缔约国以书面声明的方式选择,但作出同样选择的缔约国要受其所作选择的拘束。但缔约国基于《联合国海洋法公约》第298条的规定,可以将关于海洋划界、军事活动和正由联合国安全理事会执行《联合国宪章》所赋予的职务的争端排除在强制管辖权之外。同时,4种强制程序虽然会导致有拘束力的裁判,但判决的执行仍然依赖于当事国方的自觉而没有强制执行力。

第三节　世界贸易组织的争端解决机构

世界贸易组织(World Trade Organization,WTO),是一个独立于联合国的永久性国际组织,总部位于瑞士日内瓦。2001年12月11日,中国正式加入世界贸易组织。

在国际贸易中,世界贸易组织的成员由于其他有关成员违反相关涵盖协定或其他原因而遭受利益丧失或损害时,可以提出磋商,从而启动争端解决机制。世界贸易组织的争端解决机制是根据《建立世界贸易组织的马拉喀什协议》附件二《关于争端解决规则与程序的谅解》(DSU)而确立和实施的。其程序包括4个环节:磋商、专家组程序、上诉机构程序、裁决的执行监督程序。

1. 磋商。成员一旦提出磋商请求,实际上即是正式启动WTO争端解决机制。在一成员方提出磋商请求后,另一成员方通常须在10天内作出回应,并在不超过30天的期限内善意地进行磋商,以达成双方满意的解决办法。但若另一成员方未在规定期限内进行磋商或双方未能达成一致的意见导致磋商失败,则一方可直接要求转入专家组程序。

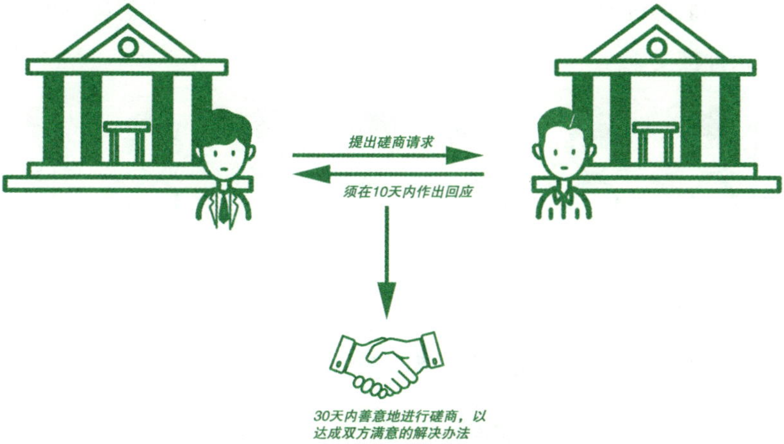

2. 专家组程序。除非争端解决机构(DSB)一致决定不设立专家组,否则专家组自动设立。这就是所谓的"反向一致"原则。专家组通常是在提出磋商之后的60~90天内设立。专家组一般由3人组成,可从WTO秘书处置备的专家名单中遴选。专家组的职能是对提交其审议的事项从事实及法律方面作出客观评估,形成裁判结论,以协助DSB履行其依据相关涵盖协定提出建议或作出裁决之职责。专家组的具体审理范围须以当事人的诉讼请求为限。裁判过程大致包括事实调查、合议、报告发布等步骤。

3. 上诉机构程序。其是 WTO 的一个创新，在国际争端解决中，主要是采用一裁终局制度，即一旦争端解决机构对案件作出裁决即为终局，当事国即使对裁决不服，也无处上诉。WTO 的争端解决机构设有由 7 人组成的常设上诉机构，具体上诉案件每次由其中 3 人审理。上诉机构成员任期 4 年，可连任一次，任职资格上有较高的专业性及独立性要求。上诉机构主要负责法律审，即仅限审查当事人上诉涉及的专家组报告中的有关法律问题和法律解释。经过审查，上诉机构对专家组的法律结论根据情况可作出维持、修改或撤销的报告。上诉机构报告为终局裁决，经 DSB 自动通过后争端各方即应无条件接受。

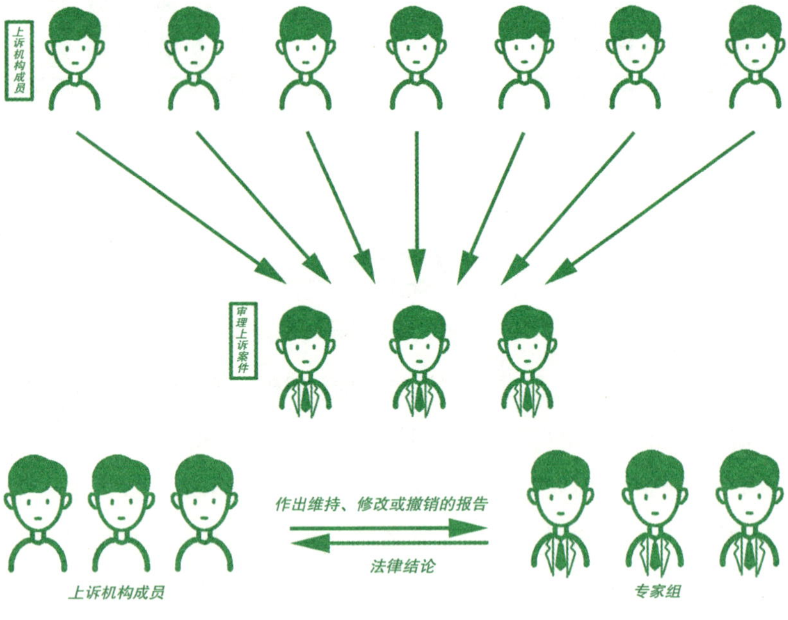

4. 裁决的执行监督程序。该程序主要包括自动执行、补偿、中止减让或报复等内容。补偿是在败诉方未能在合理期限内执行 DSB

的建议和裁决后达成的，若在合理期限届满后20天内仍未达成补偿方案，则胜诉方可请求DSB授权报复（授权其中止对败诉方适用相关减让义务）。DSB应自动授权报复。

反向一致原则使WTO对成员间的贸易争端事实上享有强制管辖权，只要一成员方提起争端的解决就可以启动争端解决程序，而一般国际争端机构管辖权的取得都需要基于争端双方的同意而非单方启动。强化专家组、创立常设上诉机构并规定各自的行为期限，这些特征表明WTO争端解决机制具有准司法性。[①] 而授权报复制度则保证了DSB裁决的执行，使其具有了强制执行力。区别于其他国际争端解决机构裁决的执行主要依赖于当事国自觉的特点，基于这些特点，可以认为WTO争端解决机制具有较强的执行力。

① 参见丁晓华：《论WTO争端解决机制及对我国的意义》，载《政治与法律》2000年第1期；左海聪：《论GATT/WTO争端解决机制的性质》，载《法学家》2004年第5期。